宗教と文明／非西洋的な宗教理解への誘い

日本の自然崇拝、西洋のアニミズム

保坂幸博
hosaka takahiro

新評論

類比的共感的理解を求めて

はじめに

宗教は、私たちのアイデンティティーを構成する根本的な要素であると言われます。つまり、ある文明にとって、その文明がどのような性格のものであるかを示す根本のものであり、また、その文明の中に生まれ育った人にとって、自分はいったい何者であるのかということを教えてくれるものである、と言われます。

けれどもこの言い方は、私たち日本人にとって、まことに厄介な代物です。

何故かというと、私たちは、「あなたの宗教は何か」と問われても、とっさに返答できない人がほとんどだからです。それでも無理に返答しなければならないとなると、いろいろと迷った挙句に、「自分は無神論者だ」などと口走ってしまいます。

確かに我が国には、仏教もあり神道もあり、その他様々の宗教宗派が存在しているということは認めるのですが、さりとて自分は、それら無数に存在している宗教宗派のどれ一つに所属しているのでもない。歴史上の行きがかりで、田舎の実家はある仏教宗派のお寺の檀家ではあるらしいが、そのことが自分の生き方や生活にそれほどの影響を及ぼしているとも思えない。要するに、このことは単に形ばかりのことにすぎないと、白状せざるを得ない気持ちです。そこで、「自分は無神論者だ」と簡単に発言してしまうわけです。

私たちは、「無神論者」ということが、ただ単に「何もない、何も持っていない」という程度の平和な発言だと思い込んでいます。しかし、どうやらそれは間違っているようです。「自分は無神論者だ」という発言は、状況次第では、自分は「アナーキズム」を信奉しているというような激しい暴力性を持つのです。その暴力性を量るために、今日よく理解されている言葉を探すならば、それは、「自分はテロリストだ」と発言することに匹敵すると思います。

しかし、「あなたの宗教は何か」と、人を困らせる質問をこちらに浴びせてくるその人は、いったい誰なのでしょうか。

それは、実は、ヘブライズムの伝統を強固に保持している人々、とりわけキリスト教を文明の中核に持つ人々です。すなわち、今日世界中で圧倒的な優勢を誇っている西洋文明、それが私たちにその質問を投げかけるのです。西洋文明は、キリスト教という土台を欠いては存立し得ません。キリスト教は彼らの骨組みであり肉であり、しかもその体内に脈々と流れる血液です。

その文明にいる人たちが、こぞって熱心なキリスト教信者だというのではありません。彼らの中には、めっぽうキリスト教を嫌いな人たちも少なくはありません。しかし、その人たちは、自分自身のものの考え方やものの感じ方に至るまで、キリスト教から発生してきたものに満ちているということに、案外無自覚です。つまり彼らは、極めて無自覚的に深くキリスト教的なのです。

また、西洋人の中には、はっきり自覚的に、キリスト教が嫌いであると言う人たちもいます。嫌いであると言うにとどまらず、キリスト教は自分たちの文明にとって悪い病気なのだと唾棄する人さえいます。けれども、もしもその「病気」という言葉を受け入れるとすると、たとえばニーチェのように、病気だと唾棄するその人こそが、体の奥の骨の髄まで、言うところのキリスト教の「病気」に冒されている場合がほとんどです。二十一世紀の今日に至るまで、彼らの誰一人として、キリスト教の外に出ることはできなかったのです。第一、デリダが言うように、その外に出ることに何の意味があるでしょうか。

つまり、キリスト教の文明圏においては、キリスト教という宗教が、彼らの土台にあり、中心にあります。そういう文明の人々にとって、宗教が自分の文明のアイデンティティーを構成する第一の要素であることはあまりに当然です。あまりに当然すぎて、その命題を意識的に反省してみるという作業すら、普通には見られないようです。

話を元に戻して、このことを今の私たちの関心で見てみれば、「あなたの宗教はいったい何か」と問いかけてくるその質問者は、自分の中に、ヘブライズムの一神教を実に根強く保有している人に他なりません。すなわち、西洋人が投げかける「あなたの宗教は何か」という質問は、それ自体すでに、ある文明から他のある文明への挑戦であると言うことができます。

その挑戦は、大航海時代に始まりました。

大航海時代、ヨーロッパ人は世界中に進出し、必然的にその土地土地の住民の風俗や習慣、そして宗教を見ることになりました。以来、文明から文明への挑戦は、ヨーロッパ文明から世界の他の諸文明へと継続的に行なわれてきたのです。

ところが、ヨーロッパ、キリスト教文明圏では、長い歴史を通して、神は唯一つ、宗教も唯一つという、極めて閉塞的な宗教意識が培われていました。他ならぬその閉塞的な意識のために、彼らは、世界の様々な宗教を、直接的に心に受けとめ、そのままの姿で理解することができませんでした。そのままの姿で理解できずに、むしろ、いくつかの宗教理論を打ち立て、世界中の諸宗教をそれに当てはめて命名する過程が進行したのです。

我が国の宗教に関して当てはめられてきたものといえば、何よりも先ず、「アニミズム」の理論を挙げることができます。自然のあらゆる物の中に霊が宿っていると考え、これを崇める原始的宗教を「アニミズム」と呼んだのです。

私たちに対して「君の宗教は何か」という質問を投げかけてくるもの、それは、このようなヨーロッパの世界進出の歴史と、その宗教学理論に他なりません。

しかし、我が国の宗教的信条に対して、このアニミズム理論を受け入れることはできません。アニミズム理論の特性を考える時、これははっきりと拒否すべきであることが分かります。

アニミズム理論は、世界各地の原始的な宗教を観察して、そこから抽出するやり方で出来上がった、いわば自然発生的な理論であると一般には考えられています。しかし、それは事実と違います。むしろその理論は、キリスト教自体が内に持っている宗教性を延長し、その理解の中から考案された、他宗教観察のための理論なのです。しかも、キリスト教が承知する類の宗教性の価値序列の中で、最も価値の低い、最下等のあり方をしている宗教形態、それを言うものがアニミズム理論なのです。そうした軽蔑的呼称は当然拒否しなければなりません。

ところで、我が国の根本的な宗教的信条にアニミズム理論を適用することができないとするのは、そうした感情的な拒否からではなく、もっと本質的な事情によります。

確かに我が国の宗教的信条には、「自然崇拝」があります。それは、仏教、神道、道教などの宗旨や宗派を超えた、もっと根深いところにある共通思念のようなものです。本書は先ず、そのことを概観したいと考えています。しかし、我が国のこの根本的普遍的な「自然崇拝」は、アニミズム理論で指摘される宗教性とは全く別種の宗教性を持つものであることが重要です。アニミズム理論とも違い、また、そのアニミズム理論を生んだ母体のキリスト教とも全く異なる種類の宗教的信条です。

本書は全体として、この違いを証明しようとする努力の書であると言えます。どのように違うのかという点を、結論を先取りして二つ挙げてみます。

第一に、日本的「自然崇拝」は、唯一つの神の存在を心の底から信ずるというものではありません。そのようなことは最初から関心の中に入っていない、と言う方が適切かもしれません。この点で早くも、ヘブライズム・キリスト教の一大特徴である一神教の教えと異なります。

第二に、もっと本質的な違いとして、日本的「自然崇拝」は、崇拝すべき対象と私たちの間に、心の奥底から全幅の強さで、ある種の「対話」が追求されるような「人格的な関係」を与えない種類のものです。ひたすら崇拝対象の「人格性」を第一のものとするヘブライズム・キリスト教とは、この点でも、全く違ったあり方を示す信条であると言われなければなりません。

ヘブライズム・キリスト教の「人格神」の宗教性から見れば、そのような種類の崇拝行為は「宗教」とは呼べないと主張されるかもしれません。しかし、私たちは、そこでひるんではならないのです。何故なら、その時私たちは、それではそもそも「宗教」とは何のことを言うのかという、もっと深いレベルの疑問を提出しなければならないと考えるからです。唯一つの「人格的な存在」との対話、どうしてそれのみに「宗教」の名を与えなければならないのか。それ以外の存在も「宗教」であることができるのではないのか。

ある一つの文明に住む者が、その人生の歩み方において基準とするものがもしあるとするなら、そして人生の決断と、それほど大袈裟な場合ではなくとも、常日頃の考え方や物事に対する感受性に何か拠り所となっているものがもしあるとするなら、私たちは、そのものに対して「宗教」という名前を与える充分な権利を持っていると考えます。そして、私たちにとって、その拠り所となっているもの、それが「自然」なのです。

それでもなお、そのような崇拝行為は宗教ではないと言われるかもしれません。しかし、それを主張する私たちの探求は、少なくとも、私たちが置かれている状況に対応する努力とすることができます。つまり私たちは、「君たちはいったい何者なのか」、「君たちのアイデンティティーは何か」という問いかけに対して、その問いの性質に呼応する言葉を用いた、しっかりと向き合った形での、対峙の姿勢をとることになるのです。

最近私たちは、国の外交の表舞台にのぞむ政治家たちに対して、たいそうな不平や不満を口にするのが常となりました。「何故我々の代表たる政治家は、外交の場に臨んで何一つ発言できないのか」、「欧米諸国の言うことに、唯々諾々としているばかりではないか」と。

しかし、こうした不平不満ばかり言い募るのは、政治家諸氏に対して大変不公平です。何故なら私たちは、欧米からの発言や問いかけに対して、まともに答えようとする努力を国民挙げて放棄してきたからです。政治家のみが一人それをすべきだと言い募るのは、最初から無理があります。彼らも、一般の私たち同様、どうやって対応すればよいのか、対応の際の確たる言葉を所持していないのですから。

明治維新以来一世紀は、向こうの文明の成果を学ぶだけで精一杯でした。しかもその際、面倒ごとになるといけないから、あちらの文明の根幹にはできるだけ触れないで済まそうという姿勢が顕著でした。根幹には触れないで、科学や技術だのといった、富国強兵の国策に都合のよい、あちらの成果の方のみを表面的に取り入れようとしたのです。「和魂洋才」というその当時の言い習わしは、ほぼそういうことを言ったものだと思われます。

しかし、今やその時代はお終いです。ただ一方的に物事を取り入れてばかりでよかった啓蒙の時代は、終わりを告げました。今や私たちは、「洋才」ばかりに限定しないで、その根幹をなす、いわば「洋魂」にも理解をいたさなければならなくなりました。そしてその「洋魂」が投げかける質問に対し、対応し得る言葉を用いて、はっきりと向き合っていかなければならない時代に突入したのです。

さらに、私たちのこの努力は、やがては西洋キリスト教文明圏の人々をも利するものであると信じます。世界には、自分たちと全く違う信条によって生存している人がいるのだという認識は、多様なものを受け入れることによって、必ずや、彼らの世界を豊かにすると思われるからです。

私たち自身の文明が拠って立っているもの、その実態が明らかになってくるとすれば、その探求はさらに別の方向でも私たちに大きな利益をもたらすことができます。というのも、私たちは、他ならぬ私たちの文明が拠って立っているものを一つの基準として、世界中の非西洋的地域の他の民族や文明を一層身近に理解することができるようになると期待できるからです。

本書は、そうした立場から、非西洋地域の他の文明の中に、日本に在るものと何か似ているものを見つけられないかという、いわば「類比的な理解」の試みをしてみたいと考えます。それは、自分たちとは全く相容れない異物だとする前提に立って他の文明を見る、西洋式の突き放した姿勢ではなく、あくまでも、人間存在における深いところで同一性を求める、「共感的な理解」の姿勢を涵養するものです。

「あなたの宗教はいったい何ですか」という問いや、「あなたのアイデンティティーは何か」という問いが、他ならぬ筆者自身にとって差し迫ったものに感じられるという事情にも、一言触れておくべきかもしれません。

それは、筆者が、大学における宗教学の講義や、専門家たちの集まりである学会の活動を通して、常にこうした問いを念頭に置いておく必要があった、ということによるのは当然です。

また、たまたま、フランス人女性と結婚したという事情も、もう一つの要因かもしれません。というのも、このことによって、当初予想していた以上に、欧米の学者たちとの直接の交流の場にいることになったからです。自分と専門を同じくする学者、あるいは必ずしも専門が重なり合うというのではないが、大いに興味ある議論をすることができた学者等、その相手は様々でした。

しかし、おそらく、そうした学者たちよりも、ずっと多く示唆的であったのは、学問とは直接関わりのない人々との交流でした。

そして、最後に、たとえ意見が食い違おうと、それが元でいさかいになろうと、一つの家庭を維持していかなければならない当の相手、すなわち筆者の妻とのやりとりが、実際には他のどんなことにも増して、最大のヒントを与えてくれるものであったと言うべきかもしれません。

日本の自然崇拝、西洋のアニミズム／目次

日本の自然崇拝、西洋のアニミズム

――宗教と文明／非西洋的な宗教理解への誘い

第1章
宗教とは何か

最近の世界で、際立った文明間の対立や抗争が起きると、文明のアイデンティティーの中核にあるものとして宗教のことが話題になる。しかしその本質に関する議論はなかなか展開されない。同様に我が国でも、宗教がクローズアップされる場合が生じても、その本質までは追求されない。そこで先ず本章では、どうして本質が問われにくいのかを考え、併せて、「宗教とは何か」を問題にしていくための地ならしを行なう。

今日私たちの住んでいる世界は、人々も物資もひっきりなしに行き交い、文明間の交流が当たり前の世界になりました。各文明はこのようにして触れ合い交じり合って、やがて、間に存在する境界を消滅させていくであろうと、楽観的には予想されています。しかし、とりあえずの現実を見ると、交じり合いも融合もなく、むしろ文明間の対立抗争のみが目立つように思われます。

そして、そのような対立や抗争の事件が起こると、その原因として、文明間の宗教の違いが取り沙汰されることが多くなったと思われます。

宗教の違いによる文明と文明の衝突は、なにも今に始まったことではありません。歴史書を開けば、そのことは実に永い年月に渡って起こっていたということが歴然です。しかし、二十一世紀に入ってますますそれが際立ってきたように観察されるのは、一見逆説的な言い方に聞こえますが、案外世界に類似性が行き渡った一結果だということもできそうです。

つまり、今日の私たちの世界は、圧倒的な西洋文明の優勢によって、世界のどんな片隅に住む人々も、結構似たような生活をするようになった。同じ音楽を聴き同じ格好をして、表面上の生活は以前ほど際立った相違を見せない状況が出現した。そこで、文明間の違いは、もっと内面的な要素によって際立たせる他はなくなった。

文明間の抗争事件が起きるたびにすぐさま宗教の違いが取り沙汰されるのは、そういう事情が関係していると言うこともできそうなのです。

一　現代は宗教の本質探求が行なわれにくい

●最近の世界では、「文明の衝突」によって一時的に宗教に関する問題意識が高揚する場合がある

二〇〇一年九月十一日火曜日、ニューヨーク、マンハッタンにある摩天楼、世界貿易センターと、アメリカ合衆国の国防の要、ペンタゴンがテロリストの攻撃に遭いました。民間の国内線飛行機がハイジャックされ、テロリストたちが乗客もろともこれらの建物に突っ込んだのです。特に、空にそびえる世界貿易センターの二棟のビルディングにジェット機が体当りして突っ込んで行く瞬間の映像は、テレビの画面に大写しにされ、世界中の人々を驚愕の渦に巻き込みました。

まだ、誰の仕業かということが分かるはずもない初期の段階から、誰言うとなく、イスラム教過激派の名前が取り沙汰され始めました。

何一つ実行犯を特定できる材料がない段階でしたが、飛行機のコックピットの前面の窓から目の前のビルディングを見据え、我が身を爆弾と化して突っ込んで行く行為は、宗教における過激な狂信がなければ行ない得ないことだと、誰にも直感されたのです。

何という熱狂だろうか。おそらく実行犯たちは、何らかの宗教的な教育を施され、テロリズムの実行が最も価値ある行為なのだと思い込まされていたに違いない。自分自身の生命よりも、いや、この世に存在しているいかなるものよりも、一層高次な価値の何かがあって、テロリズムの自爆行為は、それに忠実になる行為だと思い込まされていたのに違いない。そうだとすると、これは人間精神の改造とか、ある一辺倒な思想による洗脳とか呼ぶべきものではないか。実行犯たちは、そのような洗脳の結果、一途に一つのことのみを思い込まされて、まるで我が意志を失ったロボットのようなものと化して、突っ込んで行ったのに違いない。

このような想像が瞬時にして、人々の心をよぎりました。いや、理性的論理によってそのように想像したという

のではなく、突然襲いかかった言い知れない恐怖として、その映像が人々の全身を貫いたようでした。

●宗教の本質に迫ろうとする問題意識は、容易に逸脱させられている

「宗教っていったい何か」という疑問が、いやがおうにも人々の心をとらえました。

しかし残念なことに、どうやら、最近の世俗的な文明に慣れた私たちは、宗教と宗教的信仰によってなされる行為に対して、まともな考察を徹底させるということを、ある時点で止めにするという習慣になったようです。つまり、宗教とは何かという疑問を正視して、それに一定の解答を与えるという作業を、むしろ避けて通る習慣になったようなのです。全世界のマスコミも、各国の政府も、このテロリズムの背景を、宗教の問題としてよりは、ただ単に政治的な問題や経済的な問題であると考えることで一致したようでした。

政治的な問題とは、たとえばパレスチナとイスラエルの間の泥沼化した抗争が挙げられました。《圧倒的に優勢な軍事力にものを言わせて、パレスチナ人民を蹂躙するイスラエル。その横暴な振舞いに、見て見ぬふりを決め込んでいるアメリカ合衆国。これに対する憤りがイスラム世界に、特にその原理主義者たちの間に広がっていることが、そもそもの原因ではないか》と。

それにまた、《以前の湾岸戦争の事後処理として、アメリカがイラクに課している経済制裁も、見逃すことのできない問題なのだ》と。このようなことが取り沙汰されました。

《いやそれよりも、植民地時代から引き続いて、今日アメリカによって引き継がれている中東政策の結果、先進国とこれらイスラム世界との間に、埋めきれないほど大きく深い経済上の格差が生じたこと。それにもかかわらず、アメリカを中心とした先進国が、この地域において搾取の手をゆるめず、ますます利己的に振舞っていることが、問題の根底にあるのだ。この地域の貧しさを見よ。毎日、食べ物も薬もなく死んでゆく幾千、幾万の子どもたちを見よ》。

このような分析と主張が専らでした。

イスラム教原理主義の思想がテロリズムを背後で支えている、との指摘が皆無だったというのではありません。しかし、その背後の思想を強調しすぎることは、まるで寝ているライオンの尻尾を踏みつけるような危険な行為だという判断が働いたかのようです。

考えてみれば、原理主義といえどもイスラム教に他なりません。むしろ、世俗化されたイスラム教より、ある意味でもっと純粋な形態の信仰だとも言われています。ですから、その原理主義を正面から問題にすることは、イスラム教全体を問題にすることに通じます。すると、事態は、イスラム教との全面対決ということにもなりかねません。最近言われ出した文明と文明の全面的抗争に発展しかねないのです。そこでテロリズムを、イスラム教やイスラム教原理主義と結び付けて取り扱うことを避けようとする意図が生じたのでしょう。それは理解できます。

しかし、現実の困難を避けるためにある方策をとることと、それに対して目をつぶって、まるで盲目のような状態になってしまうこととは別のことです。

もっとも、このようには言うものの、欧米においては、マスコミなどの表面には登場しないが、水面下ではイスラム教と抗争事件の関連を探る作業が行なわれています。数人の欧米人の知識人たちと話してみるだけで、それは明白です。

事はむしろ我が国において、深刻でしょう。我が国では、一般に宗教というものに関心がないという状況があります。そこで、この問題に無関心ではいられないはずの分野の人々や知識人たちの間でも、喉元過ぎれば熱さを忘れるの喩えにも似て、テロ事件の生々しい情動が薄れるにつれて、宗教を本質から考え直してみようとする探求作業がストップしました。

●世界的レベルで、宗教の本質探求の問題意識を深化させることが必要である

「宗教とは何か」。

私たちは、この問題を意識の外に追い出してはならないと思います。

もちろん先のテロ事件の場合もそうであるように、政治・外交的な分析や経済的な分析が当たっていないと言うのではありません。しかし、ある問題が、宗教を土台として、宗教と切り離せない状況で生じている場合は、その宗教そのものに目を向けて、その理解に努めることが第一の作業にならなくてはならないのです。

それは、一朝一夕にはできないような、息の長い作業になるでしょう。しかし、深い相互理解が必要であるなら、この作業は避けて通れません。目前の政治行動に指針を与えることはできませんが、将来において禍根の根を絶つことにつながるかもしれないからです。そしてまた、政治問題や経済問題の分析も、宗教そのものの理解と一体化した時、間違いの少ない理解を与えることができると期待されます。

二　日本においては、宗教的本質に関する探求が一層方向を逸している

今回のアメリカのテロ事件では、世界的な規模の政治や経済の問題が根底にあったことは確かでしょう。しかし、私たち人間は、政治的経済的にそれほどの困難がない場合にも、宗教に関わり、その教えに熱狂的になることがあります。ですから宗教的熱狂は、必ずしも政治的な問題や経済的な困難とは結び付かない、私たち人間存在に固有な特性として、独立に考察される必要もあるのです。

●オーム真理教事件の勃発によって、一時的に宗教に関する問題意識が高揚した

我が国で最近起こったあのオーム真理教の一件などは、その典型的な例ではないでしょうか。

政治的な差別や、経済的な困難が全然存在しない社会というものはありません。我が国にも、幾つもの差別や困難があります。しかし、幸いなことに、二十世紀後半の我が国は、人間の生存を許さないほどの政治的社会的な差別はなかったし、無差別な大量殺人を犯すまでの憎悪の感情を正当化できるような、経済上の困難もなかったのです。

ところが、そこにあの、憎悪の感情に満ちた無差別大量殺人事件が起きました。そして、その背景にあったのが宗教だったのです。

そこで、宗教的な信仰や、その突き詰めた形態であろうと思われる宗教的な熱狂は、必ずしも政治や経済の諸問題とは結び付かないものとして、独立的に考察され、理解されなければならないと言えます。

当然のことながらあの事件は、アメリカのテロ事件よりも、私たちにとってはもっと身近で、もっと切迫した気持ちにさせるものでした。そこでその意味からも、この事件の場合を思い出すことによって、もう一度先ほどのポイントを考えてみましょう。

「先ほどのポイント」とは、最近の私たちが、宗教と宗教的熱狂によってなされる行為に対して、どうも、まともな考察をしなくなったようだ、という例の反省のことです。

●オーム問題のとらえられ方は本来的ではない

オーム真理教が、狂信的な教えから多くの人々の命を奪う事件を起こした時、突然宗教の存在が、私たちのセンセーショナルな関心の的になりました。新聞もテレビも、毎日毎日オーム報道で埋め尽くされてしまいました。彼らの行動はあまりに狂信的、あまりに異常であると思われました。

そこで、マスコミでは、各界、各方面からの識者たちを交えて連日連夜報道と解説が行なわれ、あの事件の真相を探ろうとして議論が闘わされました。それこそ、議論百出、いや議論万出とでも評すべきありさまでした。

けれども、その百出、万出した議論を今になって振り返ってみても、その議論の中から、肝心要の事柄が見えてきません。肝心要の事柄とは、いったいあの狂信はどこからやってくるものであるかという、最初に知りたい基本的な問題のことです。あのような狂信を生み出す宗教というものは、そもどういうものなのか、という第一のポイントが、その議論の中からはさっぱり見えてこないのです。

《普段は、宗教などというものは過去の遺物だと思い込んでいました。まさか、今でもまだ我々の生活に重大な結果を及ぼす存在であり得るとは、夢にも考えていませんでした。どうやら宗教のことを、すっかり頭の中から締め出していたことがよくなかったらしい。ここはあらためて、宗教とは何かを考えなければならないようだ》。こういう気持ちも、大勢の人々の胸中を横切ったようでした。

しかし、マスコミ報道が、あれほどの時間と、あれほどの紙数を費やしたにもかかわらず、その狂信の正体が明らかになったわけでもなければ、その狂信を生み出す本体である宗教というものの真の姿が垣間見えたわけでもなかったのです。

そもそも、あの機会に、どうして仏教のお坊さんたちや、キリスト教の神父さんたちが、もっと積極的に発言してくれなかったのでしょうか。オーム真理教は、古い形態の仏教を基にした新興宗教教団だと言われています。が、我が国に星の数ほどもいるはずの仏教のお坊さんたちのうち、どなたか一人でもこれについて解説してくれたという事例を、私は寡聞にして知りません。これは、宗教のことを何も知らない私たち普通の人間にとって、大変不都合なことです。

宗教を本職としている人たちが、どうして一言も発言してくれなかったのか、いったいどういう事情があってのことだったのか。そのことの詮索とそれに対する非難はとりあえず脇に置くとして、こういうわけで、私たちマスコミの読者、視聴者の立場にある者は、肝心要のことを、結局何一つ理解できないままに終わってしまったのです。

三　先ず、宗教に関する本来的問題設定の必要性を確認することが重要である

「宗教って何」。オームの事件はこの問題に正面きって取り組む絶好の機会でした。ところが、私たちは、意識的にか無意識の成り行きでか、この問題を避けて通ってしまったのです。

しかし、いくら避けて通ったつもりでも、議論のあちこちに、宗教の問題が顔をのぞかせていたのも事実です。やはり、「宗教って何」という疑問は消滅しないのです。

●宗教本来の探求よりも、心理学的用語への歪曲が一般的である

どういうことでしょうか。

あの時一躍有名となった観がある「マインドコントロール」という言葉を例に引いてみたいと思います。

あの時人々が口々に言っていたのは、ほぼ次のようなことだったでしょう。

そもそも、あの麻原彰晃なる教祖が、狂乱的であるということは理解できる。世の中には、稀にそういう者がいて、自分の周りの人間たちに向かって、あることないことを吹聴し、自分の考えを押し通そうとすることも、ままある。彼の周囲にいた人間たちは、一時的に教祖の言うことにどれほど心酔したとしても、まるで自分の意志や考えなど全く持っていない人間ででもあるかのように、唯々諾々と教祖の命令に従うとは、どういうことなのか。聞けば、彼らは、有名大学を卒業した知的エリート揃いだというではないか。たとえ、自分たちの教祖に対して相当の思い入れがあるにしても、尋常普通のことを行なえという命令であったならまだしも、事が、「人を殺してこい」とか「毒ガスを撒き散らして無差別大量殺人を実行してこい」とまでなったら、いくら心酔する教祖とはいえ、あまりのことだ。まるで、自分の意志も考えも何一つ持たないロボットのような所業じゃないか。

すると誰かが言いました。そうなのだ。あれは人間じゃない、ロボットなのだ。外見は人間に違いないが、心は教祖によって完全に洗脳されてしまって、最早、自分自身の判断で行動することができなくなっているのだ、と。そして、その様子を「マインドコントロール」と呼んだのでした。

これは、ある意味で大変具合の悪い命名だったということができます。というのも、この用語は明らかに、精神分析学や精神分析による治療の分野で用いられている言葉だったからです。ですから、いち早くこの言葉に飛びついたことによってマスコミは、オームの問題を、専ら一般的な心理学の領域で取り扱うことになりました。つまり、宗教の領域の問題として取り扱う道を、最初から閉ざしてしまったのです。

●心理学用語の「マインドコントロール」を用いても、問題の宗教性を包み隠すことはできない

そのことは今さら取り返しようがないことかもしれません。そこで、「マインドコントロール」という言葉は一応受け入れるとしてみます。しかし、それを一応受け入れるとしても、それでも疑問は残ります。いや、ますます大きな疑問が沸いてきます。

「マインドコントロール」という言葉を使ったからといって、オームの問題を理解できたと済ますわけにはいきません。何故なら、その時私たちは、誰かある教祖によって始められた多くの宗教に対しても、ことごとくその言葉を用いることができることに気付かざるを得ないからです。

たとえばキリスト教は、イエスという人を教祖に持ち、いわばこの人の口から発せられる言葉に対する絶対的な信仰を土台として初めて成立します。この点は、キリスト教に七世紀遅れて唱えられたイスラム教とて、また、古代インドに発生した仏教とて大差はなかったのではないでしょうか。そうすると私たちは、キリスト教の信者たちも皆イエスによってマインドコントロールされている、と言うのでしょうか。そして、イスラム教の信者たちや仏教徒たちに関しても、そう言うのでしょうか。なんだか、とてつもない疑問を生じてしまったような気がします。

四　善い宗教と悪い宗教という区別は問題解決にならない

こういう疑問に対して、当時、次のような反論が、暗黙のうちに準備されていたことに気付かされます。それは、キリスト教やイスラム教、それに仏教などは「善い」宗教で、オーム真理教は「悪い」宗教だというものです。

この議論は、概略次のように主張しました。《キリスト教等の大宗教は、人類に大きな価値をもたらし、人間社会に大きな恩恵をもたらしてきた。だからこそ、これら善い宗教は、数千年という長きに渡って数知れないほど多くの人々の信仰を集めてきたし、現在も世界に冠たる大宗教となっているのだ。これにひきかえ、新興のオームな

どは、元々教祖の悪い意図から出たもので、だから、将来に渡って発展するどころか、現時点においてすら、多くの人々に受け入れられるはずもない悪宗教である。いや、そもそも「宗教」の名前さえ与えることのできない悪の集団なのだ》と。

けれども、宗教には「善い宗教」と「悪い宗教」の二種類があるというこの議論は、受け入れることができません。少々宗教の歴史を見てみたことのある人なら、誰しもそう言うでしょう。七面倒臭い話には入らないで、今「善い宗教」の代表格に挙げられたキリスト教のことを見てみましょう。

●キリスト教も歴史上「悪い宗教」だった時代がある

キリスト教は、その発生当時、古代ローマの圧倒的多数の人々にとって、「悪い宗教」そのものでした。キリスト教は、事あるごとに周りの人々に反抗する、極小の集団にすぎませんでした。もしも、今日私たちに金科玉条となった民主主義という原理に忠実であろうとすれば、大多数の者たちの判断こそが「善い」判断である、と言うしか他はありませんから、当時のローマ人の圧倒的多数の人々がキリスト教を「悪い宗教だ」と判断したということであれば、その当時に帰って言うならば、一応そうですかと認めるしかないではないですか。

歴史の教科書によれば、時のローマ政治権力は、最初どうにかこれらの者たちを宥めすかそうと努めました。いろいろな妥協案を出しました。しかし、キリスト教徒たちは、よい加減のところで妥協しようとせず、あくまでも反抗的な姿勢を崩しませんでした。このため、キリスト教は、その勢力が増大してゆくにつれて、ローマ政治権力との抗争が不可避となり、当局によって、何かと眼の仇にされることとなりました。

紀元六四年にローマ市に不審な火事が発生し、大火となって町の大半が失われた時、ときの皇帝ネロはこれを、民衆に毛嫌いされていたキリスト教徒たちの仕業としました。実際は、ネロ自身が放火を命じたものであったと、今日の一般的見解では言います。

さすがに歴史専門の学者ともなれば、それに関する見解はもっと慎重なもので、大方は、事の真相は明らかではないとしているようです。しかし、少なくとも今日一般のキリスト教徒たちは、ネロが自分で放火しておいて、それをキリスト教徒たちのせいにした冤罪だったと考えています。そうすることによってネロは、片やキリスト教を根絶やしにし、片やローマの町を美しく作り変える事業を完成させたかったのだ、と。

しかし、もしも皇帝ネロや当時のキリスト教徒とは全く関係のない第三者の目で傍から見たとすれば、またもしも、放火したのはキリスト教徒たちか皇帝ネロかのどちらかに限定できるのだとすれば、放火犯はキリスト教徒の方だったと仮想することができます。それは次の理由からです。

●宗教に関する「善い悪い」の判断は、単に相対的なものにすぎない

紀元一世紀には、まだまだローマの士気は盛んでした。そして、皇帝が選出される過程も、今日の我が国で自由民主党の党首が選出されるのとは比較にもならないほど、極めて厳重なものでした。生まれ育ちはもとより、教育、情操、知的肉体的資質等、ありとあらゆることが、極めて長い時間をかけて、元老をはじめとする周囲の者たちの目を通過しなければなりませんでした。このような厳重な選出過程を経て皇帝となった人物です。自分たちの帝国の中心地ローマを焼き払ってしまうなどという暴挙は、とても考えられません。たとえローマの町を作り変える必要があったとしても、そこまでの危険を犯すでしょうか。またもし、そんな暴挙に出たのがほぼ確実だと疑われたとすれば、あのユリウス＝カエサルでさえ、元老たちの意に反して暗殺されたのです、ネロごときは、ただちに翌日暗殺されてしまったことでしょう。

時代背景をいろいろと考えてみるに、もしどちらかが放火したと言わなければならないとすれば、それをキリスト教徒たちの方であったとするのは、決して的外れな推測とは言えません。

しかし、こんなはるかな昔の、どちらとも断定できないような瑣末な事例をあれこれ論ずる必要もありません。そもそも歴史上には、宗教が元で行なわれた戦争や殺戮が満ち満ちているではありませんか。歴史の教科書が「宗教戦争」というタイトルを冠している戦争に限定してみても、その数はとても十本の指では足りません。それが元

で殺された人々の数を数え上げるとするならば、とてもオーム真理教どころの比ではありません。そしてもし、殺した人間の数の多少でその宗教は悪い宗教であると言っていいのなら、世界の大宗教は、どれもこれも、悪い宗教どころか、まさに極悪非道の宗教です。

宗教って何なんでしょう。

ここはひとつ落ち着いてじっくりとこの問題を考えたくなってきました。宗教は何かということの結論や、宗教の定義はそう簡単には得られないかもしれません。けれども、だからといって、何の作業にも着手しないで、またもやこの問題を放り投げておくのはよくない気がします。

五　世界中の宗教を視野に入れる際の基本的前提とは何か

●世界中には性格を大きく異にする二種類のものが同じように宗教と呼ばれている

後に詳しく触れることになりますが、宗教が、ある文化や文明のアイデンティティーの中核を形成するという時、私たちは突然、宗教というものの枠を最大限にまで押し広げ、世界中に存在するあらゆる民族や、あらゆる社会の風俗や習慣を視野に入れることになります。たとえばアフリカのズールー人やショーナ人、あるいは南太平洋の小さな島々にどれくらい昔からとも言えないくらい長い間、一つの社会を形成して暮らしてきた幾つもの部族。それら無数の部族や民族の文化や文明が、その核心の部分において持っているもの、それらをも視野に入れなければなりません。

しかし、これらは、先ほどから名前の出ているキリスト教や仏教、また新興のオーム真理教などといった、いかにも宗教らしい形態のものとして私たちに了解されている宗教とは随分おもむきを異にする存在です。

どのようにおもむきが異なるのでしょう。

先ず最初に、こうした部族や民族の宗教は、誰がそれを創始したのか分かりません。歴史の始まりにおいては分かっていたのかもしれませんが、今ではすっかり忘れられているし、その創始者の存在が信仰を支える必須条件とはなっていません。

また、それらの宗教は、教典を持っていません。なにしろ、歴史上、自分たちの文字を持ったことのない民族がほとんどです。ですから、信者が、それによって自らの生活と生命そのものを全面的に律していこうとするような意味での、文字で書かれた教典は存在しようがないのです。

さらに、その宗教の信者であるという意味合いそのものが、キリスト教などの創唱宗教（一九五頁参照）とは違います。ここでは、信者は（信者という言葉が相変わらず有効であるとしてのことですが）自分の意志でその宗教を選ぶのではありません。そこに生まれたという、ただそれだけの条件で、彼はその宗教の信者となるのです。逆に言えば、そこに生まれてそこに育った人間でなければ、どれほどの意志を示し、どれほどの努力をしても、その宗教の信者にはなれないということになります。

しかも、こうした民族宗教の特徴は、ただアフリカや南太平洋など、近代文明から遠かった人たちに限定される問題にすぎないとして済ますこともできません。というのも、私たち日本人に固有の信仰から発展してきたと言われる神道でさえ、まさにこれら世界の大小集団の宗教と、同じ特徴を備えたものであるからです。

つまり、これは、私たち自身の問題でもあると言わなければならないのです。

このように見てくると、宗教という名前で呼ばれているものの総体を統一的に理解するのは、大変難しい問題だということが即座に予想されることになります。

●日本は、他に例を見ないほど宗教状況が複雑である

もっとも、宗教という言葉を発する時、私たち日本の社会は、実際には、これよりずっと複雑な状況に置かれていると言わなくてはなりません。

宗教は、各民族のアイデンティーを形成する、その中心的な役割を果たしていると言われます。もしその言

い分が正しいとすると、それは私たち日本人にとっては、他の文明の人たち以上に、大きな難問を課すことになります。

日本以外の地域で、たとえばキリスト教やイスラム教を国教とし、国民は原則的にキリスト教徒やイスラム教徒だというような国で、人々が自分のアイデンティティーを探るということは、たとえ簡単ではないにしても、道筋が単純です。つまりキリスト教を研究し、あるいはイスラム教を研究し、その真実を探ること、これしか道がありません。このことは、仏教国であることがはっきりしている国でも、大筋では同じと言っていいかもしれません。

しかし、我が国はどうでしょう。見かけこそ仏教国であると言われていますが、ほとんどの人は、自分がそうだとは本心から思っていません。道教や儒教のように、仏教の他にもいくつかの外来宗教があります。また、今しがた見たように、我が国固有の信仰から発展してきたと言われる神道もあります。しかもこれらの宗教は歴史を経ることによってお互いが交じり合い、その結果、種々雑多の宗教形態を生み出してきました。

しかも、その中にいる私たちは、こうした種々雑多の宗教に対して、ほとんど冷淡で、そのどれ一つとして心から信じている風でもありません。もし全国民に対して、「あなたは宗教を信じていますか」とアンケートを取ったとすれば、自分は宗教など信じない、無宗教だ、と答える人が圧倒的多数にのぼることでしょう。

そうすると、このような文化的風土の中で、人々のアイデンティティーということに関する宗教とのつながりは、いったいどんな意味を持つことができましょうか。

種々雑多の宗教があるのだから、問題のアイデンティティーは、これら種々雑多の宗教が、種々雑多に与えている、ということにでもなるのでしょうか。そうだとすると、これは大変探求しにくいし、やってもやっても先が見えてこない、というようなものになりそうです。

しかも、私たち日本人のほとんどは、自分は無宗教だと公言するほど、それらの宗教に無頓着ですから、その無頓着で無関心な対象物が私たちの存在を根底のところで規定していると聞かされても、どうにも今一つ得心がいかないし、それに関して考えを進めてみようという気にもなりにくい。そんな結末にもなってしまいそうです。

そこで私たち日本人の場合には、第一に、宗教が自己のアイデンティティーを規定する重大な要素だとする発言そのものを、本当にそうなのかと疑ってみる必要に迫られそうです。あるいはまた、もしその発言が、私たち日本人に当てはまるものだとすれば、その時、私たちのアイデンティティーを規定しているその宗教とはいったいいかなるものなのかと、問いを重ねることが必要になります。

どうやら、際限もなく疑問が沸いてきます。「宗教とはいったい何なのか」。宗教が私たちの「アイデンティティー」と私たちの文明の「アイデンティティー」を形成しているとは、いったいどういうことなのか。そもそも、世界にある無数の宗教は、同じように宗教と呼んでいいものなのか。

本書は、こうした疑問を、皆さんと一緒に考えていこうとするものです。

正解はズバリこれだ、というような、はっきりした答えは得られないかもしれません。けれども、その探求は始める方がよい。そういう気がします。

もし、宗教が一つの民族のアイデンティティーを規定する中核をなすものだとすれば、この探求は私たちに、異なった文明がその違いについて、相互に理解し合うための鍵を与えてくれるかもしれないのです。

六　宗教研究に関する二つの異なる姿勢

「宗教とは何か」。疑問は唯一つです。

しかし現実の問題として、宗教とは何かを知ろうとすることは、実は二つの姿勢に分けて言われなければなりません。

一つは、たとえばキリスト教徒が、自分もすでに信者であるそのキリスト教の本当の姿を知ろうと、突き詰めて探求する場合。

二つ目は、自分はキリスト教徒だが、その状態を保ったままで、キリスト教と違う他の宗教、たとえば仏教を知ろうとするような場合です。

●宗教は個人的なものであるとする見方

一つ目の、自分自身の宗教を探求すること。これは、ある意味で、宗教の修行そのものです。たとえ厳密な意味で宗教者とは呼ばれないような、一般人の身分であってもそうです。彼は、その宗教の語ることに聞き入り、その意味を単に言葉の表面において理解するのではなく、その意味を深く体現するものを求めているのです。

この場合、キリスト教徒ではない第三者は、いくら同じような努力をしても、その真理にたどり着いたとは見なされません。その中に深く潜って行くことができるのは、その中にいる人間に限られるからです。

けれども、自分自身がその中にいる宗教を知ろうとする、この第一の姿勢は、常識的に考えれば、そのことによってそれ以外の他の宗教を知るという結果には通じません。たとえば、仏教国に住む者が、その仏教を知ろうと努力しても、その努力によって仏教以外のキリスト教やイスラム教までを、その神髄において知るということには通じないでしょう。もし、仏教が分かったのだから同時にキリスト教も分かった、と言う人があれば、下品な言い方をすれば、それは、まるでクソとミソを一緒にするような、浅薄な観察だと言われかねません。

「宗教は個人的な問題である」と主張する学者は少なくありません。「個人的問題」とはつまり、ある一人の人間が、物質的にしろ精神的にしろ、自分の進む道に行き詰まりを感じた時、いやもっと進んで、その行き詰まりのせいで、最早生きていくことができないとまで思い詰めた時、それを解決するものが宗教だということです。すると、そういう人にとって肝心なものは、その悩みを打ち明け、その解決の方策を授けてくれる何らかの対象です。彼はその対象に悩みを訴えかけ、この抜き差しならない状況から脱出する道を示して欲しいと願うことでしょう。

そこでもし、あくまで、「宗教は個人的な問題である」という観点を重要視しながら、その宗教の何たるかを探ろうとする学者は、その個人が訴えかける対象はいったいどういう存在なのかを明らかにしたいと考えるに違いありません。また、祈りや瞑想といった行為の持つ意味を探求し、与えられると期待される救済について考えるでしょう。またもしも、その宗教で、宗教以外の様々な行為が個人によってなされているなら、それらについても考察することになります。

事実、世界中の宗教を研究する学者は、主としてこうした観点に立って研究してきました。「祈り」、「対話」、「信仰」、「愛」、「絶対帰依」、そして「救済」。こうした内面的な問題の探求。それが、宗教に関わる多くの学者たちの伝統的なテーマなのです。そして、宗教をその内面において探求しようとする姿勢は、原則的に言って、その宗教の中にいて、それを掘り下げようという姿勢です。つまり、「宗教は個人的な問題である」という主張は、その宗教の中にとどまる研究姿勢と、大きく重なるものだと言えます。

そこで、このスタイルの研究では、その研究テーマとなる個人的行為が、数においていくら多数であっても、また、その深みにおいてどれほどの深さに達するものであっても、それらは「個人的な問題」の領域を超えないものなのです。

逆に言うと、「個人的な問題」の枠を超える問題は、たとえその宗教自体の中にあるものであっても、あまり真剣な考察対象とはなり得ません。

そういう、「個人的な問題」の枠を超える問題とは、次のようなことです。

たとえば、その宗教が歴史上どれほどの偉業を成し遂げたとしても、それを歴史書で学び知ったからという理由で、その宗教の信者となったという人を私は寡聞にして知りません。その宗教が生み出した美術や音楽が、どれほど美しいものであったとしても、それのみに心を寄せる人は、美術愛好家や音楽愛好家であって、その宗教の信者ではありません。

宗教は、たとえどんな宗教でも、多くの人々に受け入れられることによって、多くの社会現象を生み出しました。また、こうして年月を経ることによって、独特な歴史現象を生じさせてきました。しかし、こうした現象は、その宗教自体のものであって、しかもその宗教がどれほど壮大で壮麗なものであっても、「個人的な問題」としての宗教にとっては重要なものではないのです。全く無意味なものだとは言いませんが、それはせいぜい二次的、三次的な価値しか持ち得ないものです。

普通私たちは、ある宗教の壮大な歴史や、それが生み出した社会的文化的な現象などの総体を見て、「宗教」と呼ぶのが常です。しかし、「個人的な問題」としての宗教にとっては、それらが大した意味を持っていないことは明らかです。

そして、私たちが「文明」と呼んでいるものは、こうした社会的文化的歴史的な現象に他ならないのではないでしょうか。そうであれば、誠に残念ながら、「宗教」を「文明」というものにつなげて考察しようとする立場は、「個人的な問題」としての宗教から見れば、たかだか二次的な重要性しか与えられないものであると認めなければなりません。

●宗教を文明の基盤として見る姿勢

さて、「宗教とは何か」を探ろうとする第二番目の姿勢は、すでに述べたように、自分がいる文化や文明の宗教以外の宗教を知ろうとする姿勢です。そして本書は主として、この二番目の姿勢に対応するものです。すなわち、キリスト教徒がキリスト教徒のままでありながら、世界に存在する様々な宗教を知ろうとする姿勢、あるいは、仏教徒が仏教徒のままでありながら、それ以外の諸宗教を知ろうとする姿勢です。しかも、ただ表面を観察するだけではなく、できるだけその本質に迫って理解しようとする姿勢です。

しかし待ってください。私たちが進もうとしているこの第二の姿勢は、大きな矛盾を抱えているということに、すぐにお気付きになったのではありませんか。

そうです。先ほど、宗教の神髄に到達するのは、その宗教を信じ、その信仰に導かれてその真理を体得しようとする者に限定されるとした、先の主張との矛盾です。言い換えれば、他宗教を他宗教として理解しようとする姿勢は、第三者の傍観的な目にはその宗教の真の姿は見えないとする考え方と、早くもスタートの時点で矛盾をきたしているのです。

●そもそも他宗教を理解する必要性はどこから生じたのか

これも後に詳しく触れたいことですが、他宗教を理解するという切実な必要性が初めて大規模に人類史上に現れたのは、他ならぬ、西洋キリスト教文明圏においてでした。大航海時代以来、世界中に進出して行った西洋人が、様々な必要性から、他文明の風俗や習慣、そしてとりわけその宗教を知る必要性を認めたのです。

その際、他文明の宗教を知る上で、実に様々な態度が現れました。

先ほど見た主張も、現に行なわれました。すなわち、他文明の宗教は、それがいかなるものであれ、キリスト教を徹底的に追求していくことによって、その過程で理解されるという主張です。まさにクソもミソも一緒という下品な評論もしたくなるところです。

しかしそうは言うものの、反面、この主張は、キリスト教の立場を思いやってみれば、なるほどそういうことかと合点がいくものでもあります。というのは、キリスト教が持っている最大の特徴の一つが、「神は唯一つである」という、いわゆる一神教の教えだからです。そこでもしこの教えを信じて、他のあらゆる現象にもこの思想を押し広げてゆけば、宗教というものは、世界のどの部族、どの民族の宗教であれ、すなわち、世界のどの文明の宗教であれ、究極は唯一つの神が見そなわす一つの現象だという他はありません。

キリスト教文明圏の人々からみれば、世界に存在する様々な宗教は、あるものはキリスト教の唯一つの神を不充分な形でしかとらえておらず、またあるものは、未だとらえるに至っていない、いわば原初の段階にあります。しかしそれは、煎じ詰めれば神は一つ、そして宗教も一つであるとすべきで、ただ、その一つの宗教というものの中に、様々なバリエーションが存在しているということになります。

他宗教はこのように理解すべきだ。こういった主張がキリスト教徒の間でなされたのです。

しかし、いくら何でもその主張は自己中心的すぎるという反省が、次第次第に人々の考えを占めるようになってゆきました。それはとりわけ、十九世紀の実証主義的な考え方に影響されて出てきた主張だと見るべきでしょう。

実証主義は、あらゆる現象に対してあらかじめの予断を交えないで、物事を客観的に観察しようとする一般的な姿勢を生み出しました。そして、宗教も、目の前にある現象の一つに違いないと考えられるようになったのです。世界中の宗教を先ずは予断を交えないで、ひたすら客観的に見えるままに記述してみよう。そして、そういう観察と記述の積み重ねから、対象とするその宗教のありのままの姿を浮き彫りにしてみよう。こういった姿勢です。

宗教に対して、ここまで客観的な姿勢が打ち出されたのは、画期的なことでした。それまで宗教は、客観的な姿勢で臨んでよい事柄ではない、とされていたからです。それはあくまでも主観的な事項、いや、もっと言ってよければ、限りなく個人的な事項ですらあったし、客観的にそれを観察することには根強い反発があったのですから。

宗教というものは、考えられる限りの古代から、人類と共にあったと考えられています。それなのに、それを客観的に観察しようとする西洋的な姿勢の登場は、おそらくはその根強い反発のせいで、歴史上実に最近まで遅れることになりました。客観的な西洋的研究姿勢を持つ学問としての宗教学の成立は、西洋の他の諸学問の成立と比較して、あまりに遅い成立だったと言うべきです。

七　宗教研究の発生事情から、宗教研究の方法論は大きなジレンマに陥っている

世界中に存在する様々な宗教を、客観的な手法で理解しようとする実証的な西洋的研究姿勢が登場したことによって、私たち人類は、他宗教の理解、他文明の理解のために大きく前進することになるはずでした。少なくとも当の西洋においては。

しかし、事はそう簡単には運ばなかったのです。

どういうことでしょうか。

一つには、やはり何としても、宗教の持つ閉鎖性が妨げです。閉鎖性とは、ある宗教は、究極のところその宗教の中にいて、その宗教を信じる心構えの前にのみ、その真の姿を現すという、あのことです。

しかし実際には、それよりもっと大きな障害が、世界中の宗教をできるだけ客観的に見ようとする西洋のその姿勢自体の中に、潜んでいたのです。

分かりにくくなってきましたので、少し宗教という限定を外し、視点を変えてこの点を見てみたいと思います。

●学問一般の成立土壌はキリスト教文明圏の中にある

今日世界中の先進工業国や、これに追いつきたいと努力している他のすべての国々において、国民が身につけるべき教養として国家が推進している学問のほとんどは、西洋キリスト教文明圏で成立した諸学問に他なりません。

一例を挙げれば、我が国において今日、正式に医者の資格を認められる人は、西洋医学を修め、然るべく国定の試験に合格した人に限られます。伝統的な医術・医療がなかったわけではないのに、また、それらの有効性がすっかり否定されたわけでもないのに、ある日突然私たちは、それを捨て去り、西洋において成立した医学を全面採用したのでした。

また、他の国々同様、我が国の大学で講義される学問はすべてキリスト教を土台にし、そこから発生してきたものです。哲学にしろ、心理学にしろ、社会学にしろ、その例外ではありません。

歴史上キリスト教と対立し、抗争を繰り返してきた自然科学も、突き詰めてみれば、キリスト教の発想を出自としていることが指摘されます。裏返した言い方をすれば、もしキリスト教が西洋に存在しなかったと仮定すれば、これらの学問は、今日あるようなものではなかったでしょう。それは確実に言えることです。

我が国において、これらの学問研究に従事している専門家たちが、ある一定のレベルにまで研究が進んだ際に、口を揃えて言う言葉があります。それは、「自分の学問は、一見したところキリスト教とは何の関わりもないように見える。しかし、突き詰めてゆくと、この学問は、その背後に、あるいはその土台の根深いところに、キリスト教を持っている。それゆえ、この学問を真に究めようとすれば、キリスト教の理解が必要不可欠となる」というものです。

●学問一般の出自が、宗教学において最大の難点を与えている

宗教を研究する「宗教学」そのものも、この例外であるはずはありません。いやそれどころか、「宗教学」は、極めて直接的に、極めてラジカルにキリスト教と関わってきました。背後に、キリスト教の発想が極めて濃厚です。世界の宗教を、ありのままの姿で、できるだけ客観的に見ようとする姿勢は、おそらくは何ら意識することもないまま、その見る視線の中に、キリスト教の発想を秘めざるを得ないのです。

分かりやすく言えば、「宗教学」は、その学問的な方法論自体が、まるで無菌室からでも出てきたような純粋客観的な性質のものではあり得ないということなのです。むしろ「宗教学」においては、西洋の宗教によって提出され、数千年に渡って彼ら西洋人の血肉としてきたものが、他宗教を見る目そのものとなったのです。

私たちは、世界にある他の宗教を知ろうという、壮大な企てに加わろうとしています。その際、何の準備もなく、いわば手ぶらで、その探索旅行に出て行くことはできません。ある一定の準備が必要です。もし、探求に用いられる道具とも言うべき「宗教学」の方法論を承知しないで船出したなら、きっと余計な回り道や空回りの進行を招くことでしょう。それどころか、全く見当違いの道に迷い込んで、すべての努力も、結局は無意味なものになる危険性すら秘めています。

これから自分が用いなければならない道具のことを、よく知っておくべきです。私たちが今日の時点で使えるこの道具は、今述べたように西洋産で、ある一定の考え方を土台にしてできたもので、大変癖があります。しかし、その考え方を知り、その癖を心得ておけば、それがどんなに厄介な道具でも、それなりに結構役に立ってくれるものです。

《キリスト教の発想で他の諸宗教を見るのは、まるで色眼鏡をかけて見るようなものだ。赤い色眼鏡なら、すべてが赤くしか見えない》、と批判する人たちもいます。けれども、私たちが、すぐさまそれより優れた道具を提示できないなら、批判にのみ終始しないで、それを使ってみることも必要です。ただその際、私たちは、それが色眼

鏡であるということを、片時も忘れないようにしたらいいのではないでしょうか。どうしても赤い色眼鏡をかけて物を見るしかないのなら、それをそのようなものとして常に意識していることは、決して意味のないことではありません。赤い眼鏡をかけているのだから、それをかけている自分には、当然すべてが赤く見えているはずだと意識すれば、とらえた像を時折自ら修正することも可能になるはずです。

第2章

宗教多様性の社会、日本

宗教は現実に目の前に存在しているものであるから、その本質を問うためには、自分の身の回りに展開している宗教現象に注目してみることが有効である。しかし、我が国の宗教状況はあまりに多様で、混乱しているとさえ言うべきものである。本章では、その実態を認識しつつ、キリスト教的宗教性の意味合いからのみ「信仰」の用語が用いられていることが、我が国の宗教理解を一層混乱させている実態に触れる。

日本人のアイデンティティーを構成できるような宗教とは、いったい何でしょうか。西洋文明の側からそのような質問が投げかけられている、ということはすでに述べました。

私たちは、今までのところ、その問いに対して、はっきりと答えを出すことができませんでした。このため、西洋人にとって、私たち極東の島国の住民は、何とも得体の知れない奇妙な存在であり続けています。それは、先の大戦で世界を相手に一戦を構えた、その前後においてもそうだったし、戦後焼け跡から復興して、世界有数の経済大国となったとされる今日においても、変わりません。彼らにとって私たちは、何とも不可解、不可思議な存在であるらしいのです。

もっとも、私たちの最も奥深い土台のところで、私たちを立たせている宗教が何かという問題になれば、なにも他人から問われるまでもなく、自分でも知りたいという気持ちになります。

けれども、このような疑問を追求したいならば、そもそも宗教とは何ぞやなどと疑問の大看板を大上段に掲げる前に、先ずは、あなたたちの身の周りに具体的に見られ、「宗教」と名付けられているものをよく観察しなさい、と言われそうです。

ならば、さっそく私たちの周辺を見回してみることに致しましょう。

ところが、まあ、何たることでしょうか。我が国は小さな島国でありながら、実に千差万別の、宗教と名前を冠されたものが存在していることで有名で、識者の間では、まるで宗教博物館だと言われているほどなのです。

先ず、我が国固有の宗教だと言われている「神道」があります。村の外れや町のあちこちに神社と呼ばれる特異な建物があったり、建物がなくても、自然の木や岩に注連縄などを張って、それらを特別に祀っている場所があちこちにあったりします。

次に、我が国が歴史上一つのまとまった国として成立し始める時期に輸入された、仏教という世界宗教がありま す。江戸幕府の宗教政策の結果、どの家もどこかの仏教宗派に所属することになったので、私たちはその流れを引き継ぐ限り、建前上は全員仏教徒です。

また、仏教と同じ頃に、中国からは道教が輸入されました。これは、中国人が数千年にも渡って培ってきた生活習慣の総体ですから、宗教とは呼びにくいという説がある一方で、それだからこそ最も宗教らしい宗教だ、という説もあります。これは考えてみなければならないテーマです。が、豆まきや七五三など、現在我が国で行なわれている季節行事の多くが、これと無縁には語れないと言われており、また、十二支や手相占いなど、多くの生活習慣が現在でも存在していることは見逃し得ないことです。

中国伝来のものと言えば、儒教も忘れてはならないものです。しかしこれは、先の道教以上に、宗教であるかどうかが論争となる代物です。今、その論争のことはさておいても、儒教が我が国の社会制度や、人間関係を律する規則の成立に、大きく関与してきたことは否定しがたいところです。そのため、欧米の日本研究者の目から見れば、私たちは最も強固に儒教徒であるという定評があります。

一　西洋的視点からは、我が国で最も優勢と言われる宗教は儒教である

本書の書き出しに、「君の宗教はいったい何か」という質問が西洋文明から私たち日本人に発せられている、と書きました。そこで、欧米人の目から見て、我が国において最も優勢な宗教は何かという点にも、一言触れておきたいと思います。彼らによれば、それは、今右に名前を出したばかりの「儒教」であるそうです。

この指摘は、私たち日本人自身の耳には大変意外に聞こえるのではないでしょうか。

●私たちが儒教徒であるという点を具体例によって再認識する

欧米の日本研究者たちから「あなたは儒教徒です」と指摘されて、「はて、いったい何のことだろう」と、いぶかしく思わない日本人は大変少ないと思われます。しかしこの点については、なるほど彼らから見ればそうも見えるのだろうと、納得しておく必要があるかもしれません。

一例を挙げましょう。

世間の大人は、近頃の若者は男女交際も進んでいるだろうから、大学の教室内での席次なども、さぞかし男女の学生が入り混じって、てんでばらばらに坐っているのだろうと思い込んでいるようです。ところが、これはさにあらずなのです。新学期、ほぼ男女同数の教室に初めて足を入れると、こちらがそうしなさいとあらかじめ指定したわけでもないのに、片側に女子学生が固まって二十数人、もう片側に男子学生が固まって二十数人と、くっきり区分けして坐っているのです。これは私が教える大学の教室の光景です。

欧米の大学は、これとは正反対です。多くは教室の入り口近くでたまたま顔を合わせた男子学生と女子学生が、並んで席に着いています。二人並んで授業を受けているから、その二人が恋人同士であるかというと、どうもそうではなさそうです。

我が国の大学の教室の場合、もし男女がペアになって、奥の方に坐っていたりすると、前の方の男子学生たちが、ヒソヒソ声で「おい、あの二人、できてる、できてる」などと、やっかみ半分で言ったりなぞします。並んで坐っただけで、「できてる」ことにされるのも厄介なものです。が、「男女七歳にして席を同じうせず」の儒教道徳は、なるほど私たちの社会に、実に深く根を下している道徳だと言えそうなのです。

ひとたび社会に出て何らかの職場に入ると、別の儒教道徳が待っています。そのうちでも強固なものは、年功序列の意識だと言えます。いくら業績で上を行っても、一年先に入社した先輩を追い越して昇進するということは、我が国では極めて稀なことです。大きな会社の人事で、それまでの序列を五つも飛び越して、下の人間を社長に抜躍した際には、ジャーナリズムを通じて国中の話題となるほどです。

実力主義を標榜する欧米の企業では、このようなことは当たり前に起こることです。私が知っている外資系のある金融関係の会社が、東京の支社にトップの人間を送り込んできました。何と、わずか三十三歳の若さでした。六十歳に近い定年間際の秘書課長が、毎朝「グッドモーニング」と挨拶をしながら、ドアを押してその日の書類を届けるのだと聞きました。理屈ではそんなもんかと理解しても、何となく強い違和感を禁じ得ませんでした。

「君には忠に、親には孝に」。この考え方は封建時代の遺物にすぎないと、常日頃は思い込んでいました。が、その封建時代から、自分たちはまだそんなには遠くないのだと、先の一件で思い知らされました。

江戸時代と現在と、わずかに一世紀余りの時間差です。私たちの意識としては、その間に明治維新という革命的な断絶があって、あの時と今とは隔世の感があります。が、外からの目で見れば、それはほんのわずかの時間にしかすぎず、断絶よりは、むしろ継続と見えているのでしょう。そうすると、私たちの考えの中では極めて近代的な組織と思われる現在の企業も、西洋人の目には、昔の島津藩だの鍋島藩だのと比べて、何ら変わらない組織に見えていることになります。ただ、チョンマゲが七三分けに変わり、カミシモがねずみ色の背広に変わっただけなのでしょう。

二　多宗教混交の状態を作り出した歴史

我が国は、宗教博物館と称せられるほど、多数の宗教を抱えています。それは、ただ神道だ仏教だと、名だたる宗教が並存しているというだけにとどまりません。それらの宗教は、様々な分派を作りました。また、それらの宗教が交じり合って、一見したところ全く別物に見える宗教を作りました。

江戸時代になると、単に輸入された宗教を咀嚼するだけでなく、自分たち自身で独特の宗教を次々と作り上げていきました。

●今日の宗教多様性は江戸時代に端を発する

特に江戸時代のことですが、「日本人自身の独特の宗教」という言葉を用いたのには理由があります。それは、次のような事情を考えに入れた場合にその表現を使えるということなのです。

我が国では有史以来江戸時代に至るまで、仏教等の外来宗教は、主として国のエリート層によって担われていました。それは教養の面でのみエリートだったわけではありません。出自においても、社会的身分においても、この上はないほどのエリートたちだったのです。この事情は、仏教の教えが浸透して、やがて我が国独自の仏教と呼ばれる「鎌倉仏教」が成立しても、それほど変わらなかったと言えます。そしてまたこの事情は、我が国固有の宗教と呼ばれる神道でも同様のことで、外来の大宗教に対抗した各地の大きな神社は、どれもエリート層によって担われていました。

ところが江戸時代になって宗教を創設した人たちというのは、多くが全くの平民でした。中には、読み書きさえ充分にできない田舎の女性たちもいました。もし、新たに「創設」された宗教として認められる絶対要素が、他から与えられたのではない何らかの独自性というものにあるとすれば、それら江戸時代に平民階級の出身者たちによって創設された宗教は、まさに我が民族の「創唱宗教」だったと言ってよいと思われます。

そのような「創唱宗教」の一例としては、江戸時代末期に北大和の農民の妻であった中山みきが創始した「天理教」を挙げることもできます。天理教は今でこそ数ある宗教教団の一つにすぎませんが、大正、昭和初期の関西においては、やがて全国をその信者に変えるであろうと思われるほどの勢いを示した宗教でした。

江戸時代に始まるこうした新たな宗教集団の創設の動きは、明治の時代を迎えてもおさまらず、これらの時代を通して我が国は、極めて多数の宗教、宗派を抱えるに至ったのです。これに加えて、第二次世界大戦終結後、それまでの規制的宗教政策の撤回によって、まるで雨後のタケノコのように新興宗教乱立状態が生じたことは、私たちの記憶に新しいところです。

●多様性の現状の簡潔な確認

最近、一部の新興宗教が起こした社会的騒乱のせいもあって、「宗教法人」という言葉が普通に知られるようになりました。ところで、このいわゆる「宗教法人」は、我が国に、いったい、いくつくらい存在しているのでしょうか。

数十や数百どころではありません。数百や数千どころでもありません。「文化庁宗務課」の統計によれば、ゆうに十八万を超える数字です。もっとも、同じ宗教であっても、いくつもの宗教法人があったり、法人となっていても、事実上何ら活動をしていないものもありますから、数字だけで物事を判断してはいけません。が、それにしても尋常の数ではありません。

三　日本人の宗教行動は、混乱の外観を与えている

我が国の宗教状態を知ろうとするのに、ただ宗教の種類や数の多さのみを強調しても、あまり意味がないかもしれません。現代に生きる私たちにとって、それよりも重要なことは、こういったこととも相俟って、宗教とは何かが見えにくくなっていることだと考えられます。宗教について考えを巡らせてみようという意欲すら萎えてしまっています。このため、現代に生きる私たちの宗教行動は、一見したところ、実に支離滅裂なものになっています。

●風俗観察的視点から、宗教行動の混乱性を見る

十二月二十四日の夜ともなれば、今や誰一人知らぬ者とてない、クリスマスイヴです。多くの家庭では、キリスト教徒でも何でもないのに、クリスマスツリーを飾り、デコレーションケーキでこの夜を過ごします。まだ家庭を持っていない若者たちも、この晩は特別なデートの宵にするという習慣が出来つつあるようです。特別なデートの

宵も結構ですが、もしも、街角の教会から、信者さんたちの賛美歌の声でも聞こえたなら、なにしろ入場無料です、是非もぐり込んで、一時でも神聖な雰囲気に浸ってみてはいかがでしょうか。

さて、それから一週間もすれば、年越し大晦日。この時ばかりは、百八つの除夜の鐘。ああ思い返せばこの一年、またしても煩悩に振り回され続けた自分だったなァと、これは紛れもない仏教徒の心です。

しかし、仏教徒としての改悛を自分に告白したその舌の根も乾かない翌朝に、今度は近くの神社に初詣するのが習慣です。お賽銭箱に小銭を投げ込んで、拍手を打ってお辞儀をして、日本人たるもの、このすがすがしい気分がなくて、年が明けた気持ちにはならないのです。

年末のわずか一週間ほどの間に、キリスト教から仏教へ、仏教から神道へと、まるで、はしご酒でもするように渡り歩いて、その都度コロコロと心変わりをする。これでいっこうに精神分裂を起こすでもない。これが、私たち日本人の宗教行動です。

同じ一つの家族なのに、信じている宗教が別々、という場合も珍しくありません。おじいさんは、朝起きて、昇るお日様に向かって拍手を打つ。おばあさんは、特定の仏教宗派の教えに心酔していて、毎朝仏壇の前で法華経を読む。階段を上がって娘の部屋に入ると、壁に十字架がかかっている、といった具合です。

これでも一つの家族として成り立っているのは、日本人のみだと言います。そして、こういうごちゃ混ぜ状態でも、いっこうに気にならない精神は、すでに日本人の性癖となっていて、特に宗教でも何でもない、日常の生活の至るところに見うけられます。デパートの大食堂のガラスケースには、和食、洋食、中華、インド料理、イタリア料理等々と一箇所に並んでいて、家族のメンバーは、一つのテーブルに坐りながら、各自、好き勝手なものを食べている。こんなレストランが可能なのは日本だけだ、という話も聞いたことがあります。本当かどうか、外国のあちこちの町に行く機会があるごとに、気を付けて観察しています。今までのところ、このことは、まことにその通りなのです。

●宗教専門職の人々の宗教行動も混乱している

一人でいくつもの宗教をはしごする。同じ家族でも別々の宗教を持っている。そういうことは、宗教に特別に深い関心や関わりを持っていない人たちだから取り得る軽はずみな行動なのだ。宗教に熱心な人たちならば、決してそういうことはないのだ。このように言いたいところです。しかし、実際はそうでもないのです。宗教に深く携わっている人たちの間でも、似たような点を指摘しないわけにはいきません。

私の子どもがお世話になっていた幼稚園は、ある神社の付属といってよい幼稚園でした。ある時、「クリスマスの会をやります。ついてはお父さん、お母さんも是非おいでください」という趣旨の連絡をいただきました。神社付属の幼稚園が、クリスマス会をやってくださるとは、何ともありがたいことだ。ご自分の宗教を押し通すよりも、子どもたちの喜ぶ顔が見たいとのささやかな計らいに違いない、何とも広いお心だ、と感じ入りました。行ってみて、それどころではないことに驚きました。子どもたち一人一人に、クリスマスプレゼントをというので、サンタクロースに扮して入場してきたその男の人が、誰あろう、神社の宮司先生その人だったのです。

神社の宮司先生ばかりがそうだと思われては一方的です。キリスト教の方のことも思い返しておきたいと思います。

というのは、今や我が国の結婚式セレモニーを二分する勢いの、あの教会でのキリスト教式結婚式のことです。宗教としてのあり方には、まことに厳格なキリスト教のことです。元来、信者さん以外の人が、教会の中で、神を前に結婚の儀式を挙げるという全く意味のないことに、神父さんや牧師さんが手助けをするなどということはあり得ないことです。

フランスで、あるアルメニアキリスト教徒の男性が、カトリック教徒の女性と結婚しました。が、結婚式は絶対にアルメニアキリスト教会でしなければならないと、男性側親族が主張して、結局結婚式を挙げられなかったカップルを知っています。私たちから見れば、同じキリスト教という名前が付いているのだから、どちらの教会で式を挙げてもよさそうなものです。そう目くじらを立てるほどのことでしょうか。しかし、裏側から見れば、宗教関係者のみならず、一般人の意識の中でも、結婚式は宗教と強く結び付いているのだということを、この事例は示していると言えそうです。

ところが、我が国ではどうでしょう。事情がよく飲み込めていない若者たちが、多少のエギゾティシズムも手伝って、キリスト教式結婚式に憧れるのは無理からぬところかもしれません。が、布教のために欧米から遣わされてきた筋金入りの宗教者たちでさえ、キリスト教徒でもない人たちの結婚式を教会が取りしきることに、まるで何の疑問も感じていないかのようです。

比較のために、もっとはっきりした例を挙げれば、ラテンアメリカ各国では、我が国と違って事情が深刻です。キリスト教徒とそうではない人の結婚に、教会は立会いを拒んでいます。そしてもしも、その状態のままで子どもが生まれると、その子はキリスト教徒としての洗礼を受けることができません。洗礼を受けていないということは、彼の地では、市民として成長していく上で、様々な障害があるということを意味します。悪くすると、学校への入学が認められない事態が生じる可能性すらあるのです。

日本では、新郎新婦ともキリスト教徒ではないのに、キリスト教式結婚式を挙げることができる。片や南米チリでは、片方がそうではないというだけで、この冷たい仕打ち。

「どうしてですか。日本ではこうなんですから、チリでもそうしてあげればいいではありませんか。片方がクリスチャンなら、日本の場合よりも、まだ余程ましでしょうに」と、フランスから来ているあるイエズス会の神父さんに聞いたことがあります。

返事には驚かされました。それは、「あそこでは、ここ日本と違って、まだ信仰心がある。だから、結婚式を認める、認めないということが、布教の手段になり得るのだ」と言うのでした。

それじゃあ、ここ日本では、どうだと言うんだ。あなたがたキリスト教徒は、最早布教の意気込みを失ってしまったのか。よそでは、まだあんなに厳格だというのに、日本では、その厳しさをすっかり失ってしまっていいのか。こうも言いたくなる現状です。

我が国の風土では、何の宗教と言わず、職業的宗教家たちでさえこの通りです。ましてや、一般の人は、自分が宗教に関わっているという意識すらありません。お彼岸やお盆で田舎に帰ってお墓参りをする。しかしこれは、昔からの習慣的行事だから、そうするのであって、特に宗教的な信心があってのことではありません。町内のお祭りがあれば、行ってお神輿も担ぎます。が、これも、何の神様のためにやっているのだか、特に考えてみたこともなく、学園祭のイヴェントにでも参加しているような気持ちです。

江戸時代から「毘沙門天」信仰を中心に栄えてきた東京のある商店街の日本料理屋さんで、会合をしたことがあります。毘沙門天のすぐ脇の、お膝もとのお店です。いわば、お陰を蒙って商売を営んでいるわけで、このお店にとっての毘沙門天さまは、下世話に言うところの、足を向けて寝られないくらいの存在でしょう。私が幹事でしたので、会合に参集する皆さんへの案内に、簡単な地図がないかとお店に聞きました。もらった案内用パンフレットを見て、ビックリしました。その地図では、毘沙門天を示す個所に、大きな赤い鳥居のマークが記してあったのです。仏教の神、インド神話の神を祀る場所に、神道のトレードマークです。

そういえば、似た話ですが、映画『寅さん』で有名になった柴又の帝釈天を、どういう宗教のものだか、いったいどれだけの人が気にかけて見ていたことでしょうか。

四　「信仰」という用語に問題点が潜んでいる

●日本人の「信仰」は、混乱しているように見える

私たち日本人は、熱血的な信仰心を持たない人種なのだ、という意見を聞いたことがあります。だから宗教に深い関心を示さないし、最悪、たとえ宗教がなくてもやっていける無宗教の国民なのだ、と。しかし、そう簡単に言ってしまうのにも、また抵抗を感じます。

一向宗の信徒たちは、あの戦国時代に、並居る戦国武将たちを向こうに回し、命がけで自分たちの信仰を守った

ではありませんか。たとえ、そういう昔まで遡らなくとも、それこそ現在の私たちの身の周りに宗教的熱血を見ることは、そう稀なことではありません。そのことは、伝統的な宗教よりも、新興宗教と呼ばれる新しい宗教の人たちに、より強く見出せると言えるかもしれませんが。

少し前、ある熱血的な宗教団体に所属している人が、自分の宗教的信念のために、幼い子どもを犠牲にするという事件が起きました。その子が交通事故で緊急に輸血を必要としたのに、親がそれを拒んだのです。その宗教の教えでは、他人の血を体内に注ぎ込むことは罪だというのです。お医者さんがいくら説得しても聞き入れられず、マスコミの知るところとなって、社会問題化しました。事の善悪については、今は触れないことにしましょう。けれども、我が子の命を失っても信念を貫く、「熱狂」と評しても過言ではないような宗教心情が、今日の私たちの社会に存在しているという一例にはなるかもしれません。

その他、宗教的な熱狂に関して例を挙げようとすれば、歴史上も今日も枚挙にいとまがない、というのが実際です。

ただ、その情熱、その熱狂も、とりたてて、ある宗教、ある宗派との絶対的な結び付きを感じさせないのが我が国の現実だ、ということも補足しておく必要があります。その熱狂を生み出す動機が、必ずしも宗教的ではなく、ましてや、ある特定の宗派との関連など全くない、という場合が多いのではないか。

言っている意味が見えにくいので、またまた私が個人的に見た、つまらない事例を挙げることをお許しください。

先の大戦後キリスト教は、国民の宗教的モラル喪失状態を布教の好機ととらえ、若く情熱的な人たちを全国津々浦々に派遣しました。私が生まれた東北の辺境にも、信者集団が出来、鎮守の森を抜けた裏手の片田舎には、およそ似つかわしくない西洋風教会からキリスト教賛美歌が鳴り響きました。中でも極めて熱心な女性信者は、近郷近在を歩き回り、イエスの教えに聴き従うように人々を説いて回りました。あまりの熱心さに閉口し、彼女のことを悪く言う人たちも現れるほどでした。

二十年後田舎に帰省した私は、幼い頃に見知ったこの女性を再び目にしました。相変わらず熱心に、宗教を説いて回っていました。しかし、驚きました。この時彼女が説いて回っていたのは、キリスト教などでは全然なかったのです。このたび彼女は、戦後になって勢力を大きくした、ある仏教系宗教団体の教えの素晴らしさを、会う人会う人に説いていたのです。

彼女の熱心さは、いったい何なのでしょうか。どこから来ているものなのでしょうか。どうも、真性、キリスト教からとも言えないし、さりとて、その新興仏教団体からとも言えない気がします。他人が断言することではありませんが、そもそも宗教的由来のものですらなかったのかもしれません。そうではなく、何か彼女の人生の悩みや、苦しみといった、個人的、心理的な動機があったのかもしれません。

しかしまた、言を翻すようですが、いったいどうして、そういう個人的な動機が宗教的ではないと言われなくてはならないのでしょうか。

●「信じるか否か」のみを宗教性のメルクマールにすることには疑問がある

少々落ち着いて、事態を振り返ってみましょう。もしかしてここまで私たちは、宗教を考える時、何となく無意識に、どういう根拠からかも反省しないで、「心から信じているか」、それとも「信じていないか」、という点のみを判断基準にしてきたのではないかと疑われます。つまり、ある宗教の教えを正しいと信じたり、その宗教の奉じている何らかの存在が、目には見えないが実在していると信じているのではないか、そして、その信じる度合いが強ければ強いほど、その人の宗教的姿勢は本物であると判断しているのではないか。

けれども、この「信じるか」「信じないか」の二者択一によって宗教的な姿勢を決定するのは、すぐれてキリスト教的な考え方です。あるいは、キリスト教発生の母体となったヘブライ人が打ち出した考え方です。

そうすると、それを無批判に判断基準にすることは、元々キリスト教がなかったある文明の「宗教」を、それとは元来無縁なキリスト教という他の宗教の物差しで計っているという、かなり見当違いなことにもなりかねません。

事実、日本のあるキリスト教系の大学の研究者たちは、日本の宗教を研究するのに、実に無反省にこのやり方を用いてきました。

彼らのやり方はこうでした。

文明の影響が少ない（と彼らが判断した）小島などに、比較的長期の研究旅行を試みます。一時大いに流行ったアンケートによる島民の宗教意識調査です。

「質問一、あなたは神様がいると信じますか」。

そもそもこの類のアンケート調査自体、その有効性が疑問です。私たち日本人は、この類のアンケートに、まともに本心で答える心理的構造を持ち合わせていません。回答にあたって第一に考慮するのは、それは自分の本心の方ではなく、反対に、質問者の意図の方だと言わなくてはなりません。遠路はるばる、何の調査だか知らないが、偉い学者さんたちがやって来たのです。役場からも、失礼がないようにと、それとなくおふれがありました。「信じますか」と聞かれたら、「はい」と答えておく方が無難です。第一、島の山の方には昔から神様の社があって、季節ごとの行事だって欠かしたことはないのですから、「はい」と答えても何らやましいところはないのです。そこで解答欄はイエスとなります。

するとアンケートは、すぐさま質問の二番目が続きます。「その神様は一つですか。複数ですか」と。まるで、鋼鉄製の物差しをあらかじめ用意しておいて、それに合わせて、身の丈の足りない者は頭と足を引っ張って殺し、身の丈の余る者は足を切断して殺してしまう。そういう昔の神話の一こまでも見るかのようです。こんなことで、その島の住民の宗教意識が理解されるとは思われません。

「信じているか」「信じていないか」という物差しが、宗教を理解する上で、今日世界的な物差しになってきていることも事実です。しかし、それのみによって計るならば、我が国の宗教や宗教心は、極めて味の薄いものにしか見えないはずです。

事実、圧倒的な西洋文明の威力を前にして、私たちの心の中には、自分たちは宗教心が薄い人間なのではないかという、漠とした不安のようなものがあるように観察されます。《我が身にひきかえ、キリスト教徒やイスラム教徒、あるいはユダヤ教徒たちの宗教的熱烈さは何だ。彼らは、その国家社会の制度のみならず、本人自身の生活も、家族の結び付きも、隣人たちとの付き合いも、その細部に至るまで、宗教によって律しているのに違いない》。このように推察して、いわれのない引け目を感じたりします。《あの宗教の人たちだって、人によっては「信仰心」に程度の差があるかもしれない。しかし、国家と社会が、こぞって唯一つの神を信じている限り、無神教に近い私たちの状況と比較すれば、それこそ雲泥の差と言うべきだろう》、と。

●日本人の宗教行動に則して「信仰」の用語を考察する

近くに、神社の小さなお社があります。毎朝、それに手を合わせて会社通いをしているサラリーマンがいます。果たしてあの人は、「信じている」のでしょうか。そもそも、そのお社に神様がいるのだと仮定して、いったいそれが何のどういう神様であるか、あの人は知っているのでしょうか。また、もしも、何の神様だかも知らないのだとすると、神様が本当に存在しているという最初のポイントすら、どうやって「信じられる」のでしょうか。

翻って、自分自身の胸に手を当ててみます。新年の初詣に、近所の神社に参るのを習慣にしています。ところで、「家内安全　商売繁盛」と祈りながら、いったい自分は、このお社の奥殿に何らかの神様がいて、自分の願いを聞き届けてくれるのだと思って、そうしているでしょうか。何とも曖昧な点です。

けれどもまた逆に、このように手を合わせて拝むという行為が、「信じている」「信じていない」ということと無関係に行なわれたとしても、それでどうしていけないということになるのでしょうか。ヒゲを剃る、門前の掃き掃除をする、といった程度のことでさえ、毎日欠かさずにやるのは、おっくうになることがあります。それなのに、毎朝必ずお社の前で立ち止まり、しばしの間、手を合わせて拝むというのは、そこに全く意味を見出さないではなかなか行ないがたいことではないのかと、推察されます。仮に、神様の存在を「信じるかどうか」という点は曖昧でも、その一点だけで、それを宗教的行為の枠から除外することもできない気がします。

神社で拝むという宗教のあり方の中に、信仰というモメントが全くない、あるいは全くいらないとまでは主張しません。しかし、強い一念で信じるというあり方のみが、宗教の名を独占するのは疑問です。

「信仰」のみを唯一のメルクマールとして、宗教性の多寡を判断するこのやり方は、反省の余地があります。そしてもしも、宗教を研究する学問が、無反省にこの方法に依拠しているとすれば、学問の客観性という点から見ても疑問です。この広い世界の中で、何か他の要素が中心になっている宗教もいくらでもありそうな気がします。もし、その要素を拾い出してくることができなければ、私たちは、まるで生物の絶滅種のように、それらを永遠に失ってしまうかもしれません。宗教や宗教的な心情は、生物とは違って目には見えない存在であるだけに、一層速やかに、気付かれることもないまま失われていくかもしれません。

世界中の宗教の中から、「信仰」以外の他の要素を拾い出してみようなどと、とんでもないところまで話が進んでしまいました。虚言症。そうまで自虐的な言葉を用いずとも、大言壮語の類に陥っているかもしれません。少なくとも、今すぐにこれを論じることは控えたいと考えます。

五　多様さを統一するものへの探求

どうも、日本の宗教状況をざっと見ておこうというだけのことなのに、早くも、かなり混乱してきました。そこで、あれやこれや、身の回りの具体例ばかりではなく、「宗教は、ある民族やある個人のアイデンティティーを形成する、根本要素の一つである」という、一般命題に立ち返りましょう。そして、そこから出発して、もう一度我が国の宗教状況を、少しはすっきりした形で、目の中に入れてみることにしたいと思います。

●宗教と「民族」は不可分のものと考えられている

人類のこの二世紀は、民族主義全盛の時代でした。一つの民族が一つの国家を構成するといった民族国家の考え方が、広く支持されてきました。

しかしこの間の歴史は、逆に、ある民族というものが、生物学的には一つの単位として立証されないということを、明らかにしてきた時代でもありました。

生物学的に立証されないから、一民族としての統一が保てない、ということではありません。むしろ各民族は、それ以外の様々な手段を用いて、自分たちを他から区別し得るための特異性を、前面に打ち出してきました。そしてその手段の中で極めて大きな比重を占めていたのが、他ならぬ宗教であったのです。

もっと分かりやすく言いましょう。ユダヤ人を見分けるのに、昔からよく、あの特徴的な鉤鼻のことが言われました。「あの鼻は紛れもなくユダヤ人だ」と人々は言いました。けれども、これが、生物学的に何ら根拠のないものであることは明白です。生物学的な観点から、ある民族の特異性を立証することは困難なのです。最近では、人間を遺伝子レベルで研究する方法が発達しています。この研究が推進されれば、民族間の違いは、立証されるどころか、逆にますます解消され、特異性を主張し合ってきた二つの民族が、実は全く同じ遺伝子を持っているということすら、実証される場合もあるのです。

けれども、将来このことが科学的に証明されたとしても、民族間の区別は簡単には消失しないでしょう。つまり、「あの鼻は紛れもなくユダヤ民族だ」という表現は最早意味をなさなくても、「彼はユダヤ教を信奉しているから、ユダヤ民族だ」という区別のし方は現に存在していて、おそらくはそれが今後も相当長期に渡って妥当すると思われるのです。

人類はグローバル化の時代に入ったと、誰もが思い込んでいました。しかし、東西冷戦後に共産主義の枠が外された時、旧ユーゴスラヴィアなどでは激しい民族間抗争が起きました。同じ一つの国の中で、どの人がどういう血筋の人であるかが最早判別しにくい状況になっているにもかかわらず、民族間の区別が突如として立ち現れたのです。その差別化を可能にしたものは何だったでしょうか。いろいろな要因が考えられますが、中でも宗教と、その宗教が要求する生活スタイルの違いがその最も大きな要因の一つに挙げられたことは、衆目の一致するところだと思われます。

それでは、現在複数の民族を抱えながらも、うまく機能している国家は、どうなっているのでしょうか。そこでは、宗教も、何か混然として一つのものになり得ているのでしょうか。

複数民族国家、シンガポールを例に見てみたいと思います。ここは、先住のマレー系の人々の他、インド系の人々、そして政治的に実権を握っている中国系の人々が交じり合って、一つの国を構成しています。経済的にも繁栄して、複数民族による一国家の成功の代表例と言われています。しかし、だからといってこの三民族は、いわゆる「るつぼ」の中で、混然と融合しているわけではありません。インド人街、中国人街などと、相当に住み分けが行なわれています。そして、それぞれの街には、それぞれの宗教的施設がその中心部に置かれています。

政府が民族融合政策を推進し、大きな集合住宅街を作った時には、民族混合の状態で住居を振り分けました。国家としては、各民族の宗教を禁止して、一つのコミュニティーを作りたいところですが、そこまではできません。そこで政府は、宗教的な施設を中央広場の一箇所だけに限定し、建物を準備しました。これで少しは宗教的な融合が図られると期待したのかもしれません。果たしてその思惑は、成功するでしょうか。結果は驚くなかれ、実際にはそのたった一つきりの建物が、いつのまにか内部で三つに区切られ、それぞれの民族の人たちはそれぞれ違った出入り口を設けて、違った宗教施設としてしまったのです。

このように、宗教は、一つの民族のアイデンティティーを形成する基本的な要素となっていることが、うかがえるのです。

●明治以来、日本「民族」には「統一的宗教性」への探求が必要であると唱えられてきた

そうすると、これにひきかえ、我が身のことも考えてみたくなります。私たち日本人は、先ほどから話題にしているような「宗教博物館」の種々雑多な宗教の中で、いったい何を拠り所として、アイデンティティーを確保しているというのでしょうか。大変疑問なところです。

日本人は、特にアイデンティティーを問題にすることもなく過ごしてきた、そして、それを問題にしないで済む

のは、主としてその地理的な条件によるところが大きい、とする説があります。四方を海に囲まれた隔絶状態で、他民族との軋轢をさほど経験しなかったというのがその理由です。確かにそういうこともあるかもしれません。

しかし、この条件は、今後も継続すると考えることはできません。すでに、長期の海外滞在者や、海外との接触抜きには済まされない立場にいる人たちにとっては、この問題は深刻です。ことさら自分の特異性をひけらかすのはアナクロニズムでしょうが、国際交流の中で自分のスタイルをはっきりさせられないのは、時として、自分自身ばかりか、相手にとっても困りものです。これも反面の真実です。

こんなに多種多様な宗教がひしめく中で、あっちの宗教こっちの宗教と渡り歩いて生きている日本人は、そのアイデンティティーの構成要素として、宗教を特には必要としていないのだ。そういう言い方もできそうです。そもそもアイデンティティーなどという統一性は必要としていない。そんな極論さえ飛び出しそうです。

しかしまた、日本人ほど、自分たちを他から区別して、特異性を示したがる人たちも珍しい、というのも事実です。現に、いざという時には、一つの集団としての意識が極限にまで高揚する人々であるということは、歴史が示してきたところです。

それでは、この統一された集団の意識を支えるものが、もし宗教ではないとすると、いったい何だというのでしょうか。種々雑多の宗教が現実に存在しているのだから、もしも、統一性が宗教によってもたらされるという考えが本当なら、その統一性も複数になってしまうという矛盾が生じそうです。

一部の日本人の学者の中には、宗教が複数であるという現象を、表面的なことでしかないと考える人たちもいます。それら複数的表層の、もっと底の深いところに、何か一つの共通性があるのだと言うのです。

その共通の統一性に、どういう名前を付けるのか、未だ彼らの間に統一見解はありません。けれども、「日本人の宗教意識を探り出そう」というようなテーマを掲げた研究は、こぞって、この統一性を目指していると見てよいと思われるのです。

第3章

世界の宗教の「発見」

宗教の本質を知るためには、世界中に存在する宗教にも目を向けなければならないことは言うまでもない。しかし、現在の私たちが拠って立つ、世界の宗教に関する知識やその理解の方法は、大航海時代以来ヨーロッパが世界中に進出していく過程で集大成されてきたものである。したがって、そこには、神は一つ、宗教も一つとするキリスト教によって培われた閉塞的な意識が存在し、世界の宗教解釈に大きな偏向がもたらされていることも心得ておかなければならない。

「君たちの宗教は何か」。

この質問が、西洋キリスト教文明から、私たちに向かって発せられている。そして今や私たちは、その質問に対して、ある程度の答えを提供する必要に迫られている。

これが、本書の考察を促した出発点でした。

もしも、何一つ返答らしいものを準備しないとしたら、今後、各分野の国際的な交渉の場においても、私たちは大層不利な立場に立たされることにならないかと危惧されます。国際会議に臨んで、肝心なことを何一つ提案しないで帰国するなどという所行が、そんなに長続きするとは思われません。

たとえ、欧米各国の代表者たちの目からして、奇妙な主張に見えるとしても、そろそろ私たちは、自分の本心を伝える努力をするべき時期です。いや、その前に、それができるための前提として、自分の本心は何かを見定めておくべき時期です。自分の本心が何かをはっきり認識できないままで、本心を伝えるということは成り立ちません。

そしてその際、その本心がいったい何を土台にして、何からやってくるものなのか。そのことにまで思いをいたしておくことができれば、自分の主張にも一層の揺るぎなさを与えることができます。

一　世界の宗教の発見は、西洋文明の世界進出と同時進行で起こった

●西洋文明は、世界各地の文明の中核に、宗教を据えて見るという視点を持っている

ところで、「君の宗教はいったい何か」と西洋文明が発する質問は、もとより、私たち極東の小さな島国の住民に向かってのみ発せられたものではありません。私たちは、明治開国の混乱期以来、その質問が、私たちに向かってのみ発せられてきたように思い込んでいます。人間誰しも、自分に差し迫った問題こそ急務ですから、このように窮地に立たされたのは自分だけだと錯覚しがちです。しかし、このことは世界の実情とは食い違っています。

西洋キリスト教文明は、それが海外に向かって進出していく歴史的な必然の中で、常に右の質問を携えて行くことになりました。逆に言えば、その質問を携えることなしに、世界へと進出していくことができませんでした。ということは、つまり、「君の宗教は何か」という問いは、その問いを発せざるを得ない西洋文明自身が、その内部に抱える問題でもあったということになります。

議論が、やや抽象的になりすぎました。そこで、ひとまず私たちは、質問を突きつけられて困っている極東の島国の住民の意識を、少しの間脇に置いておいて、逆に、「君の宗教は何か」と問い続けざるを得ない西洋人の気持ちになってみるのもよいかもしれません。西洋人の気持ちになって、彼らが大航海時代以来世界へと進出し、その進出した先々で出会った世界の宗教を見てみようではありませんか。同時に、そうすることによって、何故西洋キリスト教文明が、「君の宗教は何か」と、これほども執拗に問い続けなければならないのか、その理由も理解されてくると期待されるのです。

●世界の宗教を知ろうとする際、私たちは西洋的視点と私たちの視点を重ねて見ることになる

右に述べたような作業は、ただ日本に存在している宗教や、日本の宗教状況のみに目を向けるだけではなく、もっと広く世界を訪ね歩いて、もっと多くの宗教を知り、もっと深くそれらのあり方を探ることにつながります。それに、常日頃自分の頭を占領している問題群のありさまを反省してみると、もしその作業をしないで、ただ身の回りに見えることからのみ何らかの結論を導き出そうとすれば、それこそ「井の中の蛙」のそしりを免れないよう

な一種の後ろめたささえ覚えます。

世界の宗教とそのあり方こそ、知るべき第一の事項だと言えるかもしれません。

しかしこれは、本当に「言うは易く、行なうは難し」の難行です。

先ほど、我が国の宗教状況に限定して、ざっと概観するだけでも、相当の混乱をきたしたのです。もし、我が国の過去と現在に存在するあらゆる宗教を納得のいくまで理解しようとすれば、それだけで、すでに膨大な作業となるでしょう。

それが、「世界中にある」宗教とまで話が大きくなれば、その企画は最初から無謀です。それにまた、本書の目的は、世界中に存在するあらゆる宗教を網羅した、「世界宗教事典」のごときものを作ろうとするものでもありません。

この点から私たちは、大航海時代以来、世界中に進出していった西洋人の軌跡という、一つの道筋を歩いてみる方法を取り入れることにしたいのです。そして、その道筋に沿って展開するパノラマとして、必要に応じて世界の宗教を眺めることにしましょう。

もっとも、この作業は、すべてを全面的に根本から見通す完璧なパノラマとはなり得ませんが、しかし、ある一つの了解可能な意味を持ったものにはなるはずです。存在しているものをただ闇雲に羅列するだけでは得られない有意義な理解を、きっとそれは与えてくれるに違いありません。

二　キリスト教文明の他宗教排斥

●キリスト教は、宗教とは唯一キリスト教のことであるという意識を培ってきた

そもそも宗教研究それ自体が、世界には無数と言えるほど多くの宗教が存在するという、平板な事実から始まったのではありません。それとは全く逆に、世界には宗教は唯一つしかなく、神は唯一つしか存在しないという、絶

対的な主張から始まったのです。この絶対的「唯一性」と平板な「多数性」との間の緊張と相克が、宗教研究を一層促してきたのです。もし、この二つの間の緊張と相克が宗教研究への発展につながらなかったと仮定すれば、世界の宗教は、事実としては多数存在していることに変わりないとしても、誰もその個々の宗教のあり方を問題にせず、理解の必要性に照らされることもなかったでしょう。

世界の宗教を研究するという動きは、キリスト教世界で始まったものです。そして、今問題にしている唯一絶対性とは、キリスト教のあり方に他なりません。

キリスト教は、「神は唯一つである」と主張してきました。宗教と呼べる価値があるものも、唯一キリスト教のみでした。その主張を押し詰めれば、他のものは何であれ、宗教の名には値しないもの、となる他ありません。ですから、キリスト教は、他の宗教に関しては、それを「知る」ということ自体を大きな圧力で妨げてきたのです。大きな圧力で何かを妨げる。しかし究極的には、その圧力によって、かえってその何かが明らかにされる。圧力がなかった場合よりも、一層の深さと明晰さで明らかにされる。そういう運動を、キリスト教世界は繰り広げてきました。

誤解が生じないように付け加えるならば、神は唯一つであるという教えは、キリスト教のみならず、イスラム教、ユダヤ教にも見られるものです。しかしこれら三つの宗教は、元を正せば、古いユダヤ教を土台にしていると言われます。そこで、それぞれをバラバラに見ないで、共通の特徴を問題にする場合は、三つをひとからげにして、「ヘブライズム」という言葉を用いることがあります。

十束ひとからげにする言い方は、それらの宗教には所属していない、外からの目で見る時に使いやすい言い方です。したがって、この「ヘブライズム」という用語は、欧米各国よりも、我が国の方で抵抗なく広く受け入れられているように思われます。しかし、英語やフランス語にその言葉がないわけではなく、相手がある程度の教養を積んだ人であれば、会話で使用しても差し支えありません。

少し脇道に外れるかもしれませんが、最近では、頻発するテロリズムが元で、イスラム教とキリスト教との全面対決が現実のものとして危惧されています。キリスト教世界からは「十字軍」という言葉まで復活しそうな勢いです。

確かにこの二つの宗教は、大変対立しやすい特徴を持っているということは否定できません。第一、両者とも「神は唯一つである」というヘブライズムの一大特徴である思想をはっきりと全面に打ち出しています。ということは、何も起こっていない平時ならともかく、一度争いが起これば、そのどちらが真に一つの神に聞き従っているかをめぐり、言い争うことになります。これは、宗教的にはあまり深みのない、単純理性の論理にすぎません。しかし、いざこぶしを振り上げての暴力沙汰になれば、物事は、ばかばかしいほどに単純な論理にのっとって進行してしまうことを、最近の事例に限って見ても、私たちはしばしば目撃しています。

この両者の対立の危険性は、極めて高いと言われています。また、両者と無縁の第三者がその間に割って入ったとしても、その有効性は疑わしい、とも言われています。

喩えて言えば、両方とも、同じ親から生まれた兄弟のようなものです。お互いをよく知り尽くしています。その上での骨肉の争いです。仮に、あまり事情に通じていない第三者が割り込んだとすれば、いったいお前に何が分かるものかと、逆に双方からののしられて、体裁もなくすごすごと引き下がるしかない。そういうことも充分心得てかかるべきでしょう。

話を元に戻すと、神は唯一つであるという考え方は、これら二つの宗教に共通のもので、つまり「ヘブライズム」の一大特徴なのです。それは、人類史上初めて、ユダヤ人によって打ち出されたものでした。そして、この「唯一神」の教えがキリスト教の活動と相俟った時に、他者に対する禁止的圧力を生み出したのです。

●キリスト教の唯一性の意識は、初期キリスト教の反抗と抗争の姿勢を発端として生まれた

キリスト教は、イエスによって唱えられたその当初からすでに、自分以外の他の存在について、大変反抗的なあり方を示しました。

イエスは、その出自であるユダヤ教に対して、それは誤っているとまでは言わないまでも、もう古くなっていて、人間を活かす生き生きとした力はすでに失われていると批判しました。ユダヤ教の「律法」に異議を唱え、その代わりに、福音を述べ伝えると主張したのです。

政治的にも、イエスとその後継者たちは反抗的な姿勢を崩しませんでした。ユダヤの律法は宗教であるとともに政治でもありましたから、そもそもイエスの反抗が同時に政治的なものであったことは言うまでもありませんが、それ以上にそれは、時の世界を制圧していたローマ帝国の政治権力に対するものでありました。イエスの死後、キリスト教は、ユダヤの民の中で生きるよりも、むしろ外国へとその勢力を広げてゆく方針を打ち出しましたから、こうした政治的反抗の傾向は強まる一方でした。

ローマの他民族支配は宗教に対しては寛容でしたが、その寛容な扱いに対しても、キリスト教徒のみは妥協を拒み続けました。やがて、キリスト教排除を決めたローマ政府との間に、熾烈な抗争を繰り広げたことは歴史に明らかです。もっとも、抗争とはいえ、初期の頃は、キリスト教信者たちがただ一方的にローマ官憲によって捕えられ、惨めな磔の刑に処されるのみではありましたが。

キリスト教のみならず、一般的に言って、ある社会の中で何らかの新しい宗教や思想が創設される時、それがその社会に対して反逆的であるのは当たり前です。何故なら、すでに存在している伝統的なものや常識的な考え方を受け入れることは、何ら新しいものを生み出さないからです。新しいものは、時として、非常識なことや非論理的なことを提出しなければなりません。

単なる論理といえども、私たち人間の社会にとっては、常に現体制に都合がよくできています。もっと言えば、そもそも人間が主張することの論理性は、石を落とせば下に落ちるというような類の必然性を持っていません。むしろ、人間の生存に都合がよいように作り上げられた言葉のあり方、それを私たちは論理性と呼ぶのです。つまり、今存在している社会に都合のよいもの、それが論理的なものなのです。ですから、キリスト教がそれに反逆したということは、新しく生まれた新生宗教の主張として、単に必然で、特に例外的であったとも言えず、また、それのみが他のものをはるかに超えて特に有害なものであったとも言えないのです。ただ、キリスト教の場合、その歩みの中での歴史的な状況が、そうしたあり方を一層強め、そして一層深めて、一つの哲学的な原理にまで高まっていったのだと考えることができます。

●キリスト教の反抗と抗争の姿勢は、批判と否定の神学的原理へと発展した

反逆的で闘争的なあり方が哲学的に深まっていったとは、どういうことでしょうか。それは、ローマが支持し、育んでいた思想や文化との対立抗争に起因します。

ローマは、よく言われるように、政治的には古代ギリシャを征服したが、逆に文化的に征服されたのでした。文化は、川の流れのように、高いところから低いところへと流れる。軍事力によって当時の世界を制圧したローマも、ギリシャ文化の圧倒的な輝きの前に、屈服させられたというわけです。

古代ギリシャの思想といえば、私たちにすぐさま思い浮かぶのが、ソクラテス、プラトン、アリストテレスといった大哲人たちです。しかし彼らは、ローマがギリシャに侵攻した、はるか以前の哲学者たちです。そこで、ローマが輸入した思想は、これら大哲人たちの影響のもと、ヘレニズム時代になって成立したストア派やエピクロス派の思想でした。ですから、ローマへと入って行ったキリスト教が対立した思想は、実際には、これらストアやエピクロスのギリシャ思想だったということが言えます。

これらギリシャの思想とキリスト教の唱える思想とは、いったいどのように争ったのでしょうか。そしてまた、その結果はどうなったのでしょうか。興味の尽きないテーマです。が、そのことは、他に場所を改めて見るとして(第10章)、今はただ、「宗教」という言葉に限定して、事の成り行きを見てみることにしたいと思います。

三　キリスト教神学における唯一性の意識の成立

キリスト教の創始者イエス自身は、ユダヤ民族以外の他宗教との軋轢を、それほど問題にする立場にありませんでした。彼が福音を述べ伝えた相手は、主としてユダヤ人同朋だったということができます。

キリスト教と他民族の宗教との軋轢は、布教の対象として異邦人を選んだ時から始まったのです。その時イエスはすでに磔の刑に処せられ、もはやこの世界にいませんでした。残されたわずかの弟子たちが、その教えを引き継ぐことになりました。が、いかんせん、彼らは大工の子や魚を獲る漁師の子の集まりであったから、海外での布教に際して生じる様々な問題に、適切に対処することができません。キリスト教が世界宗教として大きくなっていくためには、是非とも、宗教的素養に恵まれ、思想的な諸問題に通じ、しかも、当時の国際語であるギリシャ語に通じている人物を必要としました。

そこに登場したのが、パウロでした。

●キリスト教神学の方向を決定したパウロ

パウロは、もともとは熱心なユダヤ教徒で、元の名前をサウロといい、ユダヤ教の中では将来を嘱望されている若者だったそうです。ですから、新生のキリスト教がユダヤ教の悪口を言い、それにたてついてばかりいるのが気に入りません。何とかこの無知な跳ね返りどもの集団を無きものにせんと、日夜活動に励んでおりました。ある時、近在のキリスト教徒たちをやっつけようという目的で、小旅行をしていた時のことです。旅の歩みを進めておりますと、突然、嵐のような状態に襲われました。そして、どうしたわけか、彼は意識を失って倒れてしまったのです。その暗がりに薄れゆく意識の中で、彼は、「サウロよサウロ、お前はどうしてそんなに私を苦しめるのか」という声を聞いたと言うのです。

苦しみの暗闇から目覚めた時、彼は、キリスト教を無きものにしようというそれまでの活動は間違いだったと悟りました。むしろ自分は今後、そのキリスト教を守り、盛り立て、世界に冠たる大宗教に育て上げるように努力をしなければならず、それが、他ならぬ神のご意志なのだと理解したというのです。

まことに、パウロなくしてキリスト教は、発展どころか存続したかどうかさえ、あやしいものです。イエスに関して、歴史上実在したと言える物的証拠はありません。一方、このパウロの業績は真にはっきりとしていて、キリスト教のその後の発展を決定付けたことを跡付けることができます。そのため、キリスト教はむしろパウロ教と呼ぶ方が相応しい、とまで言う人たちがいるくらいです。これは、宗教的信仰の本質を曲げた極端な言い方かもしれませんが、それほど彼の力が偉大だったということなのです。

キリスト教の聖典、『新約聖書』を編纂したのも、専ら彼の功績でした。その時代、キリスト教は、まだローマとの対立の中にあり、ローマから見れば非合法の宗教でした。が、すでに、その当時世界の主要部分であると考えられていた地中海周辺の各地に広がっていました。なにしろ、テレビも新聞もない時代です。これほど広大な地域に分散して生きている信者たちに、一つの統一的な指示を与え続けるということは至難の技です。イエスが行なったように、自らの足で出向いて、直接信者たちと接触するには限界があります。事実、あちこちの信者集団から、教えに関する質問や具体的な生活指針を求める声が続出していました。

教えの統一を図ることが急務だったのです。パウロ自身は、イエスの教えを直に聞いた経験がありません（そもそも、直接会ったことがあるかどうかさえ疑問です）。そこで彼は、イエス自身からの直接の教えを記憶している人、四人に、イエスがああやった、こう言ったという、一種の言行録を書かせることにしました。これが今日まで伝えられているキリスト教『新約聖書』の四つの福音書です。四つとも、内容は似たりよったりで、細かい違いを云々するのは文献学者くらいなもの。信仰の厚い人には、一つでも充分かもしれません。パウロが、言行の証人を一人に限らず、四人としたのは、将来に渡っても信憑性を維持させるという、割合単純な考えだったのかもしれません。

『新約聖書』には、この四つの福音書の他に、パウロが世界中各地に散らばって生活している信者たちに宛てて書いた手紙があります。信者たちの疑問に答えたり、キリスト教徒としての生活を指導したりするのが目的でした。

●パウロはギリシャ思想を否定した

パウロと『新約聖書』の成り立ちについて、すでに誰もが知っていることをクドクド解説して、やや回り道がすぎたかもしれません。が、このことを承知しておかないと、次のパウロの言葉の重大性が、すぐには理解されないように思われるのです。

パウロは、世界各地に住む信者集団に手紙を書き送りました。そのうち、コロサイ（小アジアにあった教会）に宛てて書いた『コロサイ書』の中に、次のような戒めの言葉があるのです。

「あなたがたは、むなしい騙しごとの哲学で、人の虜とされてはならない」。（Ⅱ—8）

ここで「哲学」と呼ばれているもの、それがギリシャ思想に他なりません。当時のキリスト教はまだ、ほとんど統一された教説を持ちませんでした。それにひきかえ、何世紀にも渡って、多くの思想家たちによって展開されてきたギリシャ思想が、圧倒的な魅力で人々を引きつける力を持っていたことは、何ら不思議ではありません。そこでパウロは、それに目を奪われてはならないと、釘を刺したのです。

彼がギリシャ思想を「哲学」と呼んだことも、決定的でした。その意味は、ギリシャ思想は「宗教」ではない、ということころにありました。宗教ではなく、単に、一被造物としての人間がその限られた理性によってこしらえ上げたものにすぎない。これに比して「宗教」とは、神から贈られる光に根差しているもので、したがって、単なる理性の人知を超えているものである、というのです。

もちろん、このような主張は、一方的にヘブライズムの発想から行なわれているものです。ですから、もしギリシャの思想家たちが、キリスト教信者から、「君たちの考えは、全然宗教ではない」と面と向かって言われたとしたら、いったいそれはどういう意味かと、いぶかしく思ったに違いありません。ギリシャ人の思想は、彼らが有史以前から持っていた民族固有の観念や習慣的発想と連続しています。つまり、彼らの「宗教」と連続的なつながりの中にあって、決して断絶しているのではないのです。

ところが、「ギリシャ思想は宗教ではない。単なる理性の産物にすぎない」という、このパウロの決め付けが、後のギリシャ思想を見る目を決定付けたのです。その後二千年に渡って、キリスト教世界は、ギリシャの思想は宗教とは無縁のものであったとする固定観念を強化し続けました。それどころか、タレース等による古代ギリシャ哲学の始まりは、人間理性が宗教から分離した時に起こったとさえ、教えてきたのです。

もし、古代ギリシャ思想が、単に人間の頭の中でこしらえ上げられたものにすぎないとするパウロの言い方に従うとすれば、なるほど、それは「騙しごと」かもしれません。つまり、こういうことです。ソクラテスやプラトンが、たとえどれほど優秀な頭脳の持ち主であっても、所詮は人間です。私たちと比べても、せいぜいが程度の違いでしかありません。期末テストの結果が、こちらが七十点のところ、あちらは百点といった程度の違いなのです。ですから、そうした単なる人間がこしらえた知恵に、我れと我が身をすっかり委ねるということは、大変危険なことです。もし、そのようにして一生を送ったら、それは全く「むなしいことだった」ということに、ならないとは限らないのです。それよりは、と、パウロは言います。それよりは、神の虜になりなさい。神は間違ったことを教えない。たとえ仮に間違ったとしても、人間の奴隷となるよりは、ましなのだ。そして、誰かある人間がこしらえたことに一生従うとしたら、それは、その人間の奴隷となっているに等しいのだ、と。

このようにして、パウロは、輝かしい古代ギリシャとローマの思想を、宗教ではない「哲学」という別のジャンルに押し込めました。それは、それら諸思想の一つ一つの個別性を批判するのではなく、全部一括して、丸ごと一箇所に集め、その集まったものの価値自体を一挙に低落させるという、離れ業だったのです。

●パウロは他宗教を排斥し、「偶像崇拝」の用語を用いた

しかし、宗教は、思想によってのみ成り立つものではありません。それは何よりも先ず、祈りや神前での犠牲という実践であり、生活全般を通じての習慣的な活動の総体です。したがって、パウロが、古代ギリシャ思想を「むなしい騙しごとの哲学」というジャンルに貶めて、一蹴することに成功したとしても、それで他の諸宗教の実践的な側面までをも否定したことにはなりません。この側面でのパウロの手だては、いったい何だったでしょうか。そ

れは、これら他宗教を一括して、「偶像崇拝」と呼んで、卑しめることだったのです。

神は、私たち人間には、目にも見えない耳にも聞こえないものだ。どういう姿形のものかも知られないものだ。それなのに、あれら異教徒たちは、木や石にその姿を刻み込み、神だと言って拝んでいる。それは愚かな行為だ。彼らは、あのようにして神を拝んでいると思い込んでいるが、実際はただ木を拝み、石を拝んでいるにすぎない。

パウロの言う「偶像崇拝」とは、ほぼそういう意味でしょう。そして、この言葉は、二千年を経た今日に至るまで、他宗教の無意味さを攻撃する用語として、ヘブライズム各教の熱心な信者たちの間で用いられてきたのです。

最近、私はこんな日本の家庭におじゃましました。年老いたお母さんが、熱心な仏教徒、娘さんが、アメリカ生まれの或るヘブライ系新興宗教の熱烈な信奉者、という家庭です。「家の中が、毎日まるで宗教戦争のようで、殺伐としてしまった。仲介してくれとまでは言わないが、何とか双方の話だけでも聞いてやってくれないか」と、間に挟まって苦しんでいるご主人に頼まれて行ってみたのです。仲介どころか、反対に、すっかり軽蔑されてしまいました。どちらの宗教にも何ら関わりのない第三者など、全くお呼びではなかったのです。そのことはまあ、そんなもんだろうと納得するとして、その際、出戻りの娘さんが連れて帰った、まだ年端もゆかない小さな坊やに、驚きを禁じ得ませんでした。いよいよ言い争いがつのった時、その坊やは、さすがに自分の母親の方に味方して、「おばあちゃんのは（仏教は）偶像崇拝だ」と叫んだのです。

パウロが信者たちに向かって異教崇拝を戒めた「偶像崇拝」という言葉は、このように、今日に至るまで、その意味と力とを失わないでいるようです。

ただ、まことに僭越ながら、揚げ足を取るようなことを申しましょう。パウロの言い方は、確かに大したものでした。しかし、彼は、たとえ他の宗教を「偶像崇拝」となじっても、そこに「崇拝」の行為があるということまで、否定することはできなかったのです。つまり彼は、他宗教が奉じている神様は価値のないもの、インチキなものだと言えたとしても、そこに崇拝の行為があることまで、否定することはできなかった。岡目八目的に見れば、彼は、そこに他の宗教が存在するという事実までを否定することはできなかったわけです。

否定できないどころか、現実には、当時のキリスト教は、他の諸々の宗教と比較して、圧倒的に勢力のない、一弱小宗教に他ならなかったのでした。

ところが、キリスト教世界は、やがて、キリスト教以外には宗教というものはない、という信念を固めていくことになりました。

どういうことでしょうか。おそらくそれは、次のような歴史的な必然によるものだと思われます。

●唯一の神という主張から唯一の宗教という意識と現実が醸成された

キリスト教へブライズムの一大特徴として、「唯一神」の主張があるということはすでに触れました。ところで、神は唯一であって、その「唯一の神」を信じているのがキリスト教だということになれば、「唯一の正しい宗教」と呼べるものは、キリスト教以外にはあり得ません。そして、「唯一つの正しい宗教」から「唯一つの宗教」までは、ほんのひとっ跳びの距離でしかないのです。

この過程は、単に言葉だけではなく、歴史上の現実となっていきました。最初の頃のキリスト教は、大勢の中の一つ、しかも、他と比較して圧倒的に小さな宗教にすぎませんでした。が、やがてそれは勢力を拡大し、敵対政策をとっていたローマがその政策を翻して、キリスト教の活動を認めるようになり、やがて、唯一つの正しい宗教として認める頃になると、最早キリスト教の周りには敵なしという状態になりました。その後、ローマは、キリスト教を唯一つの国の宗教として認定するまでになりましたが、その頃には、キリスト教の勝ちが見えていました。「勝ちが見えていた」とは、他の宗教はやがて勢力を失って、歴史の上から消えゆく運命にあった、という意味です。つまり、キリスト教は、現実においても、唯一つのものとなったわけです。こうしてキリスト教中世は、人間の意識の奥底に、キリスト教のみが唯一つの宗教であるという信念を不動のものとしたのです。

それどころか、近世になると、「宗教」という言葉はすぐさま「キリスト教」を意味するようになりました。

何ごとによらず、偉大な思想家たちというものは、物事を客観的に見る力の点では優れたものがあるのではないでしょうか。ところが、その大思想家たちでさえ、著作の中に「宗教」という言葉を記す時、キリスト教以外のものを念頭に置いてはいなかったようです。近世西洋哲学の先駆者デカルト、イギリス経験論の端緒にして懐疑論の哲学者ヒューム、人間理性の条件を総合的に研究したドイツの大哲カント、いずれもこの例に漏れません。

世界の果てには、インドだの中国だのという国もあるということは、知識としては漠然として頭の中にあっても、それは何ら現実味を持たない知識で、喩えれば、世界の果ての海は大きな滝となって流れ落ちているとか、そこには巨大な恐竜どもが棲んでいて、寄っていく者たちをすべて飲み込んでしまう、などといった類にも似た荒唐無稽さでした。もちろん、すぐ近くには同じへブライズムのイスラム教という、れっきとした他宗教があって、キリスト教との間に闘争を繰り返していましたが、この極めて近い隣人に対しては、近いがゆえに、かえって意識の中から締め出していたように観察されます。

四　唯一性の意識を携えた旅立ち

「世界の宗教」というタイトルで、長々とキリスト教のことばかり書いてきて、看板に偽りあり、ということになりそうです。が、その世界の宗教を訪ねるための一つの道筋に付くために、このことを見ておくことが必須だったのです。すなわち、近世キリスト教世界において、宗教とは唯一つのもの、という一般的信念が抜きがたいものとなっていた、というその一点です。広い視野を持った偉大な思想家たちでさえ、そうです。ましてや、それらを突き詰めて考える必要に迫られたことのない一般の人々においては、言わずもがなのことでした。人間は二本の足で歩いている。人間は空気を呼吸して生きている。と、いったようなことと同じくらいの常識で、宗教は一つのものだったのです。

●西洋世界による地理上の宗教発見には、常に異質なものへの驚愕の感情がともなった

大航海時代以降、ヨーロッパ、キリスト教世界が外の世界を知り、それと関わりを持つことが始まると、この常識が障害を生みました。彼らにとって、外の世界を知ること、外の世界の宗教を知ることは、今では想像することさえ困難なほどの衝撃を与えるものでした。いや、そもそも、他にも宗教というものがあるという最初の前提常識が、彼らには欠如していたのです。

この点を、現代ドイツの宗教学者、ギュンター・ランツコフスキーが書いていることに従って、しばらく見てみることにしたいと思います（巻末参考文献一）。

彼は、この時代に海外に出て行ったヨーロッパ人のカルチャーショックについて触れています。それによると、十六世紀にスペインのコルテスとともにメキシコに遠征し、アステカ王国の先住民たちの生活を見聞きしたある若い兵士が、晩年になって回想録を書きました。しかし、若い頃の見聞を整理して考える時間が充分にあったと思われる晩年になっても、彼の仲間たちは、自分たちが見聞きしたのは実は現実世界のことではなく、一種の幻影にすぎなかったのだと考えていた、というのです。つまり、それほど彼らの衝撃は大きく、見聞を現実のものとして了解する基盤を欠いていたのだと推測されます。

補足的に述べると、悪いことに、メキシコには十字架さえ存在しました。そして、その十字架の下で、メキシコの先住民たちは、はるばるヨーロッパから来た人間中心主義のキリスト教徒には全く理解しがたい宗教的行為を行なっていたのです。今日の研究によると、当時メキシコにおいては太陽崇拝が盛んで、その太陽の恵みを継続させる目的から、祭壇の上で生きながらにして人間の心臓をえぐるという儀礼が行なわれていたと考えられています。

アステカ王国を征服したコルテス軍は、古代メキシコの文明を壊滅させたことで有名です。グローバル化が進行する今日の世界では、彼らの行動がますます悪い評価を受けることは避けられません。しかし、このように衝撃的な異文化に接した時の彼らの驚愕が、あのような大殺戮の一因だったと考えることもできます。喩えてみれば、突然目の前に大きな蛇が出現する時、思わず石を拾って投げつけてしまうというような行為にも似た戦慄と激情が、

彼らの中に生じたのではないでしょうか。あくまでも推測ですが、彼らの行為は、先住民を皆殺しにした上で、植民地を残らず我がものにせんとの冷徹な計算というよりも、背筋を走る恐怖の戦慄さえともなった、何らかの感情的反応がなせるわざだったのではないか。持っている意味は全く違うのに、自分たちと同じ形の十字架がメキシコ人の宗教的象徴として存在したことも、その感情を倍化させたのかもしれません。

ヨーロッパからはるか彼方東方の大国、中国に至っては、事情がもっと戯画的でした。というのも、ランツコフスキーの記すところでは、大航海時代が始まった頃のヨーロッパ人が、中国人のことに関して心に抱く感情は、まるで今日の私たちが何らかの地球外生命について考えたり言ったりする場合に近かったと言うのです。

●西洋文明の他宗教理解への抵抗は、現在にも継続している

コルテスの時代から、五百年という月日が経過しました。当時のヨーロッパ人たちが、いかな、宗教は唯一つという思い込みに支配されていたとしても、その後世界中からは様々な民族、様々な文物や生活習慣の存在が報告され、同様に様々な宗教も報告されました。そして、それらを研究する学者が増え、研究のための便宜や方法が格段に進歩しました。こういったことを考慮に入れるなら、コルテスの時代と違って、世界の宗教に関する理解は、一般の人々の意識はともかくとして、それを生涯の仕事としている学者たちにおいては大いに高まっているはずだ。このように考えたいところです。

しかし、現実は、そうも楽観できないのです。

もちろん世界の宗教を積極的に知ろうとする、好奇心優勢な学者たちがいないわけではありません。しかし、キリスト教への傾斜が強い学者たちは、簡単に自分たちの好奇心を開放しているようには思われないのです。知ることとは結構だとしても、キリスト教権威と大学当局の目から見れば、まことに野放しの好奇心からそうするのではなく、あくまで対抗宣教が目的だと主張します。つまり、キリスト教を世界に広めていくために、相手の宗教を知るのが目的だとするのです。

キリスト教の核心近くにいる学者たちに至っては、それよりはるかに強硬な意見です。二十世紀初めに活躍したドイツの神学者で、キリスト教史家のハルナックは、ベルリン大学の学長にまで任命された人物です。このポストは、我が国の場合と違って大変な名誉をともなうもので、したがって学問世界全体に及ぼす影響は計り知れないものがあります。そういう重要な地位に就く学長就任演説の中で、彼は、大学の中でキリスト教以外の諸宗教を研究したり講義したりするのは好ましくないと発言したそうです。

事実ドイツの大学で、キリスト教の品位を傷つけかねない研究をした或る宗教学者が、周囲の圧力に堪えかねて、他へ移らなければならなくなったこともあります。彼の主張は、キリスト教といえども、全く超自然の「絶対的宗教」などではなく、特にヨーロッパへと広まっていく過程の中で様々な土着の宗教を吸収した「歴史的宗教」であるというものでした。彼の名前は、フリートリッヒ・ハイラーといいます。そして、その著作のタイトル、『キリスト教と諸宗教』の「諸宗教」とは、その昔キリスト教が進んで行ったヨーロッパ各地に、実際に存在していた様々の宗教を指します。

キリスト教が「歴史的宗教」であることは、いちいちその著作に尋ねなくとも、私たちの目に映る光景だけからして大変平凡な事実です。たとえば、私たちがよく知っているクリスマスの模様を思い描いてみるだけで、簡単に了解できることです。キリスト教は、もと中近東イスラエルの砂漠地帯に発生した宗教でした。しかしトナカイの橇に乗ってやって来るサンタさんの出で立ちは、とても、その炎暑の砂漠には似合いません。そこでもし、こうした北ヨーロッパのスタイルをキリスト教教会が正式に認めているのなら、キリスト教が北欧にあった習慣と合体したということが明白だと言えます。

イエスの顔自体、今はアングロサクソン系の顔、あるいは北ヨーロッパ人の細面の顔でイメージされていますが、これは歴史的な事実と反します。実物はむしろ、パレスティナの人々や、アラブ系の人たちの顔に近かったと考えるべきです。

それはともかく、キリスト教が、ヨーロッパに伝播していく過程で、各地にあった様々の宗教的慣習と合体していったということは、大変理解しやすいことです。

何故キリスト教は、それらのことが明らかにされるのを、品位の傷害と受けとるのでしょうか。私たちとしては、むしろこちらの方が理解できません。ですから、こちらの方を理解する努力も必要なのです。

二十世紀最大の組織神学者の一人、スイスのカール・バルトに至っては、全く極端です。彼は、世界の諸宗教を研究する傾向に全く拒否的で、もしそういう研究が推進されるならば、もはやキリスト教を宗教と呼ぶことはしないとまで言い出しました。

あまりに突飛な言い方なので、即座には理解されないかもしれませんが、彼が言いたいのは、こうです。世界の「諸宗教」の研究に熱心な諸君よ、君たちがそのようにしたいのならば、それもよかろう。ただし、その場合キリスト教のみは、その研究の対象から除外してもらいたい。もし君たちが、あれらの低劣なものを研究し続け、しかもそれらを「宗教」の名で呼びたいのなら、私どもキリスト教は、それらとは全く異質な存在なのだから、その「宗教」とかいうジャンルからは外してもらおう、と。

バルトは、キリスト教においては物事の思考のし方自体が通常の行為とは異なる、と主張しました。それは、神からの啓示と人間の祈りとを土台にして初めて成立するものなのだ、と。そして、単なる人間の理性など、たとえ極めて高度で、極めて抽象的な形而上学の領域を究めたとしても、それに及ぶものではない、と。そういう考え方からすれば、彼には他宗教の野蛮な実践行為など、同列に並べることすらできないものと思われたのでしょう。

第4章

歴史上の宗教の「発見」

ヨーロッパによる「地理上の宗教の発見」は、キリスト教が過去において葬った「歴史上の宗教の発見」を誘発した。そして宗教学はこの二つの「発見」を軸に発展してきた。本章では、主として古代ギリシャ宗教の再考運動を中心に、その「歴史上の宗教の発見」の実態を知り、それが、唯一神に支えられたキリスト教世界をいかに動揺させるものであったかを理解したい。

前章では、世界の宗教の「発見」、というタイトルとしながら、ただ、キリスト教世界の人々が世界の宗教を「発見」した時の当惑や驚愕のことのみを強調した感があります。

それよりも、もっと、「発見」された世界の宗教そのものにも触れたいところです。あるいは、「発見」した彼らが、それらの宗教をどのようなものとして理解したか、そのことに触れたいところです。けれども、その前に是非とも見ておかなければならない事柄がもう一つあるのです。それはキリスト教世界による、歴史上の宗教の「発見」、という点なのです。

一　キリスト教による歴史上の宗教の「発見」

外からの客観的な目で見れば、歴史上の宗教の「発見」、というタイトルは、ナンセンスであるとも言えます。何故なら、歴史上の宗教、すなわち歴史上に存在した宗教とは、たとえ今は消えて無くなっているとしても、歴史上そこにあったという事実は消えようがないのであって、今さらそれらを「発見する」という言い方は納得されないでしょうから。

●「歴史上の宗教発見」は「地理上の宗教発見」と連携して起こった

しかしながら、ここは、彼らキリスト教徒たち自身の気持ちになってみる必要があります。

先ほども述べたように、キリスト教徒たちは、「宗教は唯一つ」という思い込みに凝り固まっていました。それは、程度の差や様々なニュアンスの違いはあっても、現代人の心の中にもあると言っていいようです。こういう事情ですから、大航海時代初期に、新大陸やアフリカなどに出かけていって、それらの地の宗教に触れた人たちの驚愕は、まことに計り知れないものがあります。

ところで、このようにして世界中から他の文明、他の宗教のありさまが伝えられるにつれ、キリスト教内部で意識の変化が起こり始めました。すなわち、その昔を振り返ってみれば、そもそもキリスト教は唯一つの宗教というわけではなかったではないか、という突然の意識の目覚めでした。世界には、キリスト教以外にも多くの宗教があるという、「地理上の宗教の発見」が、そういえば、その昔も、キリスト教以外の多くの宗教があったのだという、「歴史上の宗教の発見」を促したのでした。

●初期キリスト教の世界は、宗教的多様性の世界であった

事実キリスト教は、当たり前のことながら、その誕生当時はまるで我が国の「清水の次郎長一家」の規模の、いや事によると、それよりも小さな規模の集団でしかありませんでした。ローマ世界へと打って出た時も、降る星の数ほどもある多くの宗教の中で、その数の中にすら入らない小集団でした。

ローマの宗教政策は、興味深いものでした。なるほどローマは、武力と外交手段によって他民族、他国家を従属させていきました。が、思想上の統制を試みた形跡がありません。それどころか、従属させた民族の伝統や習慣に大いに寛大で、宗教に至っては、ローマの町にそのすべてを集め、自分たちの神々と同じように祀るということまで行ないました。やがて、全民族の神々を一堂に祀るパンテオン（全神殿）を作ることになります。

それら神々の数たるや、まことに無数と言うべきほどでした。最初の頃こそ、この祭礼はこれこれの神に捧げるものであるということが明確でした。が、やがて時が経つと、いったい今日はどこの民族の、何という神に対する祭礼であるのかが分からなくなってしまい、「名も知れぬ神への祭礼」がしょっちゅう執り行なわれる始末でした。

これほど多数の宗教です。キリスト教は、もしも、事あるごとに反抗的な姿勢をローマに示さなかったとしたら、その膨大な数の中に埋もれて、そういうものがあるとすら一般の人々に認識されなかったものと思われます。

キリスト教が、多数存在する宗教の一つにしかすぎないという事情は、誕生以来数世紀を経ても変わりませんでした。そして、その教えの側面から見ても、他の宗教と比べて、それほど際立った存在であったとも思えません。

●五世紀アウグスティヌスに見る宗教の多様性

四世紀末から五世紀にかけて活躍した聖アウグスティヌスは、西方ラテン・キリスト教会の代表的な教父で、初めて体系的な神学を作り上げたと言ってよい人物です。いわば、キリスト教の教えを論ずる時に、欠かすことのできない大聖人です。ところが、この大キリスト者は、最初からキリスト教徒だったのではありません。キリスト教に回心したのは、ようやく三十二歳の時でした。そこまでに至る間、人生の諸問題に悩んで紆余曲折している様子を、彼は自ら『告白録』の中に記しています。

それによれば、彼は、ある時はプラトンの教えに傾注したことがありました。プラトンが没して六百年以上を経ていましたが、その教えを講ずる学園アカデメイアは、未だに健全で、その活動を継続していたのです。またある時は、中東に発生したゾロアスター教の流れをくむマニ教の教えに心酔しました。これには、かなり深くのめり込んだようです。後年キリスト教に回心し、キリスト教会の中で重要な立場になるにつれて、彼はそのマニ教の教えに対する攻撃をどんどん強めていきます。

マニ教の教えの間違いに気付いたということも、もちろんあったでしょう。しかし、マニ教に対する彼の反発が執拗に強かったのは、逆に言えば、過去におけるそれへののめり込みがそれほど深かったことを現しています。

そして、もう一つ言えること。それは、あれほどの宗教的大天才、アウグスティヌスをしても、当時のキリスト教は、マニ教から一見して判然と区別できるような特徴を持ってはいなかったということです。

二　十九世紀に、過去の宗教の「発見」が起こった

●シュリーマンの実証主義

一八七〇年代のある日、ドイツの考古学者、ハインリッヒ・シュリーマンは、彼のギリシャ人妻と一緒に、小アジアのヒッサルリクの丘に立ちました。彼の目の前には、伝説の古代トロイア王国が実際にそこにあったということを証明する、眩いばかりの黄金の品々が並んでいました。

それはまさに、ある史実が証明された歴史的な瞬間でした。二千年に渡って、単なる作り話だと思われてきたホメロスの叙事詩『イリアッド』、『オデュッセイア』が、現実に起こった歴史上の事実を基に書かれたものであることが分かったのです。そして、攻めるギリシャ方連合軍と、守るトロイア方との間に、激しい戦闘が繰り広げられたその戦場が、今シュリーマン夫妻が立っている、その場所に他ならなかったのです。

人類が所有する最古の叙事詩『イリアッド』、『オデュッセイア』は、紀元前八百年頃に、古代ギリシャの詩人、ホメロスによって書かれたもので、ギリシャ連合軍とトロイア軍との間に繰り広げられた十年間に渡る戦争を、劇的な手法を用いて、五十日余りに凝縮した形でまとめられています。連合軍側総大将アガメムノーン、ギリシャきっての勇将アキレウス、また知将の名をほしいままにしたオデュッセウス、はたまた、トロイア側の大将ヘクトール等の間の、まさに息詰まるような戦闘ややりとりが、調子のよい詩文学に表現されています。

その文学としての完成度の高さと、人間性を深く見透した数多くの表現形式のため、国民的教養の基本として都市国家アテネにも導入され、アテネが古代ギリシャ屈指の文化的中心地となる一助となりました。

ホメロスは、その戦闘の中に、天上の神々も登場させました。すなわち、オリュンポスの頂に住まう十二の神々をはじめとするギリシャ中の神たちも、ギリシャ連合軍方とトロイア方に分かれ、万策を尽くして戦いに加わっています。そもそも、この戦争の発端自体が、女神たちの小さな競争心からであったとホメロスは記しています。こ

のことから、ホメロスの物語は、単に戦争の模様を書き記した「軍記物語」のようなものとしてではなく、神々の事柄を記した書物として後世に伝えられ、世に「ホメロスの神話」と呼び習わされることになりました。純粋に宗教上の目的で書かれた、ということはできません。が、登場する神々の振舞いや、表現された神々の様々な属性が、やがてギリシャ人たちの間で、共通の認識となっていったのです。

他宗教の存在を許さないキリスト教が、これをそのままで存続させるとは、考えられないことです。最初の頃、ホメロスの作品は、ギリシャに由来する他の書物と同様、読んではならない書物、すなわち「禁書」とされていました。やがて時代が経って、ギリシャの神々が、現実の宗教の存在として実感されないようになった頃、少しずつ日の目を見るようになったのです。

具合の悪い書物だというのなら、どうしてこの世界から抹殺してしまわなかったのでしょうか。それを葬り去ってしまわなかったところが、キリスト教世界の不思議なところです。何故だったのか。これは一つ考えてみる必要のあるテーマかもしれません。

しかしここではただ、後になってキリスト教へブライズムが、古代ギリシャ人たちが残した文化を自分たちの教えの体系化のために必要としたという、キリスト教神学成立の歴史の一般的な流れの中で、消失しないで残ったのだと考えておくことにしたいと思います。

十九世紀ヨーロッパにおいて、ギリシャ神話に関わる他の多くの書物同様、ホメロスは残りました。しかし、残るには残ったとしても、その意味はすでに大きく変わっていたのです。宗教としての実態が消えていたのですから、意味が変わるのは自然の流れだったということもできるでしょう。が、それ以上に、他宗教に関するものは価値を認めないというキリスト教の大原則によって、『イリアッド』、『オデュッセイア』は、本質的にその存在価値を変えられていました。すなわちそれらは、ホメロスという傑出した才能を持った古代の詩人が、その全精力を注いで完結させたフィクション、つまり「作り話」ということにされてしまったのです。

宗教としての実態が消えたのは、すでに、古代ローマに輸入された時からそうでした。その時点でギリシャ神話は、ローマ人の好みに合わせて、気に入ったところだけが強調されました。まるで今日において我が国の「宝塚歌劇団」の舞台でも見るような、ドラマティックで扇情的な物語が、多くローマ人たちに取り入れられたのです。そして、その後、ギリシャ神話はキリスト教の禁止にあいました。

こうして長い年月を経る中で、ギリシャ神話はすっかりその意味を変えてしまったのです。神々は、作り話の想像上のものとして、何となく思い込まれるようになりました。そしてホメロスの書物は、夜子どもを寝かしつける時に聞かせるような、「昔話」の類となりました。

しかし、後年トロイアを発見することになるシュリーマン少年だけは、どうやらこれを作り話だとは思わなかったようなのです。逆に彼は、ホメロスの物語を、血沸き肉踊る思いで夢中になって読みながら、それを遠い昔に現実に起こったことだと堅く信じていたのです。信じたのみか、いつかは、戦いが繰り広げられたあの地に自分の足で立つのだと、固く心に誓ったというのです。

北ドイツの貧しい牧師の家庭に生まれたシュリーマンは、不幸にして高等教育を受けることができませんでした。しかし、そのことは彼にとって不幸ではなく、反対に、まことに幸運なことだったと言う人たちもいます。何故なら、もしも高等教育を受けていたなら、ホメロスを架空の物語とする当時の学問常識に飲み込まれてしまい、いつしか彼自身、幼い頃の情熱を失ってしまったであろうから、というのです。それはともかく、彼は、高等教育を受けないで、早くから丁稚奉公に出され、そこでいくつもの外国語を習得しました。やがて自分で事業を起こして大商人となり、かなりの財を蓄えました。

普通の人ならば、その蓄えで、後は安逸な生活を送ったところでしょう。が、シュリーマンは違っていたのです。彼は、作り上げた事業を後進に譲り、自分はギリシャにやって来たのです。幼い頃の夢を叶えるためでした。

夢を叶えるといっても、いったいどうすればいいというのでしょう。なにしろ、ホメロスは架空の物語だと、万人が信じていた時代です。頼るよすががありません。そこでシュリーマンがとった方法はというと、それは、実に呆れるほどに愚直な方法だったのです。彼は、ただひたすらホメロスの書物に聞きました。それを片手にあちこちと歩き回って、「ホメロスでは、近くに河が流れていることになっている。だからここは違う」だの、「ギリシャ軍は、朝のうちに海辺まで引き返したとある。この平原はその記述からして、海から遠すぎる」だのと、推量を繰り返した挙句、ここだと決めたところを、大勢の人夫を雇って掘り返し始めたというのです。

彼が古代のトロイアを発掘したと思ったのは、正しくもあり、間違ってもいました。確かに、その場所にトロイアがあったらしいということは、今日でも認められていますから、その意味では、正しかったのです。が、実際は、その城塞都市は、滅んでは再建され滅んでは再建されして、幾層にも積み上げられており、シュリーマンの後の人たちの発掘によって、ホメロス描くトロイアは、その最下層に横たわっている部分であったと、考えられるようになったからです。

しかし、その成り行きはともかく、シュリーマンによるこの発掘が端緒となって、その後ヨーロッパの学者たちが大挙して、古代ギリシャおよびその周辺の地にやって来ることとなりました。今日もなおあちこちで継続されている発掘のおかげで、古代ギリシャ文明は、二千年の眠りの後に、再び人々の目の前にその姿を現したのです。

●実証主義考古学が過去の宗教の考察を促した

こうした発掘、およびその成果の上に成立する考古学が、宗教にとってゆゆしい問題を引き起こしたことは言うまでもありません。なにしろ、それまでは想像上のこととして片付けられていた古代ギリシャの神々が、あるいは、あまりにも遠い昔の出来事として宗教的意識のはるか彼方に葬り去られていたギリシャの神々が、突然、現実味を帯びて、人々の目の前に現れたのです。それらは作り物ではない、はるか昔、キリスト教がこの世界に君臨する以前に、実際に人々によって崇められ、奉られていた神々だったのだということが、にわかに人々の意識を騒がし始めました。

考えてみれば、これはまことに奇妙な現象でした。何故なら、古代に宗教があったということを示す遺跡は、枚挙にいとまがないくらいに多数残存し、そして、ヨーロッパ人なら誰でもそれを知っていたからです。アテネのアクロポリスの丘にあるパルテノン神殿や、その周囲の遺跡を例に挙げるだけで、このことは充分に納得されるでしょう。しかしながら、それらは、実際に生きた宗教が存在していた証拠として理解されることはなかったのです。本当に、私たち人間の社会における共通認識というのは奇妙なものです。たとえ、誰の目にも見える遺跡が現実のものとして存在していても、それが指示する過去の現実は、それとして認識されていなかったのですから。

ヨーロッパ文明は、キリスト教という人間意識の根底を形成する宗教と、片や古代ギリシャ文化という二つが融合して出来上がった、ということがよく言われます。その融合を成した片方の存在である古代ギリシャが、宗教というモメントを前面に見せて、ヨーロッパ人の目の前に登場したのでした。すなわち、歴史上の宗教が「発見」されたのでした。

それ以来、ギリシャ宗教の真の姿を探ろうとする試みが、一種のブームとなりました。ギリシャ神話は、単なる作りごとの昔話ではなく、その宗教のありさまを語る、重要な資料となりました。その結果、ギリシャ神話を見る幾つもの視点が新たに提案され、様々な解釈が登場することになったのです。今ここでは、それら新解釈のすべてを知る必要はありませんので、簡単にいくつかの視点に注目するにとどめましょう。

三　古代宗教の復興

●古代ギリシャ神話再考の運動が起こった

ギリシャ人たちは、宇宙と世界の成り立ちをどのように考えていたのか。その答えをギリシャ神話の中に求めることができます。宇宙創生の始めは、大きな混沌が渦巻いていた。そこから胸幅広い大地が生成し、その大地が大きな蒼穹を生んだ。このように、古代ギリシャの神話作家ヘシオドスは書き残しています。それは、存在するものとその不思議に対する人類の深い意識を、今日に伝えているのです。

また神話は、古代のバルカン半島に繰り広げられた民族間の争いと国々の変遷を映し出しているとも考えられます。神々の王国の初代の王、ウーラノスは、その子どものクロノスによって王位を簒奪されます。またそのクロノスも、末子のゼウスによって王位を追われるのです。こうした記述は、もし、単なる空想物語ではなかったとすれば、民族と民族の激しい抗争を写しとっていると推測されるのです。事実、今日の宗教学では、ゼウスはもともとギリシャのはるか北方の民族の雷神で、ある時代に豊かな南方を目指して下ってきた、ということを突き止めています。南方に下った折、ゼウスは最初の妻を捨て、ギリシャ土着の女神へーラーと再婚した。北方から侵略した民族は、南方ギリシャの進んだ文化に接触して、その地の女神と融合する必要を認めたのでしょうか。

ゼウスをはじめとするオリュンポスの神々は、神話の中では、一つの家族のように描かれています。が、もしそれぞれが、このように別々の違った歴史的変遷を背景に持つ神々であるとすると、その由来が大いに興味深いところです。たとえば今日の研究では、その女神たちについて、実際は各地、各部族がそれぞれにおいて豊穣を祈願していた別々の存在であったろうと、考えられています。

●宗教を基盤とした古代社会を再考する運動が起こった

古代ギリシャ宗教が現実に存在していたという認識の広まりとともに、古代社会や古代思想を見る目も再検討を迫られることになりました。

シュリーマンよりも早く、フランスの社会学者フュステル・ド・クーランジュが、一八六四年に『古代都市』（巻末参考文献5）という書物を書きました。それは、それまでの古代社会に関する理解を一八〇度ひっくり返すものでした。

それまで、ヨーロッパは、古代の思想を単なる人間理性の産物と決めつけてきました。ただし、単なる人間理性の産物とはいえ、それが高度に発達し、ついにはソクラテス、プラトンによって最高峰を極めたものとして理解されていたのです。その理解に輪をかけさせたのが、アリストテレスでした。彼の著作は、その師プラトン以上に論理的で、彼が作り上げた『論理学』は、二千年を経た今日においても、基本的なものとして大学で講義され続けています。このようなことから、ヨーロッパは、古代ギリシャの社会を全くもって論理が支配している社会だと決めつけて疑わなかったのでした。

ところがフュステル・ド・クーランジュは、この一般理解が全く誤ったものであると指摘したのです。古代ギリシャの社会は、論理性が支配的であるどころか、その逆で、完全に非合理な世界であったというのです。人々は何をするにも理屈に合わない占いに頼り、政治ですら絶え間ない迷信の発言に左右されていたし、論理によって国家の指針が決定されたことは一度もなかった、というのです。

この著書は、古代ギリシャが、論理よりもむしろ宗教によって支配されていた、ということを明らかにしたのでした。それは十九世紀末のヨーロッパの学会に衝撃を与えました。

●古代宗教復興は、キリスト教世界に混乱をもたらしている

しかし、その考えがその後も継承され、発展的に研究され続けているかというと、どうもそうではないように見うけられます。それにはいろいろと理由があるかもしれません。が、根本的な理由の一つは、ギリシャの宗教性が、キリスト教の教えと並存し得ないものであるという、例の古い事情があると言えます。それに従えば、キリスト教ヘブライズム以外に、宗教と呼び得るものはない。そこで、ギリシャはたとえ単なる人間理性の産物ではないとしても、全き意味で宗教ではなく、せいぜいのところ、「非合理的」なものとか、迷信とかの地位にとどまらなければならないのです。ギリシャはヨーロッパ文明の二大要素の一つであると言われます。そうだとすると、そのことが大きな自家撞着の元となります。つまり、あそこに宗教があったと分かっても、それを完全な姿で発掘することはできず、さりとて切り捨ててしまうこともできないという、自家撞着です。

古代ギリシャの思想を専門とする学者たちも、古代宗教の発見以来、大いに揺らいでいます。それは、古代思想を、単なる理性の産物ではないとしても、完全に宗教の領域に移し換えるわけにもいかないというジレンマなのです。もっとも、本書のテーマに照らせば、このことに関しても今ここで詳しく見る必要はありません。そこで、い

くつかの傾向を概略見ておくにとどめましょう。

ある学者は、「哲学」と呼び習わされてきた古代の思想を、宗教から連続的に発展したものと考えることとしました。これは、哲学を宗教から切り離された全く別個のものと見るそれまでの一般的見解に対し、それを打ち破る画期的な英断でした。しかし、それでもなお、ソクラテス等、ギリシャ「哲学」の最高峰の存在まで、そこに組み込むことはできませんでした。せいぜい「プラトンには、そういう側面も一部ある」と言うに、とどまりました。

一方、書かれたものに限定せず、壺に描かれた絵など、考古学によって発掘された品々を大いに参考にして、当時の社会や人間生活のありさまを復元しようとした学者も現れました。この学者は、今まで想像さえされてこなかった古代宗教のありさまを、生き生きと描いてみせる成果を挙げました。しかし、古代ギリシャにおいて、神々のために人間を犠牲にする宗教儀礼が行なわれていたであろうことを公言するには、ためらいが生じました。ヨーロッパ文明を構成する二つの源泉の一つ、ギリシャ文明が、このような野蛮から出てきたものであるとは口に出すのも憚られる。そういうことなのかもしれません。

また二十世紀に入ると、古代ギリシャ人の思想の中にある非合理性に、積極的な光を当てて、これを明らかにしようとする意欲的な著作も現れました。しかし、この研究も、最初の前提に不備がありました。それは、彼が「不合理」だの「非合理」だのと呼んでいるものが、果たして、当の古代ギリシャ人自身にとってもそうだったのかという、最初に考えてみるべき前提のことです。一般に、ある民族が、その特有の考え方によって日々の生きる指針や国の生計と将来を決定するそのやり方は、外部からどのように見えようが、その民族にとっては「非合理」どころか全く「合理」に適ったものです。

四　キリスト教自体も、歴史的宗教として再考されることが必要となった

●『聖書』も歴史的な書物として再考され始めた

ヨーロッパ、キリスト教世界にとっての「歴史上の宗教の発見」は、古代ギリシャだけに限定されるものではありませんでした。二十世紀に入ると、キリスト教自体の聖典である『聖書』にも、歴史研究の目が向けられるようになったのです。

キリスト教の聖典『旧約聖書』は、それまで、歴史的な書物とは考えられていませんでした。この聖典は、唯一つ存在する神と、ユダヤ民族との交信の記録であって、神の言葉と、それに応じたユダヤ民族の行動の記録です。ユダヤ民族の行動記録だと言うのなら、それは実際になされた人間活動の記録であり、実際に起こった事柄の叙述だから、スタイルこそ特異であれ、一種の歴史書ではないか、と反論されそうです。しかしながら、ヘブライズム・キリスト教の宗教意識では、宗教は他のあらゆる歴史、文化現象とは同列に考えられない、別格のものです。その宗教的意識の要求するところでは、『聖書』は、たとえばアレキサンダー大王が一代にして東洋と西洋にまたがる大帝国を築き上げたとか、クレオパトラがローマとの間に交渉の術策を尽くしても数千年に及んだエジプト王朝を守りきることができず終いにその終焉を迎えたとかいった事件と、同列に並べることは許されないものなのです。

そのため、アレキサンダー大王やクレオパトラが歴史となっても、『旧約聖書』の物語は歴史とはなりませんでした。ところが、「歴史上の宗教の発見」は、そういう『旧約聖書』も、やはり「歴史」だったということを明らかにし始めたのです。なんだか、言葉の意味が錯綜して、分かりにくくなったようです。具体的な事例を二、三挙げることにしましょう。

●『聖書』に見られる歴史的記述

『旧約聖書』の中に「ノアの箱舟」の物語があります。《楽園を追放された後のアダムとイヴの子孫たち、つまり『旧約聖書』が言う最初の人類は、地上に満ちて栄えたが、やがて思い上がって邪悪な行動をとるようになる。そこで神は、地上に大洪水を起こしてこの者たちを滅ぼそうとするが、常日頃敬虔を忘れなかった一家族のみは残することとする。すなわち、この者に命じて大きな箱舟をこしらえさせ、この中に地上のあらゆる生き物の一つがいを乗せるように命じた》。キリスト教徒でなくとも、よく知られているあの物語です。

ところで、この話は、よく考えてみると大変奇妙な話です。というのも、『旧約聖書』の書き手たちの実際の生活場所が、乾燥した砂漠地帯であったならば、その地理的な条件を考える時、大変な違和感を感じさせる話だからです。

『旧約聖書』の作家たちは、そういう地理的条件や、気候上の条件を全く考慮する必要がなかった。むしろ、常日頃の行動を戒め、神への敬虔な心を失わないようにせよと戒める目的で書いたのだから、比喩的に物語を展開する方が一層効果的だった。このように考えるならば、乾燥地帯で洪水の物語が生じても理解できます。

しかし、もしこの物語が、実際の生活経験と対応していたものであったなら、どうやらそれは、イスラエルやパレスティナ以外の、どこか他の地で生まれたものである可能性があります。

ひょっとすると、パレスティナ以外のどこかで大災害が起こり、これが『旧約聖書』の作家たちにモチーフを提供したのかもしれません。あるいはまた、他の地域にいる民族が、しばしばその地域の地理的な条件から洪水を経験し、それを自分たちの神話の中のモチーフとして用いていたとしたら。しかも、地理的条件からは、まともな雨さえ降らない地域に居住していたユダヤ人の作家たちが、そういう他民族の神話を借用してきたのだとしたら。現に、そのような神話は、彼らユダヤ人の居住地域の東方メソポタミアにおいて、大変発達していました。

メソポタミアの人間は、ティグリス、ユーフラテスの氾濫によって、常に悩まされていました。これらの河の氾濫によって、それまで営々と築き上げた生活が、一度で壊滅するということも起こりました。彼らの生存は、それらの河川の治水によってのみ、初めて可能だったと言えます。そこで、彼らの神話の中には、大洪水に立ち向かう英雄神の神話も数多く語り継がれていたのです。砂漠の民であったユダヤの聖書作家たちは、一瞬にして人間の生存が破壊されるこの洪水神話を、神と人間の劇的な交渉を語る素材として援用したかもしれないのです。

『旧約聖書』の記述も、実際に起こった歴史的な出来事と無縁ではありません。そのことを示す分かりやすい例を、もう一つ挙げましょう。

ユダヤの民は周囲を強力な民族によって取り囲まれていましたから、これら諸民族との関係を語る物語には不足しません。事実、東方メソポタミアで強大になった民族との関係も、その例外ではありませんでした。ある時は、多くのユダヤの同朋が、一大勢力を誇ったバビロニアに連れ去られてしまうという事件も起こりました。『旧約聖書』にいう、「バビロン捕囚」です。彼らはその地で、ほとんど奴隷のような境遇で使役されました。

ですから、バビロニアのことを好意的に記すはずもありません。むしろ、バビロニアの王は、神をも恐れぬ邪悪な心の持ち主である、ということを示すエピソードを書き記しました。たとえば、こうです。その王は、都に巨大な塔を作らせた。その塔が天まで届く高さに達した時、王はその頂上に昇りつめ、そこから神の座である蒼穹に向かってヒョーと弓を射た。この傲慢な振舞いに対して、神は激怒し、にわかの嵐を地上に巻き起こした。ようやくその嵐が去った後に、人間たちは、お互いに話している言葉が理解できなくなってしまった。今日人間たちが、世界中で様々な言語を話し、お互いを理解することができないという不便が生じたのは、この時に神が下した罰なのである、と。

この話も、先の「ノアの箱舟」の話同様、作られた話だと考えられてきました。手ひどい扱いを受けたバビロニアの王を、神に挑戦した罰当たりな人間だと悪し様に言う目的で、ありもしない塔の話を創作したのだ、と考えられていたのです。しかし、十九世紀以降の考古学がオリエントの地にまで研究の関心を広げた時、その地で、砂漠の砂の中に埋もれた巨大な建造物の基礎を発見しました。すなわち、古代オリエントでは巨大な塔が建設されていたのであり、その事実が判明したのでした。ただ、その塔は、材料が日干しレンガであったため、長い年月の間に砂の嵐によって崩れ去り、砂に埋もれてしまったのです。今日ジッグラットと呼ばれるその巨大建造物の遺跡は、ウルで発掘されたものが有名です。

「ノアの箱舟」と「バベルの塔」、『旧約聖書』に登場する特に有名な二つの物語に触れました。ポイントを繰り返すと、これらは歴史上の事実とは無縁だと考えられてきました。しかし、考古学等の実証的な学問姿勢が優位を占めてくると、これらと歴史的な事実との関連に、関心が集まってきました。そして、これら一つ一つの物語のみならず、『旧約聖書』全体の成り立ちを歴史的な目で再考察しようという気運が高まりました。こうして、『旧約聖書』の学問的研究、「旧約学」が成立したのです。

●キリスト教に関わる諸文献が発見され始めた

二十世紀に入ると、キリスト教に関する歴史的な研究は、単に地面を掘って昔の品々を掘り返すことによるだけではなく、文献の側面からも進められることになりました。シリアの地中海沿岸の町ウガリット（紀元前十四世紀）から出土したウガリット文書や、エジプトでは紀元三世紀以降古代エジプト語から派生したコプト語の写本が発見されたのです。聖アウグスティヌスの時代に大きな勢力を持ち、その後歴史の上から姿を消したあのマニ教の文書も、中国北西部の新疆《シンチャン》ウイグル自治区の町トルファンで発見されました。

第二次世界大戦後にも、多くの文書が発見されました。スーダンに近い南エジプトの砂漠の中から、大量のギリシャ語による文献が発見されました。調査にあたった学者が、キリスト教の教説にあまりによく似ているので、驚きました。そこで一つの仮説が立てられました。これは、キリスト教初期の、神学が成立しかけていた時期に、論争の挙句異端とされたグノーシス派（二八一頁参照）の文書かもしれない、というものです。

当時の神学上の争いは、今日の我が国の学会における意見対立のような、生易しいものではなかったようです。彼らは、論争に敗れて異端と決定されると、命の保証さえなかったのです。そこで、とり急ぎ自分たちの資料をまとめると、世界の果てまで逃れていったのでしょう。スーダンでの発見の後、死海のほとりからも同様の文書が大量に発見されました。今後これらの文書の研究が進めば、キリスト教に関する私たちの理解も、変更される事態が生じるかもしれません。

ここまで、古代ギリシャ文化を宗教の土台から再考する試みのこと、そしてキリスト教自体を「歴史的宗教」として再検討する試みのことを簡単に紹介してきました。この二つの試みは、ヨーロッパ文明にとって、いわば自分の足元を掘り返すようなことにもなりかねない試みとして、大変な危険をともないました。しかしまた反面、自分自身の身に関わることであればこそ、それだけ関心が高く、それだけ大きな情熱を呼び覚ます問題だったとも言えるでしょう。

一方、このような関心と情熱は、古代ギリシャやキリスト教に直接関わらない、他の諸宗教の研究をも活気付けることになり、十九世紀後半における宗教の研究は、その多くが歴史上の宗教に関わる傾向を生みました。歴史上の宗教の研究、あるいは宗教の歴史の研究を事とするそれら「宗教史学」は、ほとんど「宗教学」そのものと同じ意味に用いられるほどだったのです。

五　その他の歴史的な宗教の発見

古代ギリシャやキリスト教以外の「歴史的な宗教の発見」についても、簡単に見ておく必要があるかもしれません。

早くも十八世紀末に、ゾロアスター教の経典がヨーロッパ各国語で翻訳されました。ゾロアスター教は、古代のペルシャに誕生した宗教で、聖なる火を護ることで知られ、南北朝の頃に伝来した中国では、祆《けん》教または拝火教と呼ばれた宗教です。十八世紀から十九世紀のヨーロッパで、すでに死滅したと思われていたこの宗教のことが知られると、キリスト教以外の宗教に関心を持つ文学者や芸術家に、ロマンティックなインスピレーションを与える素材となりました。ところがヨーロッパでは死滅したと思われていたこの宗教が、所を変え、インド亜大陸西岸の各地にパルシーと呼ばれる信徒によって生き延びていたことが、後に「発見」されたのでした。ゾロアスター教の信者たちには、今でも、死者を埋葬するのに円形状の建造物を築き、その中に死体を野ざらしにして鳥に与える「鳥葬」の習慣があります。そこで、この建造物の規模と数を調査することによって、信者の数までほぼ正確に知ることができるそうです。真に、失われた宗教のロマンです。

同じく十八世紀の末に、古代エジプトの宗教を知る大きな足がかりとなったものが発見されました。彼の地にまで遠征したナポレオン軍の一士官が、ロゼッタストーンを発見したのです。その石には、古代の文字が二種類刻まれていました。そして幸いなことに、その下段にギリシャ文字が刻まれていたのです。フランスのエジプト学者、シャンポリオンが、そのギリシャ文字を手がかりに、古代エジプトの象形文字の解読に成功したのは有名です。一八二二年のことでした。そして、これによって、古代エジプトの社会のありさまや宗教に関する研究が飛躍的に進んだことは、言うまでもありません。

紀元前十四世紀から十三世紀頃、人類初の鉄の武器を使用して、小アジアを支配したことで知られるヒッタイトの言語の解読が公表されたのは、これよりも遅れ、一九一五年のことでした。

宗教学が、ようやく学問の一専門分野として認められ出したのは、やっと十九世紀末のことでした。そして当初は、学問としての宗教研究の関心は歴史上の宗教に集中していました。このことから、宗教学成立当初に活躍した学者たちは、歴史上の宗教の研究を出発点とした人たちが多かったのです。

一八七三年に『宗教学入門』（巻末参考文献2）を書いたイギリスの宗教学者、マックス・ミュラーは、オリエントから古代インドの宗教へと研究の関心を広げた人でした。同様に十九世紀末、「宗教は恐れから始まる」という、宗教の起源について含蓄のある見解を示したオランダのティーレも、エジプトやメソポタミアの研究で名を馳せた人です。

第 5 章

ヨーロッパが見た
他宗教とその理論

世界の諸宗教の知識が蓄積されることによって、実証的な宗教学が十九世紀ヨーロッパにおいて成立した。しかし、その閉塞的な宗教観は、世界にある宗教を、そのあるがままの姿で理解するということにはならなかった。むしろヨーロッパは、それらを目の前にして、直接的に理解できずに驚愕し、理解のために様々の理論を打ち立てる道に進んだ。しかし、必然的にその理論は、あくまでキリスト教的宗教性を帯びたものになった。

私たちは、宗教のことを知りたいのであって、その宗教のことを研究する「宗教学」のことを知りたいのではありません。ですから、「宗教学」だの「宗教史学」だのの成立や、学問としての特徴のことは、あまり興味が沸かないかもしれません。

けれども、ここは少し我慢が肝心、ということになりそうです。

というのも、宗教とはいったい何かということを知ろうとする際、直接何の準備もなくぶつかっていったとしたら、まるで雲を摑むような、手応えを覚えない結果になりかねないからです。岩石の性質を知りたいとか、蝶々の生態を知りたいといった場合のように、その対象が直接手に触れられるものであれば、たとえ何の準備をしていないとしても、一応それなりの成果が得られるかもしれません。

けれども、宗教はそうはいきません。

神や仏を信じて、それに全実存をかけて生きている人々がいます。その意味では、宗教は極めて現実的なものとして、誰の目にも見えます。いわば、手にとって見ることができるような現実性を持っています。しかし、それではいったいその実態は何か。それを信じて生活している人たちと、そうではない人たちとは、何がどう違うのか。このような疑問を持つと、その途端にその対象は、するりと手の指の間を通り抜けて、どこかへ消えてしまいます。

哲学のように、目に見えるような現実性を最初から考慮しなくてよいものもあります。目に見えるような現実性を持たないとしても、論理性や体系の整合性が、哲学の命だからです。

文学のように、虚構のものであっても、人間的想像力によって支持されるだけで充分なものもあります。作者の描く人物が、虚構のものであるとは分かっていても、もし読者がその人物を、しかと身近に感じとりさえすれば、事足りるのです。

宗教は、哲学以上に抽象的で、同時に、文学とは比較にならないくらい現実的です。信者たちが崇拝する対象は、人間存在が持ち得る他の何ものよりも抽象的で、とらえようがありません。しかしまた、そのとらえようのないものとの関わりで、人間が持ち得る感情や、とり得る行動は、他の何ものよりも過激な具体性を持っています。

こういうわけで、もし何の準備もしないで宗教を知ろうとすると、摑んだと思ったものを実は捕まえそこねていたり、何も見えていないと思い込んでいる足元から強烈な力で突き上げられたりすることになります。

「宗教学」という言葉は、やや固いかもしれません。しかし、それは、宗教を知ろうとする際に必要な心の準備のことだ、と考えれば、そう嫌気も差さないのではないでしょうか。

そして事実、「宗教学」とは、人々が宗教とは何かを知ろうとして積み重ねた、思考錯誤の総体のことにすぎません。試行錯誤の積み重ねですから、残念ながら、未だ何らかの結論に達しているということができません。将来に渡っての展望すら描けていないように思われます。

けれども、私たちは、その思考錯誤から、必ずや何かを手に入れることができると確信します。少なくとも、宗教とは何かを知ろうとした先人たちのお陰で、彼らが苦労の挙句に行き着いた壁や、迷い込んだ袋小路に、私たちは比較的容易く立つことが可能です。

こういうわけですから、今後私たちが「宗教学」という言葉を用いる時には、それは、宗教とは何かを知ろうとする、私たち自身の意欲に重なる人間的努力のことだ、と考えることにしようではありませんか。

一　実証的宗教学の成立

さて、宗教を研究しようとする意欲の総体として、私たちの目の前にある「宗教学」は、一九世紀後半のヨーロッパでようやく学問らしいものとして成立しました。が、それが誰によって始められたものであるかをはっきりと言うことは、難しいことです。

よく知られているように「精神分析学」を始めたのはフロイトです。あるいはドイツ流の「社会学」を始めたのはマックス・ウェーバーです。これらの学問は、その研究の対象自体が、創始者の関心によって選びとられ、また、どのように研究するかという方法自体も、創始者によって創造されたものです。そこで、それら学問のその後の発展がどのようになっても、その全体像はあらかじめ出発点で規定されている、ということができます。

ところが、宗教学の方はこうはいきませんでした。研究の対象は、ほとんど人類の歴史と同じくらいの昔から、人々の目の前にありました。ようやく学問の研究対象にすべきだという考えが強くなっても、その研究方法を最初から確立することは困難でした。今日においてもなお、それは確立されたということができません。そこで、いつまで経っても学問としての全体像が現れず、いったいどのような現象を宗教と呼び、どのような現象は研究の対象から除外すべきかという基本的な点すら、曖昧なままだと言わなければなりません。研究者はといえば、「何となく宗教であるらしいと、自分の目に見えるもの」を、その時その時に持てはやされている方法で、とりあえず問題にしているというのが実情です。

●マックス・ミュラーが実証的宗教学の必要性を訴えた

しかし、そうは言っても、現在行なわれているスタイルの宗教学が存在を認められるようになったのは、十九世紀後半のヨーロッパにおいてであることに変わりはありません。そのため、その時期に活躍した幾人かの学者をもって、宗教学の創始者とするのが一般的なのです。そのうち、最もよく取り上げられるのが、イギリスのマックス・ミュラーです。

今「イギリスの」と書きましたが、実は、彼はもともとドイツ人でした。当時、宗教に関する研究はイギリスが先進国でしたから、彼はその地へ渡り、そのまま帰化してイギリス人となったのです。後年、オックスフォード大学で講義し、その講義ノートをまとめて、一八七三年に『宗教学入門』（巻末参考文献2）を書きました。

彼が提出した考えは、宗教学の全体像を与えるものではありませんが、発生当初の宗教学の状態をよく示しています。すなわち彼は、「これからの宗教の研究は、宗教はいかにあるべきかという問題には触れない方がよい」と述べたのです。「宗教はいかにあるべきか」とは、価値を問題にすることで、つまり、人間のあり方や世界の進むべき方向に専ら関心を集中するものです。

キリスト教は、その成立の初めから、宗教とはむしろそのような問題に関わるものである、としてきました。ですから、学問というものは直接宗教自身の枠の中に入っていない性質のものであるとしても、この関心を度外視しては、宗教を見ていることにはならない、というのが二千年に渡るキリスト教文明圏の共通理解だったのです。

もちろん、マックス・ミュラーは、宗教学は価値に対する関心をすっかり捨てるべきだと主張したのではありません。が、そういうことは、伝統的な神学や宗教哲学に任せておけばよいのであって、これからの宗教学は、そういう価値の問題をとりあえず棚に挙げて、「宗教はいかにあったか、または、いかにあるか」を研究すべきなのだ、と考えたのです。つまり、ああすべきだ、こうあるべきだという価値判断を控えて、現実にどのようなものであるかを知るべきだというのです。

今風にパラフレーズすれば、ある宗教を目の前にして、それが善いものか悪いものかと考えるのではなく、どのようなことが行なわれているかを、カメラにおさめたり、録音テープにとったりというように、客観的な手法でのぞもうという姿勢です。

これなら、ある問題について果てしない論争に陥るということはないし、論争の挙句、結局何が正しいかを判断しかねるような事態は避けられると、彼は考えたのでした。

論争してもついに決着がつかない問題とは、どのようなものでしょうか。それは、たとえば、「神様は存在するかどうか」というような問題や、「この世界に終末があるとする教えは正しいかどうか」というような問題です。

これらは、キリスト教にとっては、宗教としての根幹をなす問題です。それだけに、何千年もの間、激しい論争が繰り返され、そして未だに決着がついていない問題でした。

決着をつける方法としては、たった一つだけ存在します。それは、神様が自分にそうだと教えたと主張すること、つまり神の啓示です。しかし、これも啓示を受けたと主張する本人以外には、本当にそうかどうか確かめる術のない、言ってみれば、問答無用の議論です。

マックス・ミュラーは、内心では、このようなやり方の論争に学問が関わることを、不毛な努力だと考えていたものと推察されます。しかし、それらの問題は不毛だと、正面からは言えません。それらは、依然として、キリスト教にとって最大の関心事だったからです。そこで彼は、それらの問題は神学や宗教哲学などの規範学に任せきりにする方がよいと考えた。そして自分たちの方は、あまりそれらに関わらず、宗教のありのままを研究する学問を推進したいと考えた。できるだけ価値判断を下さず、客観的な記述に徹するという立場を前面に打ち出したのです。

マックス・ミュラーは、宗教を知ろうとするヨーロッパ人が、伝統的なキリスト教神学から自身を開放しようとする意欲に満ちた時代の象徴的な学者でした。そしてその言い分は、同時に、世界にある様々な宗教をキリスト教的原理の中で見ることは止めよう、という主張にもつながるものでした。

キリスト教的原理とは、神の存在は唯一つだから、すべての宗教はその唯一の神が見そなわす様々な現象のバリエーションとしてのみ存在する、というものです。この原理に従えば、宗教の研究は、キリスト教唯一つを対象にすればそれで足りるということにもなります。現に、すでに長い歴史の中で、キリスト教の研究方法として確立されてきたものは、「宗教はいかにあるべきか」という価値の問題を論ずることでしたし、あるいはまた、真理へと向かう唯一の正しい道としては、極めて主観的な価値とも言える「啓示」を持ち出すことでした。

それゆえ、マックス・ミュラーがそれらとまるで違う客観的な方法を打ち出したということは、伝統的な宗教研究からの決別を意味するものだったのです。

●初期の頃は、「宗教学」を示す用語自体が混乱していた

日本語で『宗教学入門』とでも訳すべき彼の著作の英語タイトルは、そういう客観的姿勢をよく表しています。すなわち彼は「宗教学」にあたる部分を「サイエンス・オブ・レリジョン」としているのです。この言葉は、何の前準備もなく読めば、「宗教の科学」と訳されるべき言葉です。しかしそれは、なんだか奇妙な違和感を覚えさせる表現ではありませんか。キリスト教は歴史上、科学と対立してきました。また、今日の我が国でも、一般的に言って、「宗教」と「科学」は全く相容れない二つの領域であると考えられています。宗教と科学をつないで一単語にするのは、見方によっては、一種の形容矛盾にもなりかねないものです。

すでに触れたように、マックス・ミュラーはもともとドイツ人です。ドイツ語で、「サイエンス」にあたる言葉は「ヴィセンシャフト」で、こちらの方は、特に「科学」という意味に限定されず、広く「知識」や「学問」を意味するようです。そこで、彼は無意識のままに、ドイツ語と英語の表現を混同してしまったのだと見ることもできるわけです。

しかし、当時の事情をもっとよく考えてみると、「宗教」と「科学」を結び付けたことは、決して、彼個人の条件による偶然ではなかったことが分かります。当時は科学的な方法というものが、自然科学に限らず、人文科学と呼ばれるような他分野にも浸透し始めていたからです。すなわち、自然科学の成功によって、その方法が他の学問すべての分野にも及んできていたということなのです。

自然科学の方法とは何でしょうか。ここでは詳しく検討する余地はありませんので、分かりやすい例で、簡単に理解しておきましょう。キリスト教中世は、人間の知性が、何ごとによらず優先していました。神は自分の似姿に人間を造ったと信じられましたので、他の動物にはない最も神に近いあり方、すなわち人間的知性の活動が、最高のものとされていたのです。つまり、極端なことを言えば、頭の中で作り上げたことの方が、現実に目に見えることより優先したのです。頭の中で、「大きい鉄の玉を高いところから落下させれば、小さい鉄の玉より速く地面に達する」と考えられれば、そのことが真理でした。

これと正反対の主張をしたのが、自然科学でした。どうしたかというと、実際に高いところから大きい鉄の玉と小さい鉄の玉を落下させてみて、その結果目に見えることの方が真理だ、としたのです。すなわち、実験結果が知性に優先するとしたのです。そしてその実験が、誰か特定の人間の手によってではなく、他の誰がやっても同じ結果となり、しかも、どこか特定の場所ではなく、地球上どこにおいても同じであれば、それを学問的公理として採用したのでした。

逆に、その実験結果が、誰か特定の人によって違いが出たり、どこか他の場所によって違いが出たりすれば、それは普遍の真理の資格を剝奪されることになります。

しかしこのことは、自然科学を大いに発展させるものであると同時に、やがてその存立を危うくさせるものであることも、予想されます。どういうことでしょうか。それは、ほぼ次のような事態の経過によります。鉄の玉を落下させるというような、大雑把な実験ではそうでもないでしょうが、その後自然科学が大きく進歩するにつれて、一層精緻な事柄の実験が行なわれるようになると、一度こうだと決めた真理も、次の実験結果次第では、すぐさま訂正されなければなりません。

今日のように、次から次と新たな実験装置が開発され、人間の目や耳ではとらえられない現象が解明されるようになると、何らかの真理の発見者は、自分の出した結論は今のところは真理の名に値するとしても、すぐさま次の実験によって訂正されると考えなければなりません。少なくとも、最初からその可能性を受け入れる姿勢でいるのでなければなりません。

すると、どうでしょうか。こうした姿勢から結果することは、私たちはまだ真理を見出していないという、一般命題にすぎません。いつかは見出されるかもしれないとは言えても、私たちは、終いには永遠の訂正可能性の中にとどまらなければならないことになります。真理という言葉は、破毀しなければなりません。私たちは、いつまで経っても、ただ、今はこう言っておこうという一種の「仮定」の結論で満足するしかありません。すなわちそれは、永遠の仮定なのです。

話を先に進めすぎたようです。ヨーロッパ十九世紀はまだ、自然科学の方法は人間に真理を知らしめると、固く

「信じて」いました。そしてその信念が、自然以外の他の多くの分野に波及していたのです。先に見たように、十九世紀後半に、シュリーマンがトロイア遺跡の発掘に成功しました。そして、このことによって、古代宗教のあり方が再考されるようになりました。この事実も、よく考えると、今述べたような十九世紀的な実証科学の精神風土を背景にして、初めて可能なことだったと言うべきです。

掘り返してみたら昔のものが出てきて、それを実際にこの目で見ることができた。この、「目で見ること」への信頼が、十九世紀最大の特徴なのです。逆に言えば、もしも、一般的に、そのような「目」に対する信頼の精神風土がなかったと仮定すれば、シュリーマンの発見は、どこぞの物好きなオヤジがしでかした奇妙な仕事、という評価で終わったかもしれません。

●宗教に関する知識の集大成として、宗教学が盛んになった

ヨーロッパの十九世紀後半から二十世紀は、大航海以来ヨーロッパが世界中から集めてきた実に膨大な文物を一つの情報として整理し、そこに理解可能な意味を与える時期だったと言えるでしょう。

ヨーロッパが世界に出て行った大航海時代は、新大陸を「発見」したコロンブスや、南アフリカの喜望峰を回ってインドに至る航路を拓いたヴァスコ・ダ・ガマが活躍する十五世紀に始まったと言われます。しかし、この時代に他文明に接触したヨーロッパの人々は、その物珍しさにただただ驚き呆れ、宗教に至っては、わけもない拒絶反応にさいなまれました。このことは、コルテスのメキシコ遠征軍が、その地の宗教を目にして、そのようなものが存在するということすら、なかなか認めることができなかったという、先に見た事例から明らかです（第3章）。

このような状態からは、他文明の宗教を理解しようとする姿勢など生まれようがありません。

やがて時代が進むと、ヨーロッパ人は他の文明の地へ大変頻繁に出かけるようになりました。当然のことながら、それによって、その土地土地から持ち帰られる物の量が飛躍的に増えました。

私たちに近いところで例を挙げれば、インドネシアは十七世紀から一九四五年までオランダの植民地でした。そ

のため、今日に至るまで、インドネシアの文物が最も多く一箇所に集められているのはオランダです。ところが、こうした世界中からの文物の収集は、主として、商人や物好きな旅行者など、とりわけて宗教理解に富んでいたとは言えない人たちの手によるものがほとんどでした。キリスト教各派の宣教師たちも、世界の隅々にまで出かけていきましたが、現地の「野蛮」な宗教を改めさせてキリスト教の布教を使命とするこの人たちには、またその使命が理由で、他宗教理解に大きな難点がありました。

このような背景によって、学問的な訓練を受けた専門家たちが海外へ出かけていったのは、随分と遅れてだったと言わなくてはなりません。つまり学問的な他宗教理解の開始は、大航海時代のずっと後になってからだ、ということになります。

十八世紀、十九世紀は、他文明に対するヨーロッパの姿勢に変化が見られた時でした。つまり、植民地を積極的に開拓し、本国の経済システムの中に組み入れるという、それまでとは違った植民地経営が始まったのです。すると、その植民地にいる先住民たちに対する姿勢が変ってくるのも、当然です。まるで異種の動物でも見るような好奇の目から、彼らの考え方や習慣を探る現実的知識の視線へと変わったのです。

こうして世界中の現地人を対象とする、伝統やしきたりなどの行動規範の研究が促進されました。宗教が、それらの研究テーマの中で大きな位置を占めることになったのは、当然の成り行きでした。

さあ、それでは、ヨーロッパの人々は、自分たちとは違う文明を形成してきた世界中の他民族、他部族の宗教を、いったいどのようなものと見たのでしょうか。実に興味深々といったところではないでしょうか。全部とは言わないまでも、その一部だけでも、是非とも知りたいものです。そこで、宗教学が他宗教を見て打ち出した数々の理論をたどることによって、それを見ていくことに致しましょう。

ただ、その前に、一つ言い残したことに気付きました。次の第二、第三節では、先ずその点について、ちょっと触れてみたいと思います。

二　我が国における、いわゆる宗教と科学の対立

●宗教と科学の対立に関する議論は、皮相なものにとどまっている

言い残したこと、それは、ヨーロッパが、歴史上の宗教と地理上の宗教を理解しようとした時に用いた方法が、他ならぬ科学の実証的な方法だったという、そのことです。そして一方では、一般に宗教は、実証科学とは全く相容れないものとして考えられているという、その点です。

世界の諸宗教の研究を、伝統的神学の手法から開放しようとしたマックス・ミュラーの意図とは、違った方向に事態が動き出してしまいました。すなわち、本来実証的に本質を理解されるものではない宗教が、まるで自然科学の研究対象ででもあるかのように、取り扱われ出すのです。

とりわけ我が国は、明治以来、西洋の科学を輸入するにあたり、キリスト教へブライズムという西洋科学の発生母体を全く無視し、いわば、その表面をかすめる形でそれを取り入れました。そこで、科学と科学的な方法のみが、何となく一人歩きをしてきたきらいがあります。すなわち、科学の実証的方法で証明されないものは、すべていい加減なものだという、極端な姿勢が多くの学問分野に見られることになったのです。こと宗教に至っては、ヨーロッパにおいては元々科学と対立してきたという事情が皮相に理解され、最初から非科学的なものというレッテルを貼られているようです。非科学的どころか、社会の健全な進行を妨げる有害な迷信とまで蔑まれる傾向がありま す。そこで、「実証的な方法」を携えて、ヨーロッパ人とともに世界の宗教発見の旅に出る前に、この点だけは一つはっきりとさせておきたいのです。

科学と宗教の対立という、現在も我が国で最も混乱しているテーマについて、その誤解の部分を整理しておかなければなりません。

もちろんここでは、学問としての科学的方法について、根本から理解するというほどの余裕はありません。そこ

で、例によって、一つの喩え話で考えてみたいと思います。大変漫画的で、しかもまことに下手なジョークのような喩え話で、読者の顰蹙をかうことは間違いありません。けれども、実証科学と宗教が対立するものではないということ、あるいは少なくとも、実証科学が証明しないからといって宗教がただちに有害な迷妄と呼ばれることにはならないということぐらいは、そのような喩え話でも、気付かれるのではないかと思われるのです。

●皮相な議論の危険性を戯画的に説明する

今日の我が国では、実証科学と宗教の対立というそれ自体も、あまり真剣味のない議論として、一般の人々には紹介されているようです。それはまるで、お祭りの時の見世物小屋の、面白おかしいグロテスクな出し物にも似ています。

先日、人魂《ヒトダマ》は自然の中でいくつかの特異な条件が重なった時に発生する自然現象にすぎないということを、科学的な実験で証明しようとしている科学者がいると聞きました。それは大いに興味あることです。死んだ人が成仏しきれずに、この世にさまよい出てくる、それが人魂だと信じられてきました。もしそれが、雷だの地震だのに類する、自然現象の一つにすぎないということが分かれば、もう今までのように、怖がる必要もありません。大変喜ばしいことです。誰かは存じ上げないが、その科学者に大いに感謝したいところです。

しかし、感謝はそこまでなのです。もしその科学者が、自分の行なった実験結果から、「実験によって証明できない不思議な現象は、すべて迷妄である」とでもいうような結論を導き出して、それを人間に関するあらゆる事項に拡大して適用しようとするならば、その姿勢は誤ったことになってしまうのです。

今話題にした科学者ご本人は、しっかりとした学問的基礎を習得された人であると聞きますから、今述べたような軽はずみなことを主張しているとは考えられません。ですから、これは、具体的な個人を攻撃しているのでないことを、ご理解いただきたいと思います。

具体的な誰かの個人攻撃ではありません。けれども、そこから一種のバーチャルリアリティーの世界が現出してしまうことも、一種の現実であると言わなければなりません。

私たち、世の中の一般人たちは、そのような人物がテレビ等のマスコミに登場して、口角泡を飛ばして議論しているのを目にすると、どうしてもカリカチュアライズして受けとってしまいます。そして、その人の主張を全体のコンテクストの中では考えないで、ひたすら、面白おかしい漫画的な人物にしてしまうきらいがあります。

漫画的な人物にされてしまうのは、まことに気の毒なことではありません。しかし、一般民衆は、発言している現実の科学者氏本人ではなく、頭の中でそういう現実の人物をモデルとして、それとは似て非なる戯画的人物、A氏の像を作り上げてしまいます。それが、テレビといったようなマスメディアによって醸成されるバーチャルリアリティーなのです。そして、その中で作られた人物を私たちは、たとえ戯画的で架空のものであっても、存在しないものとして無視することができません。このバーチャルリアリティーが現実的に及ぼす力は無視できません。

漫画的な喩え話とお断りしておきながら、議論の観点が錯綜してしまいました。そこで、いっそのこと、話題を先ず、そのバーチャルリアリティーの枠内にとどめて考えることにしましょう。そして、失礼になってはいけないので、先に触れた、現実の科学者のことは忘れましょう。

マスメディアと視聴者たる私たちが作り上げるこの戯画的バーチャルリアリティーの人物A氏は、自然のことであろうと人間社会の出来事であろうと、世界に起こるすべてのことは、科学によって証明されなければならないと主張しているのです。科学的に証明されないものは、すべて迷信であると断定しているのです。

このような状態からは、私たち一般大衆の間に、いったいどのような一般的判断が形成されるでしょうか。

多くの場合一般大衆は、そういう架空の科学者A氏の言うことを、そのままストレートに受けとって、物事に判断を下します。もちろんそれが、物事をあまりに単純化し戯画化した理解のし方であることも、承知しています。しかし、それを無視するということができません。何故なら、そうした理解のし方が、この時代この社会の大衆的判断にとって大きな要因となることが少なくないからです。それが、私たち大衆の、通俗的な理解のし方なのです。

特に宗教の分野では、こうした大衆の通俗的な理解のし方を見ないで済ますことができません。繰り返して言えば、確かに、戯画的科学者A氏も架空のもの、そしてそれを真に受ける大衆的判断も、突き詰めてみると何ら根拠のないものです。この意味でそれらは両方とも無価値です。しかし、事が宗教となると、戯画的で根拠がなく無価値のものだから無視できる、ということにはならないのです。

宗教は他のいかなる分野よりも強度に、こうした通俗の、しかも架空のものと関わっています。ですから、ありそうもない無価値のものが、ある時突然過激なまでの現実性を帯びて、私たちの前に現れることがあるのです。

科学の証明と宗教という、今問題にしている特定のポイントで言うと、今日私たちの社会において、戯画的な人物の発言に端を発して、しかも空想的な成立過程を経て出来上がっている通俗的な一般大衆の理解のし方は、残念ながら、「科学的な実験によって証明されないものは、すべて迷信である」という、極めて皮相な科学観であると言わなければなりません。そのような皮相な科学観をどこかで支えている専門家として、おぼろげながら、ある漫画的な架空の科学者A氏がイメージされているわけです。

戯画的で架空の状況を受け入れる理解のし方に対して、きっちりと反論を試みるということは大変難しいことです。そこで、ここでは、「科学的に証明されないことはすべて迷信であって、現実に存在しない」という戯画的な架空の大衆的判断と、そういう単純な主張を繰り返す架空の科学者A氏に対して、私たちの方も、次のような単なる寓話の笑い話で、反論しておくことにしましょう。

最初にお話したように、漫画的で、下手なジョークとしか評しようがない喩え話を持ち出すことにします。顰蹙をかうのを覚悟の上です。

●皮相な議論に対して漫画的反論を試みる

ここに、磯野さんのご一家がいるとします。「この一家は、とても暖かい空気に包まれている家庭」として、近所の評判だという設定にします。そこに、あの科学万能主義の架空の科学者A氏がこの評判を聞きつけて、「何ですと、暖かい家庭ですと。よろしい、それではそれを実証できるかどうか、試してみよう」とばかりに、熱を感じとって撮影することができる新式のカメラを携えてやって来るとします。ところが、そのカメラでとらえたフィルムには、何ら「温かい空気」の存在を証明するものが写っていません。そこでもし、この科学者A氏が、「何も写っていないではないか。温かい空気に包まれた家庭だという評判は、ウソだったのだ」とでも言おうものなら、これは、書くも恥ずかしいほどの笑い話になってしまいます。

しかし、今日、科学と宗教の通俗的な対立の議論は、ほとんどこのレベルで行なわれているのが現状です。

下手な笑い話ついでに、もう一つ磯野家に関する実験をご紹介しましょう。それは磯野家の若夫婦であるサザエさんとマスオさんについてです。例の架空の科学者A氏が、「その時サザエさんは、マスオさんから、電流のようにビリビリと、愛情が伝わってくるのを感じた」という話を耳にして、「何ですと、ビリビリと、電流のようにですと。よろしい、それではさっそく実験だ」と言って、今度は電流計と電圧計を持ち込み、電極をこの若夫婦につないでみたのです。結果はもう、聞くまでもなく明らかです。

大変つまらないことを書いてしまいました。その点はお詫びします。しかし、ここで私たちは考えてみなければなりません。すなわち、通俗的な理解の範囲で、いわゆる科学的な手段で存在が実証されないからといって、磯野家を包む「温かい空気」や、若夫婦の間に「ビリビリと電流のように流れた愛情」を、否定することにはつながらないということなのです。

「温かい空気」だの、「ビリビリと電流のように」だのと、喩えを使って物事を表現するから悪いのだ、という反論がありそうです。そういう比喩的な表現を止めて、磯野家の様子や若夫婦の愛情を、直接的に、正確な言葉を用いて表現すべきだ。そうすれば、科学との間に、いらぬ誤解を生じなくとも済むのだ。そういう声が聞こえそうです。

しかし、そもそも、家庭内や若夫婦の間に見る「愛情」なるものは、比喩的な表現にしかすぎないのです。いったい、どうやったら、それを直接的に正確に表現できるというのでしょうか。どうやったら、愛情を、誰の目にも見えるように、手のひらにのせて実証的に示すことができるのでしょうか。もしそれができないとしたら、それを形容する表現がどんなに具体的で直接的でも、それが何の足しになるのでしょうか。そして、何よりも、愛情というものを実証的に提示できないからといって、それは存在していないなどと言いきれるのでしょうか。

三　宗教は想像力の産物である

●人間的言語に、一般概念は不可欠である

寓話の笑い話を用いて、一般に想定されている科学と宗教の対立には根拠がないということを探ってみました。しかし、この寓話の笑い話は、人間の言葉が持っている避けがたい特性のことを考えさせずにはおかないような気がします。そこで、今度は話題を寓話から現実のものに変えて、次のようなことを考えてみたいと思います。

私たち人間の言葉は、単に比喩的な表現のみが比喩的なのではなく、表現された言葉の全体が比喩的なものです。具体的に個々のものを指し示している単語ですら、比喩的なものなのです。たとえば、「母」という言葉を考えてみましょう。これは、大変直接的に正確に、私たちが知っている「ある存在」を指し示すと、一般に了解されています。つまり、「母」という言葉を誰かが発した時には、それが何を指し示しているかは明確で、人によって了解に差が出るようなことはない。その点で、科学が要求する実証性に照らして、申し分がない、と一般に考えられているのです。

しかし、これは誤った考えです。何故なら、母という言葉は、実際にはその言葉を発する人によって、それぞれ別々のものを指し示すからです。斎藤隆くんが母と言う場合と、山田太郎くんが母という場合とでは、言葉は同じでも、指し示しているものが違います。つまり、斎藤隆くんが母という言葉で知っているのは、彼自身の母であって、それ以外ではありません。山田太郎くんの場合も同様です。ところがそうであるのに、彼らは母という言葉を用いると、そのものは誰にでも知られると、思い込んでいます。彼ら二人に限らず、私たちのうちの誰でもが、自

分は「母というもの」を知っていると、思い込んでいます。本当は、母という言葉で私たちが知っているのは、自分を生み、慈しみ、育ててくれたあの女性一人きりだというのに、です。

ヨーロッパにおいて中世以来繰り返し論じられてきた人間的言語の持つこの特性は、宗教を考える場合に大きな足がかりを提供します。

つまり、母というような、対象を具体的に指し示すと思われている言葉であっても、その言葉によって私たちが了解しているものは、「母というもの一般」、一般者としての母です。この事情は、母という言葉だけに限ったことではなく、父だろうが、犬だろうが、木だろうが、石だろうが、全く同じことです。

ましてや、具体的な物事を指し示すのではない他の様々な言葉に至っては、この事情がもっと当てはまるのです。人間の言葉は、人間が作った結果「存在する」ようになったものです。したがって、そこに木があったり石があったりするのと同じあり方では存在していません。もし、このように、人間がその知性の内部で作り出す働きを想像力と呼ぶとすると、言葉はまさに想像力の産物として「存在している」のです。

ですから、先ほど挙げた「愛情」という言葉も、人間の想像力の産物として「存在する」のです。「温かい空気のように、家庭を包む愛情」も「ビリビリと電流のように人から人へと伝わる愛情」も、そうなのです。このような時、想像力の産物だからそれは実証的には存在しないものである、という考えは通用しません。私たち人間は、そういう愛情なしに生きていくことはできないのです。ですから、実証科学が何を言おうと、それは「存在している」のです。あるいは、実証科学が証明したい「存在」とは別のし方で、それは確実に「存在している」のです。

●宗教は一般概念なしに語り得ない

もし、右に述べたことで、「暖かい空気のように包み込む愛情」や「ビリビリと電流のように伝わる愛情」が実際に存在するものとして納得されるとしましょう。そうすると、私たちは、宗教の分野で用いられている多くの言葉も、もう一度聞き直してみる必要を認めるのではないでしょうか。

たとえば、「その時天の声が聞こえて、東に行きなさいと、私に命じた」という言葉も、「その時目の前に神が現れて、それを止めなさいと、言った」という言葉も、全く同じ権利で正しいと言えるのではないかと考えられるのです。

それは大げさな物言いだと、反論する権利は、私たちにはありません。そういう言葉に反発したい気持ちは分かります。私たちは、ごく普通に「その時東に行こうと決心した」とか、「その時突然、それを止める方がよいと悟った」とか、言ってもらいたいのです。なにも、天の声だの、神の出現だのと、大げさに表現するまでもないではないか、と。

しかし、それは私たちの無思慮でしょう。おそらく、その言葉を発した当人は、ほとんど崖っぷちに立たされているような気持ちだったのかもしれません。東に行くか西に行くかの決定は、自分の人生の、すべてを支配する事柄だったのかもしれません。やるか止めるかは、死ぬか生きるかと同じ重みの問題、いやそれ以上の大問題だったのかもしれません。ただ推察するのみです。

が、もしもこのように、それらの言葉が嘘偽りのない真摯なものであって、その当人たちの全実存がかかっている問題であるのだとするならば、その決定が、意志だの欲望だのという、無力な自分の体内に限定された、あるちっぽけな力によってなされたはずはありません。当人たちにとっては、どう考えても、「天の声」や「神の出現」、それ以外には自分の行動を決定するものが存在し得なかったのです。その言葉を聞く私たちも、それぐらいのことは推察したいものです。

もしお前が「神を見た」と主張するのなら、このカメラを持っていって、それを写してこい、などというようなことにはなり得ません。

翻って考えてみると、実際今日の私たちは、自分の全実存をかけなければならない、のるかそるかの決断に迫られることが少なくなりました。生まれてから死ぬまで、ほとんどすべての事柄が、冷静な計算によって了解されます。たまさかの事故や不幸があっても、理屈によって割りきることができるようになりました。明日のことをそれほど思い煩うこともない、言ってみれば、安定した実存を保つことが許される社会に住んでいます。これは、大変な社会の進歩と言えます。しかし、反面、大変不幸な状況だということもできます。人間は大古から、様々な想像力を発揮して、飢餓や天災、災厄など、歴史的な試練をのり越えてきました。天に祈ることで生存の可能性を切り拓いてきました。ところが今や人類は、その仕事を「想像力」から取り上げてしまい、その結果、想像力はどんどん痩せ衰えていくばかりなのですから。

四　アフリカの宗教、ヨーロッパが構成した宗教観察理論

おそらくは意味のない寄り道をしてしまいましたが、ヨーロッパが見た世界の宗教はどういう風だったか、そのポイントに立ち返って、あらためて彼らヨーロッパ人たちとともに、世界宗教「発見」の船旅に就くことに致しましょう。

●フェティシズム理論

十五世紀、ポルトガル人たちは、イベリア半島を出発し、陸地に近い海を南へと下りました。先ず行き着いた所が、アフリカ大陸西岸の地域です。その地を調査してみると、熱帯の珍しい品々や、地下の資源に富んでいることが分かりました。まさに驚きの発見でした。その地の海岸から、象牙や黄金などを海路本国へ持ち帰りましたので、今日でもなお、アフリカ大陸西岸地域には、象牙海岸だの、黄金海岸だのという地名が残っています。

ところで、その地でもう一つ、ポルトガル人たちを驚かせ、不思議がらせたものがありました。それは、現地の人たちが、黄金など、価値の高いものには全く興味を示さないで、木のかけらや貝殻、あるいは動物の歯や爪などといった、何の役にも立ちそうにない物を、後生大事に持ち歩いていたことでした。どうやら、現地人たちは、そうした物が彼らを守ってくれるとか、幸運を与えてくれるとか、信じているらしいのです。

もしも、それらの物が、そういうお守りのようなものだとすると、それは本国であるカトリック教国ポルトガル

にもありましたので、彼らはそれを、ポルトガル語の呪物を表す「フェティコ」という言葉で呼んだのでした。

やがて、このことがアフリカに広く見られる事柄であると分かり、フランスの百科事典にアフリカの宗教として掲載されました。また、一七六〇年にド・ブロスという学者が、『呪物的な神の崇拝』という論文を書き、アフリカ人の間に見られると報告されたこの習慣を、「アフリカ・ニグロにおいて、フェティッシュと呼ばれる、地上のある種の物体を崇拝する行為」と規定し、それをフェティシズムと名付けたのです。

これだけを見ても、アフリカの宗教に対するこの理解は、大変軽蔑的な視線からなされていることが分かります。「アフリカ・ニグロ」という言い方自体、今日では軽蔑的な呼称として、禁止される言葉です。しかし、その今日でも、そういう人種的な偏見をともなって、彼らの宗教を低俗なものと決めつける姿勢が明らかです。その偏見は、「地上の物体」という表現に込められています。

●フェティシズム理論の背景にはヘブライズムの前提がある

よく知られているように、キリスト教ヘブライズムは、偶像の崇拝を禁じてきました。自然に存在している物体に至っては、偶像という、人間が作り出したものよりも、さらに一層価値の低いものとされてきました。キリスト教ヘブライズムにとっては、太陽や月のような天体ですら、価値のない物なのです。ですから、それらを崇拝することは、単に低級な行為であるだけでなく、超自然的存在である神の崇拝に違反する行為、すなわち神に対する不敬虔なのです。

後になって、専門的な訓練を受けた学者たちが、直接アフリカに行って研究することが進みました。彼らは、アフリカの呪物崇拝を、何とかヨーロッパ人の宗教意識にも理解できるものにしようと努力しました。その努力は、アフリカ人たちが崇拝している品物を、先祖という人間の霊とか、そうでないとしたら、何らかの霊的な存在とかに結び付けて理解しようとするものでした。いや、アフリカ人自身から、そうだという証言を取り付けようとしたのでした。

何故、そういう面倒な努力をしなければならなかったのでしょうか。その理由は唯一つ、彼らキリスト教文明圏の学者にとって、宗教とは、人間的な何かを対象として崇拝することに他ならないからです。ヘブライズムの神は、自然をも宇宙をも超えている存在ですから、人間でないことは明らかです。しかし、その神は、人間を創造する時に、自分に似せてそれを作ったというのです。ですから方向を逆にしてみれば、神は人間と似ています。

姿形が似ているというのではなく、本質からして人間と似ているので、人間の言うことが分かるのです。人間の希望や、将来に向けての願いを理解します。人間が苦しんだり悲しんだりしていれば、その苦しみ悲しみを理解します。たとえ人間が、自分の脳裏をほんの一時かすめただけで、こんな小さな考えは誰にも知られまいと思っても、神はその考えを、すべてお見通しなのです。ですから、キリスト教ヘブライズムの宗教は、「人間中心主義の宗教」なのです。

「人間中心主義の宗教」とは、誤解を生じやすい言葉かもしれませんが、今右に述べたことの範囲を出ない限りで、という注釈付きで、この言葉を用いることにしましょう。

さて、このような人間中心主義の宗教に、長い間慣れきっている文明の人々は、たとえ客観的な学問方法を身につけた専門家であっても、そこから抜け出て、全く中立的な考えを持つということができません。そこで、単なる品物を後生大事に持ち歩き、それを自然の中にある「単なる物体として」崇拝するというアフリカ人の行為が、理解できないのです。

理解できるとすれば、その品物が、すでにこの世にない人々の霊と関連がある場合か、それとも、何か他の神霊に関連する場合でなくてはいけません。そこで学者たちは、相当無理やりに、それを霊的存在者と関わるものとして解釈したのです。

しかし、彼らキリスト教文明圏の学者たちがこのように解釈したからといって、アフリカ人の宗教を、そのあるがままに、あるいは、そのあるがままに近く、理解したということにはなりません。いや、実態はむしろ正反対でした。すなわち学者たちは、「フェティコ」を、何らかの神霊と結び付けることによって、彼ら西洋人たちにとって理解可能であるような、「宗教」という一般枠の中に組み入れ、「フェティシズム」を、その宗教一般の枠の中で最も低級な位置に定着させてしまったのです。言ってみれば、全宗教のピラミッド型の序列を作り上げ、その最下層の位置へアフリカの宗教を割り当てることに成功したのです。

いや、事態はもっと深刻でした。というのも、彼ら学者集団は、一流の評判を得ていた哲学者や社会学者が先頭に立って、アフリカの宗教に限らず、ヨーロッパが世界中に発見する他のありとあらゆる宗教を、他ならぬ、このフェティシズムというカテゴリーに組み入れ、このように組み入れることでその宗教が分かったことにする傾向を示したからです。彼らにとって原始的に見えた人々の宗教、それがイコール、フェティシズムでした。

その後十九世紀、二十世紀と時代が進むと、さすがにこんな単純な理解では通用しないということになって、他宗教理解のために、その他にも様々な理論が提案されました。しかし、最初に学者たちが唱えたフェティシズム理論は、その後一般の人々にまで流布し、今日でもなお、一般の欧米人の間では、世界中の原始宗教をフェティシズムと呼称する習慣が残っています。

ヨーロッパ人が自分の宗教をモデルとして、世界中のすべての宗教を組み入れたピラミッド型の序列構造を作り上げる。そして、自分たちの宗教を、その最も高い頂点に据える。あるいは、自分たちの宗教を、そもそもその頂点をはるかに超えたピラミッドの枠の外に据える。そして、西アフリカで見た人々の習慣の方は、その最低部分に置いて貶める。それは、ヨーロッパ人自身の目から見れば、至極当然のやり方であるかもしれません。

しかし、アフリカ人自身の目から見て、その理論は果たして妥当なものでしょうか。そもそも宗教というものが、人間が生きる上で、その生きることに深く関わっている「或るもの」のことを指すのだとすれば、その生きること自体に、優劣が付けられるのでしょうか。確かに産業革命以降、ヨーロッパ文明は、他よりも優れた科学や技術を生み出しました。優秀な機械や優れた医療も持っています。それらのものは、誰と言わず、世界中の人々の欲望をかき立ててきました。しかし、だからといってそのことが、人間の生き方の優劣を決定するわけではありません。

●アフリカの宗教に関する西洋の理論に対して、日本的視点を持ち出すことは無効である

けれども、極東の島国の住民たる私たちは、ここまで考えを進めてきて、一つの大きなジレンマに陥っていることに気が付かないわけにはいきません。ヨーロッパ人が「フェティシズム」と呼んだもの、それはアフリカ人自身の目から見ればいったい何なのか。私たちには、それを言う材料がないのです。

「フェティシズム」と呼ばれているものに対して、当のアフリカ人自身は何か言っていないだろうか。必ず彼ら自身の発言があるはずだと、随分探してみました。しかし、彼らは、地球上の大多数の民族や部族と同様、そもそも、記述するための文字自体を持たない人々です。

今日彼らが用いている文字は、宗主国の言語である英語やフランス語がほとんどです。ならば、それらの言語を用いて表記してくれればいいではないかと、こうなりそうなところです。しかし、自分自身の中から醸成したのでもない、いわば後から押し付けられた言語を用いて、日常的な事柄ならばともかく、自分たちの生存の深部に存在するものを表現することなど、できるでしょうか。また、誰かが大変な努力の末にそのことを達成したとしても、それが、英語やフランス語の表記の背後に蓄積してきた思考方法に、無意識のうちに引きずられてしまうことにはならないでしょうか。このように私たち日本人は、満足のいく程度に、アフリカ人自身の主張を手にしていません。満足にそれを手にしていないのに、ヨーロッパ人たちに向かって、「あなたがたの理解は間違っている」とか、「不充分だ」とか言い返すのも、反対側の不条理です。それがジレンマなのです。

しかし、アフリカ人自身の主張が手に入らなくとも、ヨーロッパ人の見方に反論する方法がないわけではありません。それは、私たち自身の宗教の宗教性をよく反省、整理して、そこから一種の一般理論を作り上げ、そして、その理論を用いることによって、「キリスト教文明圏のあなたがたにはそう見えるでしょう。けれども、私たちの

宗教観からすれば、それとは違ってこのように見えますよ」と、反論することとです。一般理論とまではいかなくとも、日本の宗教から見て類推できることの、一つや二つは提示できるのではないでしょうか。

もちろんその場合の私たちの言い分は、ヨーロッパ人の見方と比べて、五十歩百歩かもしれません。両者とも、アフリカ人自身の発言ではないからです。その点では、どちらの方がより優れているとも、より当たっているとも、言いがたいところかもしれません。

とはいえ、日本人の見方を示しておくことは、少なくとも一つの利益につながるものと思われます。その利益とは、人類の中には、なるほど違った見解も存在するのだと、ヨーロッパの人々に知ってもらうことです。同時にヨーロッパの側からすれば、違った観点の存在を知ることで、一層自分たちの見解が豊かになることです。少なくとも、こんな風にもなり得ると期待されるのです。

けれども、そんな風になり得るなどと、夢物語は止めにしなくてはならないかもしれません。なにしろ、私たち日本人は、山ほども違った宗教に取り囲まれて生活しているため、自分たちの宗教状況をよく反省して整理することなど、全然できていないからです。私たちに固有な宗教性とは何か。この単純な最初の出発点が、私たちには与えられていません。これは絶望的なことです。

五　北米大陸の宗教と宗教観察理論

ヨーロッパは、ただ西アフリカにのみ出かけたのではありません。コロンブスのアメリカ大陸「発見」以来、大挙してアメリカ大陸へと出かけて行きました。その出かける動機が特別でした。つまり、アフリカやインドの時のように、現地の富を本国へ持ち帰ったり、本国に都合のよい富を産出したりするための遠征とは違って、ヨーロッパ人自身が、そこへ行って生活するために出かけたのです。彼らにとってアメリカは、新しく生活を始めることを可能にした大陸、すなわち新大陸でした。当然、すでにその地で生活を営んでいた先住民たちとの間に、直接的な争いが避けられないことになりました。先住民たちと、新たにやって来たヨーロッパ人たちとの間には、まさに血で血を洗う抗争が繰り返されたのでした。

その結果生じた事態はどうだったでしょうか。今の私たちの関心に絞って言えば、ヨーロッパ人がアメリカ先住民に対して必要と認めたことは、先祖伝来住み慣れた土地から先住民を追い出して、でき得ることなら彼らの文明を破滅させることでした。彼らの風俗や習慣を、面白がって観察する余裕など、初期のヨーロッパ人たちにはなかったのです。ようやくそのことに目がいき始めたのは、もはや、両者の勝敗が決定してからしばらく経った後だったということができます。つまり北米を始めとするアメリカ先住民の宗教が研究の対象となったのは、随分後の十八世紀になってからのことだったのです。

●「原始一神観」理論

十八世紀という最も早い時期に、北米先住民の宗教に関心を示した人たちの一人に、イギリス人のキリスト教宣教師、ラフィトーがいます。この人物は、北米先住民たちと交流を重ね、彼らの生活を観察するうちに、北米先住民たちが、空を仰いで天空にいる神を崇める習慣を持っていることに気付きました。人々にそれはどういう神なのかと尋ねると、それははるかな天上にあって、人間には見えないし、ましてや、手に触れてみることなどできない存在だと言うのです。

手に摑みとることができるような物体のみにこだわる、先のアフリカ人たちのフェティシズムと比べて、これは大変な相違です。この発見に驚いたラフィトーは、さらに観察を重ね、北米先住民は、抽象的な天の神を信じており、しかも、その存在は複数ではなく、唯一つしかないと語っていると、報告したのでした。

この報告が、ヨーロッパの学者たちを驚かせ、また大いにその研究意欲をかき立てるものであったことは、その後の経過から見て明らかです。十九世紀末から二十世紀初頭にかけて、この「唯一つの抽象的な天空神」の存在が、南北アメリカにとどまらず、シベリア、オーストラリア、そして東南アジアにも分布するということが報告されました。それどころか、フェティシズム一色と思われていたアフリカからも報告されたのです。

さあこうなると、考え方の一大転換です。それまで、世界中には、神々の数はたくさんあるとする民族ばかりで、具体的な品物にしか崇拝の気持ちを持たない野蛮人ばかりだと言われていたのに、急遽解釈が転換して、人類に最も普遍的な宗教形態は、実のところ、抽象的唯一神の崇拝であるとする意見が横行したのです。しかも、学者たちは、この意見に輪をかけ、おそらくはこの唯一つの天空神が人類の最も古くから存在した宗教形態なのだと、想像をたくましくしたのでした。

ラフィトーが北米先住民の崇拝する神を、天空の唯一神だと思い込んだのは、まことにやむを得ぬ所業でした。彼自身、神は唯一つという、ヘブライズムの大原則を徹底的に頭に叩き込まれていた人間でした。加えて、彼の発見は、先住民の間にキリスト教を広めるという彼の使命にとっても、まことに好都合なものでした。

何も知らない先住民に向かって、どうだ、私が言う神は、君たちの崇める神と、実際何も異なるところがないではないか、と言って聞かせるのは、この上なく具合のよい便法だったと言うことができます。

●「原始一神観」理論には、宗教観察理論の不確実性が見られる

これは、言って聞かされた先住民ばかりか、側で見ている私たちにとっても、何とも答えようのない議論です。なにしろ、ヘブライズムの神といい、北米先住民の間に宣教師が見出したとする神といい、どちらも目には見えません。耳にも聞こえません。触ってみることなど考えられもしない、抽象的な存在です。まるで、闇夜にカラスを見分けようとするようなものです。同じと言えば同じ、違うものだと言えば、おそらく違うものです。

キリスト教は、二千年に渡る歴史を踏んできました。北米先住民の歴史がどういうものだったか分かりませんが、その二千年の間、キリスト教の歴史とは、全く別個に違った歩みをしてきたのではないのか。それならば、両者の信奉する神は、やはり違うものだ。こう言いたくなります。しかし、キリスト教の神は、そうした人間的歴史とも無縁の超越した神だと言います。そうだとすれば、歴史の違いは、神の違いを証明できません。

あれやこれやと考えて、頭が混乱してきました。しかし、ご安心ください。頭が混乱したのは、何も私たちばかりではないのです。ヨーロッパ、アメリカの名だたる学者、研究者たちも、皆混乱しました。多くの賛成意見と、それをも超える数の反対意見が出されました。そして、結局のところ、この議論は、いつのまにか立ち消えとなってしまい、終いに、結論は曖昧なままになってしまったようなのです。

●トーテミズム理論

北米先住民の民俗や習慣を研究していて発見されたものの中で、おそらく最もよく世界の人々に知られたものの一つは、トーテミズムではないでしょうか。そうです、よくアミューズメント・パークの入り口などに立っているトーテムポール。鳥のクチバシや翼、動物の顔などに混じって、時には人間の顔が彫刻され、赤、青、黄色の原色で彩色された、あの特徴的な木の柱です。トーテミズムとは、あれにまつわる北米先住民の習俗のことです。もちろん、アミューズメント・パークなどに飾られているモニュメントは、いかにも人目を引くように、それなりに誇張されたものです。先住民たちの間で本当に用いられていたものは、民俗図鑑などを参照する方が正確です。

今、図鑑でそれを見てみると、実際のトーテムポールからは、ある部族が、特定の動植物と自分たちとの間の関係を、特別なものと考えていたことが窺い知れます。たとえば、表現された動物がクマであるとすると、多くの場合、その部族はクマを自分たち部族の祖先であると考えていた、というように、そこに描かれたものと描いた部族との間には深い関係があるとされているのです。

ヨーロッパに最初に紹介されたのが、北米のオジブワ先住民の習俗でした。トーテミズムという呼称自体、この部族の言葉の「オトーテム（彼は私の部族の者である）」に由来するということです。もし、この表現からのみ想像すれば、トーテムと呼ばれた習俗は、部族の中に生まれ落ちてその中で生き、部族の成り立ちがそのまま個人の命でもあった部族共同体の、その深い本質を表現する手段であったのではないかと考えられます。

ヨーロッパ近代は、長い時間をかけて、キリスト教によって醸成された「個人主義」を社会的、政治的な理念として完成させました。その個人主義から見れば、部族の生死がそのままその部族の構成員の生死でもあるような、部族と個人の間の緊密な共同体意識は、最早理解しがたいものであったかもしれません。理解しがたいものであったからこそ、それを発見して驚きを禁じ得なかった。そういう事情が裏にあったのではないでしょうか。

それはともかく、トーテミズムが発見された当初は、それが北米先住民に特有の習俗と考えられていましたが、後になって、アフリカやオーストラリアなど、世界中のあちこちから、同じような習俗の存在が報告されました。またしても、世界に普遍的な宗教現象ということになったのです。

●トーテミズム理論はその後事実上破綻した

このトーテミズムほど、学者の議論の的になったものも珍しいと言えそうです。この現象を整合的に説明しようと、実に様々の理論が提唱され、また破綻しました。その中には、トーテミズムをタブーと結び付ける、イギリスの学者フレイザーの有名な学説もありました。ある部族が、何らかの特定の動物と自分たちとを同一視するのは、実はその動物が、その部族の生き残りを左右するほど重要なものだからだ、という実用的な理由から説明を試みたのです。しかしこれも、その後に報告された実情から、そうとも言えないということが分かりました。

今日では、トーテミズムに関する一般理論は、哲学的、超然的な解釈を除いて成立しなくなったようです。学問の悪いクセです。そのような、後になってつぶれてしまうような一般的理論など、性急に求めなければいいではありませんか。そんなことをしないで、もっと、北米先住民自身の説明に聞き入ったらどうでしょうか。何よりも先ず、実際のことを知れ、です。

しかし、これが、言うに易く行なうに難しの事柄なのです。先住民自身は、それを言葉で語ってはきませんでした。彼らにとって「オトーテム」は、何千年にも渡って、語らずとも自明のこととして受け継がれてきたことでしょう。そして、その表現としては、これもまた先祖代々受け継いできた幾つもの決まった振舞い、つまり儀式があるでしょう。

それなら彼らに、私たちの目の前でその儀式を実際に執り行なってもらったらどうでしょうか。そうしてもらえば、トーテミズムと呼ばれている事柄の本当のところが、幾分かは理解されるのではないでしょうか。

ところが、同じ儀式が私たち観光客の目の前で繰り広げられると、その時点で、それはよそ行きの偽りのものと化します。習俗や宗教とはそういうものなのです。現に、今日のアメリカ合衆国の西洋型社会は、こうした彼ら先住民たちの環境と生自体を、巨大なアミューズメント・パークの中のアトラクションにしてしまいました。

六　私たちは問題を転換して、私たちの側の視点から見直すのが有効である

先に見たアフリカ人のフェティシズムと同様、またまた悲観的なことになってしまいました。ヨーロッパ人が北米先住民に見たという「天空の唯一神」も「トーテミズム」も、実際には何なのか。その観察は、終いに、はっきりしなかったからです。これでは、到底、トーテミズムだのという西洋型の理論に同調することはできません。さりとてまた、そういう観察は間違っていると反論してみることもできません。彼ら先住民の宗教に対する私たち日本人の理解度は、失敗を繰り返しているヨーロッパ人と同程度であるからです。いや、蓄積された知識の量でいえば、それ以下だからです。

悲観と絶望が、胸に迫って止みません。しかし、これでくじけてなるものかと、気持ちを切り替えました。そして、ある一つの思いつきが、脳裏を横切ったのです。

なんだ、そうか。難題が生じてくるのにはわけがあるのだと、思い当たりました。まるで迷路にでも迷い込んだように、進むたびにわけが分からなくなってしまうのは、彼と我の、どちらにとっても分かっていないことを問題にしているからだ、つまり、ヨーロッパ人にとっても私たちにとっても分からないこと、未知のことばかりを、あでもない、こうでもないと、頭の中だけで考えを巡らしているからだ、と思い当たったのです。

他にも、分からなくなる原因はあるかもしれません。あるかもしれませんが、今のところ思い当たる最も大きな原因は、このことだ、と言えそうなのです。

まわりくどい言い方は止しましょう。かいつまんで言うと、要するに、先ず私たちに分かっていること、つまり私たち自身の宗教を問題にすればよい。そして、欧米人もそれについての観察を発表している事柄ならば、なお一層よい。

それならば、たとえ彼らの観察がどうであろうと、また、どういう解釈をしてどういう理論を立てようと、もし違うと思われるなら、はっきりと違うと発言することができるだろう。場合によっては、彼らの提案する理論を修正したり、もっと優れた考えを提示したりすることさえ可能ではないか。と、このように思い至ったのでした。

そこで、本章のタイトルで「ヨーロッパが見た他宗教」と銘打ちながら、その幾つも見ないうちに、少々方針変更と致しましょう。方針を変えて、次章からは、彼らヨーロッパ人やアメリカ人にとってはいろいろな意味で最も遠く、最も後に「発見」したものの一つである、私たち日本の、社会と宗教を見てみることにしたいと考えます。

第6章

日本固有の宗教

私たちは、西洋の宗教学理論の可否を問うことだけでは何の進展も得られない。むしろ、私たちに最も身近な信仰の本質を把握して、そのことから逆に西洋の理論の検証に進むべきである。本書は、私たちの体内に根深いものとして、日本人の「自然崇拝」を分析するものだが、先ずは、古い起源を持つ日本人の山の崇拝について、その歴史を追って見ることにする。山の崇拝は、紛れもなく宗教の形態をとって、この国に存在してきたのである。

一　西洋による日本研究も、西洋による世界進出の一こまであったと考えられる

ヨーロッパ人にとっては、我が国は最も遠い国、最も遅くに到達した地でした。大航海時代以来彼らが進んだ航路は、一つは南の喜望峰を経由してインドに至り、やがてインドシナを手中にして、太平洋に通じました。またもう一つは西に向かい、新大陸に滞在して、やがてさらなる西の太平洋に至りました。どちらの道を進んでも、我が国は、一番最後に至り着く土地でした。

私たち自身がそういう意識を持つわけはありませんが、ヨーロッパから見れば、この地は、エクストリーム・イースト、すなわち東の果て、極東だったのです。

最も遅くに知られた国であることは、地理的条件に加えて、政治的な要因が大きかったと言えます。ようやく彼らヨーロッパ人の手がその極東にまで伸びかかった時、我が国はいち早くその危険を察知して、鎖国しました。事の良し悪しは今問わないことにして、グローバルな視点で見ると、この鎖国は、我が国が東南アジア各国と違って、ヨーロッパ列強の植民地とならなかった大きな歴史的要因の一つだったと言うべきです。隣の朝鮮半島と中国も、全的な意味で、ヨーロッパ諸国の植民地にはなりませんでした。そこで、ヨーロッパ人の視点からは、我が国を含む東アジアの大きな部分が、最後まで未知の領域として残ることになったのです。

●本格的日本研究の開始はいつ頃からであったか

我が国が、世界中の他の地域の研究と同じレベルの実効性をもって西洋の研究対象となったのは、いったい、いつの時代の頃からだったでしょうか。

種子島にポルトガル人が漂着した十六世紀半ばだったでしょうか。確かに、その時期以降日本にやって来たヨーロッパ人たちは、主としてキリスト教宣教師たちの手になる日本人観察記録を残しています。これらの中には、日本人自身が意識しようもなかった民族的な特性を、鋭い観察眼でとらえたものも少なくはありません。しかし、限られた条件の中での活動を余儀なくさせられたからか、それらの記述は、どう見ても単なる印象批評の域を出ないものが多く、中には慧眼と評すべきものがあっても、惜しむらくは、全体的な広がりに欠けています。

長い鎖国を経た明治の文明開化の時期こそ、ようやく自由な日本研究が開始された時期だったと見るべきでしょうか。いやしかし、この時期にもまだ、日本社会および日本人の研究が、あるべき深さと広さで開始されたということはできません。この時代、浦賀へのペリー来航によって先鞭をつけたアメリカ人にしろ、日本への訪問数は決して少ないものではなかったものの、その多くは、この地の人々を知ろうという動機に裏打ちされてやって来た人々ではありませんでした。たまさかこの地の風土に興味を示した人たちも、ほとんどが、物珍しさへの好奇心によって突き動かされていたように見うけられます。そこで勢い、日本研究は、折しもの廃仏棄釈運動のお陰で大量に出回った仏像や珍しい絵画などの収集に明け暮れ、偏向的に、その芸術的な特異性にのみ目を奪われることになりました。丁度、今日の私たちが、未開の地域に出かけていって、その地に見つけた素晴らしい木彫の存在に驚くのに似て、彼らは、極東の小さな島国に存在する特異な芸術に驚嘆したのでした。今日、一箇所で最も多くの日本美術品を抱えているのは、アメリカの美術館ではないかという印象すらあります。

アメリカが、その語の持つ本来的な意味で「日本研究」を開始するのは、何と、ようやく第二次世界大戦勃発の前夜になってからのことです。東の外れのちっぽけな島国で、「黄色い猿ども」が富国強兵などと叫んで、ひたすら勢いづいていることは前から知っていた。ところが、そいつらが、今度は世界の強国たちを相手に一戦構える気でいるらしい。ということになって、アメリカ政府が幾つかの研究グループを組織し、体系的な日本研究を促進した。これが、本来的な日本研究の始まりでした。

●アメリカ合衆国が生んだ日本研究家たち

今日我が国で、日本研究の専門家として知られているアメリカ人たちは、ほとんど例外なく、この促進策によって日本に目を向けることになった人々です。その後、困難な日本語習得の壁を乗り越えて、日本文学研究に傾斜していったサイデンステッカーやドナルド・キーンの名前は、大学の英語副読本などで、多くの日本人にも知られています。

日本社会のあり方や、日本人の心理研究の分野で注目されるのは、これもやはり我が国で有名になったルース・ベネディクトです。彼女の著した名著『菊と刀』は、戦後になって出版されたものですが、日本人の行動規範の土台は「恥」の意識であるとした見事な指摘によって、未だにその価値を失わない稀有な著作の一つとなっています。しかも、このように見事な観察が、一度も日本を訪れたことのない人によって行なわれ得たという事実は、実際に現地を訪れないでは何も分からないと主張する昨今の「フィールドワーク」万能主義者に対して、大きな警鐘ともなり得るものです。また、その著書の末尾では、日本および日本人の性格分析から、やがて日本はドイツとともに、経済大国になる可能性があると予見しました。戦後の焼け野原の中で、日本人自身ですら、そう予想した人は一人もなかったであろうと考えると、優れた学者の慧眼はさすがだと言うべきです。

●歴史的事情から、日本研究は偏向してしまった

ところで、それ以降の日本研究は、彼女が予見したまさにその成り行きのせいで、再び相当偏向したものになってゆきました。その成り行きとは、戦後日本の経済的復興、そして経済大国への歩みということです。早くも、一九六〇年代にアメリカとの間で貿易摩擦を起こした日本が、東西冷戦に対する備えという足かせをかけられていたアメリカ経済にとって、ますます警戒すべき相手となってゆきました。それにつれて、日本および日本人の研究が、

アメリカに限らずヨーロッパ諸国においてもブームとなった観がありました。

しかし、残念なことに、その研究は経済の分野に偏向し、たまさか優れた日本人論が現れても、それは専ら、経済の競争や交渉のための手段としてのみ注目される傾向にあったと見るべきでしょう。つまり彼らにとって日本人は、「エコノミック・アニマル」以外のものではなかったし、それ以外のものである必要もなかったのです。

こういう状況が長く続きましたが、今私たちの関心事である宗教の問題に関しては、どうだったのでしょうか。残念ながら、これといった研究の成果が現れたと見ることはできません。

仏教の研究は盛んです。しかしこれは、欧米人の目からは、特に日本の宗教ではありません。大乗仏教なら、読みにくい日本語の文献よりも、中国や古いインドの文献に頼る方が増しだと考えているのかもしれません。一九五四年の第六回世界仏教徒会議（ラングーン）で仏教の世界布教の方針が打ち出されて以来、特にヨーロッパは小乗仏教の対抗宣教による攻撃に曝されていますから、直接、パーリ語などによる原典の研究に向かう傾向があります。

仏教と同じく日本に輸入された道教や儒教に関しても、事情は似たりよったりと言えそうです。私たちにとっては、すでに血肉と化しているように思われても、その元々の姿を知ろうとすれば、どうしても中国語原典の方に目が向きます。

二　西洋の視点からする日本固有の宗教とは何か

そういうわけで、欧米人にとって、日本宗教研究の特定テーマの一つは、それら外国から日本にやって来た宗教をすべて取り除いた後に残る「日本固有の宗教」とでも呼ぶべきものに、関心が集中することになるのです。私たちはここまで、ヨーロッパ人たちの関心から出発する形で、世界の宗教を見てきました。ですから、私たちの宗教についても、彼らの言う、その「日本固有の宗教」に注目するのがよいと考えられます。そして、彼ら欧米人はそれをどのようなものと見るのか。それに対し、私たち自身はそれをどのようなものと考えているのか。この一点に叙述を絞りたいと思います。

さて、結論から先に述べるならば、西洋人たちは、日本人に固有な宗教形態を、彼らの宗教学が作り上げた理論の一つである「アニミズム」という概念を当てはめて見ており、それに対し、私たち自身は、それは全然彼らの言うアニミズムではないと感じている、ということなのです。私たち自身の中に存在している宗教意識を突き詰めて観察すれば、アニミズム理論を適用することはできません。

●日本固有の宗教に当てはめられる西洋の理論は、第一にアニミズム理論である

しかし、「私たち自身の中に存在している宗教意識」なるものを探る前に、彼らの宗教学が言う「アニミズム」とは、そもいったい何であるのか。そのことを簡単に見ておく必要がありそうです。それが、物事の順序というものです。

アニミズムの元になった言葉は、昔のラテン語でアニマ、すなわち何らかの霊的な存在を表す言葉です。この語は、後になって近代語にも生きています。たとえば英語のアニマル（動物）は、まさにアニマから直接派生した言葉です。

この、動物という意味のアニマルを見るだけでも、アニマやアニミズムの意味するところを、概略、了解することができます。動物は、生きて動いています。生きて動いているからには、普通の理解力からすれば、カルシウムだのたんぱく質だのという、物質から構成されているだけの単なる物体であるとは、考えにくいものがあります。それらの生態を観察すれば、何かその動物の中にあって、動物を生かし、動かしているものがあるはずだ。誰しもが、このように考えるところです。

そこで、動物に限らず、一般的に言って、存在している或るものの中にあって、それを生かし動かしているそのもの、それがアニマの言葉に込められた意味だということができます。そして、その言葉を宗教現象にも当てはめて言われたのがアニミズム理論である。大雑把に言えば、このように理解することができます。

この理論を提出した代表的な学者の一人が、十九世紀末に活躍したエドワード＝バーネット・タイラーです。彼はその主著『原始的文化』（巻末参考文献３）の中で、未開人が、アニマ、すなわち霊魂を考えるようになったのは、肉親など、自分たちの近くにいる人たちの死によってだろうと推測します。昨日まで生きて活発に動き回っていた人が、突然冷たくなって押し黙り、まるで石かなんぞのようなものと化して、そこに横たわっている。この動と静のあまりの対比、温かさと冷たさの極端な相違の衝撃。未開人は、こうした衝撃に対して、昨日までいた者が、突然完全に消えて無くなってしまったのだとは納得しかねた。そこで彼らは、昨日までいた肉親が、ただどこかへ行ってしまっただけなのだと考えた。どこかへ行って、後に、この冷たい体を残したのだと考えた。このようにタイラーは、未開人に霊魂の観念が生じた経緯を推測します。

未開人が霊魂の観念を持つようになった経緯に関して、タイラーは、人間の死の他に、もう一つ別の原因を想定しています。それは、現代の私たちにも見られる、幻を見るという心理的作用です。寝ている時に夢の中に誰かの影を見る、というのは普通に起こる現象ですが、特に寝ている状態でもないのに、他の人の姿を見たという経験を持つ人も少なくないようです。そこで、人間の脳の活動や、その活動が人間の心理に与える影響について、全く反省のなされることがない未開人にあっては、こうした幻は自分の想像力の中からではなく、専ら自分の外のどこかから来るものとしか考えられなかったはずだ。このようにタイラーは想定しているのです。

外からの幻に関するこの議論は、相当に疑問も残りますが、肉親の死に臨んで霊魂の存在を思い描くという考えの方は、今日の私たちの経験に照らしても、あまり違和感のないところではないでしょうか。ともかく、その起こりがどうであろうと、未開人たちが霊魂の観念を所有しているということは、賛同できる点だと思われます。

問題は、次の点です。タイラーによれば、未開人たちは、このように彼らに確信された霊魂を、やがて人間以外のあらゆるものの中にも拡張して見るようになったと言うのです。すなわち、動物は、人間と同じように生きて死ぬのだから、霊魂を持っている。動物ばかりではなく、植物も、生きているのだから霊魂を持っている。いや生きているものばかりに限らず、存在しているものは、すべて何らかの状態の霊魂を持っている。人間の霊魂と同じには考えられないとしても、何かそれに類するもの、言葉を変えれば、精霊とでも呼ぶべきものがある。そのように未開人は考えを進めていったはずだと、タイラーは言うのです。

アニミズムに関する理論は、ここまでのところでは、まだその半分を見たにすぎず、まだ後半も半分見るべきものが残されていると言えますが、今の私たちの考察にとっては、とりあえず、ここまでで止めておきたいと考えます。

このアニミズム理論が、私たち日本人の元々の宗教の本質を説明するものとして提出されています。日本人は山川草木、自然の中にあるもの一切に、魂が宿っていると考えている。すなわちこれはアニミズムの一種であると言うのです。

日本人の学者の中にも、この説を受け入れている人たちが少なくないのが実情です。ただ、ヨーロッパ人が考案したこのアニミズム理論を全面的に採用しているような著作はおそらくないでしょう。誰かが書いているかもしれませんが、少なくとも、この問題に関心を持つ人たちが共有できるような、普遍的テキストとしては存在していません。この事実は、この説を受け入れるには受け入れても、心のどこかに疑義を持っているということを証明する現れなのかもしれません。

しかし、アニミズムを受け入れているわけではない学者であっても、日本人が自然を崇拝する傾向を持っているという点は、一様に賛成のように見うけられるのです。

●アニミズム理論は、日本的自然崇拝に注目した結果適用された

先に述べたように、日本は宗教博物館と称せられるほど、実に多種多様な宗教があります。れっきとした宗教として世界に存在している宗教の中で、私たちの日本列島の中に信者を持たない宗教はないと言っていいくらいです。しかし、学者たちは、このような宗教の多様性は、実は表面的な現象にすぎないのではないかと疑っているのです。その表面の多様性の底には、何か統一されたものがある。一つの宗教団体のような、はっきりとしたものではない

かもしれないが、何か共通の宗教意識とでもいうようなものがある。逆に言って、そういう統一的な意識があるからこそ、その表面で、外から来るものを何でもかでも受容することが可能になっているのだ。このように考えているように見うけられるのです。

そしてさらに、「日本人の宗教意識の本質」だの、「日本人の原宗教」だのというようなタイトルの著作は、ほとんど例外なく、日本人の自然崇拝、ないしは自然ということを念頭において書かれているように見うけられるのです。

そこで私たちは、先のアニミズム理論と対応させる形で、日本人の自然崇拝というテーマについて考える必要に迫られていると言えるでしょう。ヨーロッパの宗教学の見方では、日本人の元々の宗教は、自然物の中に霊的な存在を認めるアニミズムであると言う。日本人自身も、自分たちの宗教意識の本質的なところに、自然の崇拝があると言う。

それならば、両方向からするこの二つの見方を付き合せてみようとする試みは、あながち、無駄な努力にはならないのではないか、と考えられるのです。

●先ず、「自然」という用語の不確実性を心得ておくべきである

「自然を崇拝する」とは、どういうことなのか。その答えは、簡単そうに見えて、考えを巡らせてみると、実は案外とらえどころのないテーマだということが分かります。そもそも、その「崇拝する」対象である「自然」というもの自体、分かりきっているもののように普段は思い込んでいますが、よく考えてみると、いったい何のことだか分からなくなってくるのです。「自然」を漢字で見れば、自ずから然あるもの、つまり、他の存在に依存しないもの、と読むことができます。今、人間との関わりだけでその語を理解しようとすれば、自然とは「人間が手を加えないで、自ずから生じてそこにあるもの」、あるいは、「人間の手に依存しないもの」、のように理解することができます。

ところで、私たちの狭い列島に、人間が手を加えていなかったり、人間の手に依存していなかったりするものが、いったいどれくらいあるでしょうか。ほとんど無いというのが、真実ではないかと思われます。

南の孤島、屋久島には、全くの自生と思われる森があって、樹齢何百年を数える樹木が数多くあるそうです。最近、東北の奥地の白神山地が、世界遺産に指定されました。そこは、人間の手によって姿を変えられていない、数少ない山地の一つだそうです。しかし、もし、私たちが、これら数少ない残存物のみを自然と呼ぶとすれば、それはあまりにも小さな狭い存在になってしまいます。そして、その小さな地域を、世界が「残すべき」遺産と呼んでいるということは、世界中で見ても、手付かずの木地の自然はほとんど残っていないというメッセージであると言えそうです。

一昔前、稲作中心の日本農業の危機が叫ばれた時、識者の中には「日本の自然を守れ」と叫んだ人が少なくありませんでした。しかし、揚げ足を取るような議論にするつもりはありませんが、稲作のための水田は、純粋な意味で自然と呼ぶことはできません。むしろそれは、人間が自分の生存のために作り上げた、どちらかといえば、「人工のもの」と呼ぶべきものです。水田は水を必要とします。そこで、水を与えてくれる周囲の河川や、水が流れてくる上流の山々は、古くから人間の手によって管理されてきました。農耕村落を取り囲む領域も、里山と呼ばれて、様々な形で人間の手が及んできました。また、地方へ出かけて「自然」の山々を眺めると、多くの場合、杉やヒノキの木が整然と並んでいますが、これらは、人間によって、植林され管理されているもの以外ではありません。

最近、人間を取り巻く環境の重要さがエコロジーの立場で強調されています。しかし、もしエコロジーの運動が、人間に管理されている山々や河川や水田のことに視野を限定するなら、それは「自然保護」という言葉と矛盾します。そういう努力は、むしろ人間に都合のよい「人為」を守る努力です。そしてこうした行為は、意地悪な言い方をすれば、広い庭を造って、その手入れを怠らないようにしようとでもいう主張に終ってしまいます。それが不必要だとは言いません。しかし、そのような努力は、もし、自然とは何かという考察を常にともなうのでなければ、いつか自家撞着を起こして自壊してしまうのではないかと危惧されます。自然保護は自然を守ることなのか、それとも、自然に対する管理を徹底させることなのか、第一には、それをはっきりさせる必要があります。

ちなみに、キリスト教へブライズムは、最初から、「人間による自然の管理」を打ち出しています。この思想にとっての「自然」とは、人間の用に供するように、神が造ったものにすぎません。ですから、人間はこれを自分のために、あらゆる意味で減少しないように、またそれが人間存在を脅かさないように、管理しなければならないわけです。したがって、欧米流のエコロジーは、単なる自然保護ではありません。その考え方の背後には、数千年に渡って築き上げてきた、宇宙と人間に関する価値観が秘められています。もし私たちが、この背後に潜む価値観に全く無自覚のまま、ただ表面的にのみ欧米流のエコロジーに倣おうとすると、いつの日か、抜き差しならない苦しみの中に迷い込んでしまうだろうという予感があります。

エコロジーの話は、本書の関心からすれば脇筋の議論のように思われるかもしれませんが、自然というものの捉えにくさを理解するには、有効な議論であると言えます。

三　古い起源を持つ日本人の山の崇拝

私たちにとって、「自然」というもの自体、実は大変とらえどころのないものだということが分かります。ましてや、それを「崇拝する」ということになると、事態が錯綜して、大いに考えが混乱します。そこで私たちは、例によって、実際私たちのもとに存在しているということがはっきりと分かる自然崇拝に、目を向け、そこから考えを整理し直してみることにしようではありませんか。

それは、いつとも知れぬ古い昔から、我が国に存在してきた「山への崇拝」という問題です。山は、自然の中ではごく一部の存在ですから、それで自然のことすべてを見ることにはなりません。しかし、幸いなことに、それは、先のエコロジーなどと違って、崇拝や信仰という極めて明瞭な一つの宗教形態をなしています。ですから、今の私たちの考察に、少なからぬヒントを与えてくれるのではないかと期待されるのです。それに、今、山は自然の中のごく一部だと書きましたが、我が国は国土の八〇パーセント以上が山です。そういう国土に暮らしてきた人々の意識にとって、山は他の何物にも増して、大きな位置を占める存在なのです。

●西洋と日本の山に関する姿勢は、異なった視点から生じている

十九世紀末、ウォルター・ウェストンというイギリス人が日本にやって来ました。本業であるキリスト教布教はもとより、山登りが大好きだったようで、富山、長野、岐阜にまたがる高山地帯を歩き、その経験をまとめて、一八九六年、その地域を紹介する本を書きました。「日本アルプス」という呼び名は、この著書の中で彼が命名したものです。それ以来、日本人はこの名前を、その地帯を指す正式名称として採用したのみか、夏山シーズンを迎える時には、登山の基地の一つになっている上高地で、「ウェストン祭」を執り行なうのを常とするようになりました。ウェストンによる日本アルプス発見の栄誉を称えるためだと言います。

ここで少々反省してみましょう。そもそもこの場合、ウェストンが日本アルプスを発見したという、その「発見」とは、何を指して言うのでしょうか。この山並みが、ウェストンが日本にやって来る以前に、一度も日本人の目には入らなかった、などというようなことは、あり得ようはずがありません。これらの山々は一年を通じて大変鮮明な姿を現しており、冬ともなれば、雪をいただいた姿は周囲の景色と対照をなし、特に鮮烈な印象で誰の目にも映じています。

それゆえ、それでもまだ、ウェストンが日本アルプスを発見したのだと言うとすれば、おそらく、彼以前にその山々に登頂を試みた日本人はいなかった、ということを言いたいのでしょうか。

しかし、それも奇妙なことです。そうではないことを示す証拠は山ほどあります。昔から「立山連峰」と呼び習わされてきたその山々は、人々の崇拝の対象として崇められてきました。その崇拝の起源を明らかにすることは困難ですが、おそらく、その地に人々が暮らし始めた時期と同じくらいまで、起源を遡ることになると思われます。事実、立山の頂上には、小さいながら雄山神社のお社があり、その周囲には、古くからの呼び名と思われる峰や谷、

また沢などの呼称も残されているのです。古くから信仰の地として、少なからぬ人々が登拝したことは明らかです。ウェストンによる「発見」と日本人の登頂との間には、山に関する二つの観念の相違が存在していると言えます。簡略化して言えば、このイギリス人宣教師にとって、登山はスポーツの一種としてあった。一方、歴史上の日本人の登山者にとっては、その山は崇拝の対象であった。すなわち、後者では、一つの宗教的実践が目指されていたのです。

この両者の観念の違いは、たとえ限りなく小さなものだとしても、見方によっては、限りなく大きな隔たりだと言うこともできます。喩えを用いて言えば、たかが五ミリメートルの長さの相違は、普通の人間生活の中では、ほとんど無視して済まされるほど小さな差異でしかないでしょう。しかし、問題が特定されて、靴の大きさということになれば、わずか五ミリメートルでも無視はできません。同じように、人間の持つ観念や宗教の違いは、普段は小さなものでも、時としてそのように重要な差異となることがあります。山に対する姿勢の違いは、日本人の自然崇拝問題全体にとって、大きなカギとなる可能性を秘めています。

●日本人の山の崇拝に最初に注目したのは、伝来の仏教であった

山々の崇拝は、いつからとも特定できないほどの昔から、この列島の人々の間に見られたものではなかったかと推測します。しかし、それが一定の形を得、宗教的な実践として確立されるには、その崇拝自体ではない他のものの力を必要としました。すなわち、外からやって来た世界的大宗教、仏教の力を必要としたのです。

いや、山々の崇拝と仏教の関係は、それと逆方向からも考えなければなりません。「逆方向から」とは、日本人の山々を崇拝する気持ちに、仏教の側がアプローチした。もっと言えば、この島国に元々あった宗教感情を、仏教の側が利用して、布教の下地にしようとした。そういうことだったのではないかと考えられるのです。

仏教本来の教義は、山であれ何であれ、自然に存在している物に関心を示していません。確かに、仏教の創始者であるお釈迦さんは、人間と自然のすべてを支配する、一種の宇宙の理法を探求、洞察し、それに従って生きるよ

うにと教えました。しかし、そこに言われる宇宙は、自然の中に存在している「何か或る物」という性格を持ちません。むしろ仏教の言う自然は、最初から、何か抽象的な自然であって、しかもその理法ということになれば、それは形而上学的な存在以外ではないと言うべきです。したがって、それを探求したり洞察したりする人間の努力は、超越的な瞑想に集約されることになります。

言行録から見る限り、お釈迦さんとそのお弟子さんたちの努力自体、自然物の方には向いていません。彼らは町の郊外に居所を定め、その町の人々との交流を活動の中心にしていました。そもそも彼らは、自らの労働によって生活の糧を得るのではなく、早朝その近くの町に出かけて行って食べ物を乞う、托鉢によって、身を支えていました。そのためにも、朝一食のために歩いて行って帰って来れるほどの距離に居なければならなかったのです。そこで、繰り返せば、当初仏教の目が向けられていたのは、専ら人間社会であり、その社会で暮らす一人一人の人間であったと言えます。こう言ってよければ、仏教は自然崇拝の宗教ではなく、一種の人間中心主義の宗教だったのです。

仏教が自然にある物、特に山と関わるようになったのは、おそらく中国に伝わって後のことだったと考えられます。聖人は山に住まうという、中国伝来の仙人思想が影響を与えたのかもしれません。そのことの考証は、別に行なわれなければなりませんが、すでに山との交渉を体験したその中国仏教が日本に伝えられた時、山との関わり合いというものは、この地において仏教が普及していく上で、決定的な要因となったのでしょう。日本に仏教を広めようとする僧侶たちは、こぞって、聖なる場所を自然の中に求めていきました。人々の中へ入っていったのではありませんでした。

いや、このことは言い換えなければなりません。つまり、仏教の関心はあくまでも、人間とその社会にあります。しかしこの島国に住む人々に対しては、都市の中で直接人々に向かって布教活動を展開するよりも、一見逆方向のようにも思われますが、むしろ人々のもとを離れて山々の方に向かうことが、仏教が人々に受け入れられる近道になり得ると直感したのではないでしょうか。この島の人々にとって神聖な領域は、他ならぬ山々であり、何か神聖なものへの崇拝を宗教と呼んでいいのだとすれば、この地の人々の第一の宗教的関心は、山々だったからです。一般的に言って、仏教は、その発祥の地を離れて世界の各地へ伝播して行った際に、その地の伝統的宗教を排斥しませんでした。むしろ、それを取り入れ、それと一部同化することによって、その地に浸透したと思われます。そして、この点は、キリスト教やイスラム教と鮮烈な対比をなします。

キリスト教の場合で言えば、それが発祥の地を離れてヨーロッパ各地へと伝播して行った際に、そこにあった土着の宗教を破壊し尽くしました。今日、それらキリスト教以前にヨーロッパ各地にあった宗教を発掘する運動が盛んです。しかし、破壊し尽くされた残滓から、在りし日の姿を再構築するのは、ほとんど不可能に近い難事業となっています。

我が国に伝来した仏教の話に戻りましょう。

我が国において、仏教が山々へと分け入って行ったという歴史上の事実は、当時存在した日本人の宗教感情に関する一つの証言としても見ることができます。すなわち、この島々の住人たちは、仏教伝来のはるか昔から、山々をとりわけて神聖なものと感じていた。山へと向かった仏教の当初の動きは、その事実を、逆に現代の私たちに証言してくれていると見ることができるのです。

具体的な例を挙げれば、加賀の白山や、関東の日光などは、このようなコンテクストから開かれた場所でした。日光は、最近世界遺産に指定されました。私たちは、日光といえば、すぐに徳川家康を祀った東照宮のことが思い浮かびます。が、これは十七世紀初頭のことであって、それほど古い昔の話ではありません。しかしそれ以前、早くも奈良時代に、二荒山《ふたらさん》神社が創建されていました。二荒山とは、あの秀麗な姿をした男体山のことに他なりません。しかも、神道の神社であるにもかかわらず、創建したのが、栃木県にいた僧侶の勝道という人だったと伝えられています。右に述べた事情が、よく理解される事例ではないでしょうか。もちろん、仏教固有のお寺も併せて創建されました。これを輪王寺といいます。仏教伝来の初期の頃に我が国に伝えられた天台宗の名刹です。

我が国の歴史上、京都は長い間、政治と言わず経済と言わず、あらゆる人間活動の中心でした。京都は、永きに渡って、世界的に見ても極めて大きな都市の一つであり続けました。それでは、そこにあった仏教が、自然を離れて、すっかり都会的になったかというと、そうではありませんでした。天台宗を日本に伝えた最澄がその宗教活動の中心地として選んだのは、大都市京都の東側に位置する比叡山という山でした。真言宗を開いた空海が選んだのも、高野山という山でした。空海は、最澄以上に、人間社会での活動の必要を感じていた人だったようです。盛んに時の政治勢力と交渉を重ね、京都の市中にも活動の中心を得ました。東寺がそれです。しかし、都市の生活に浸りきるのに抵抗感があったのでしょうか、彼自身は、実際には、京都から遠くはない山寺に住み、死んで後は、高野山に埋葬させたと言われています。

その後、仏教は日本中に広まり、鎌倉時代には、日本的特徴の強い鎌倉仏教各派が成立して、町と言わず村と言わず、至るところに寺院が建立されました。しかし、仏教各派は、それが抱えている無数の寺の中心となる寺院を総本山と称し、山と結び付けています。日本仏教と山との関わりが、いかに強かったかを示すものです。

四　山の崇拝と神道

●神道において山は特別な重要性を持つ

仏教寺院のことばかり述べてきましたが、日本固有の宗教の直系的存在である神道と、その宗教施設である神社の方は、いったいどうなっているのでしょうか。

日本固有の宗教意識にとって、崇拝の対象が、とりわけ自然そのものであったことは明白です。しかもその対象は、山だけに限定されていません。大きな滝や、人を驚かせるような奇岩など、自然にあるもの全般が崇拝されていました。ですから元来、それを拝むための人工的な施設は、必要ではなかったのではないかと思われます。

何らかの自然を崇拝するためであることが明らかなのに、何故に、神社という人工的な施設を持つようになったかというと、それは、中国伝来の仏教による、あの見るも眩い大伽藍に影響されてのことだと考えてよいと思われます。壮大な仏教寺院に圧倒された結果、自然崇拝に人為的な施設を付け加えたということです。

山の崇拝が中心であるのに、それに付加して神社を造ったとしか考えられない好例は、日本最古の神社の一つと言われる奈良県桜井市三輪の大神《おおわみ》神社でしょう。ここでの崇拝の対象が三輪山、あるいは三諸山《みむろ》であることは明らかです。元来ならば、人工的構築物を必要としません。それにもかかわらず施設をこしらえたのです。ただ、造ったのは拝殿のみです。つまり、普通の神社の場合は、奥の方に本殿があって、拝む人は、そこに神様だか何だか知らないが、何か拝むべき対象が鎮座しているらしいと想像することができます。ところが、この大神神社は、拍手を打って頭を上げると、目の前にあの秀麗な山の姿が跳び込んでくるのです。人が拝む拝殿と、三輪山との間には、ただ特別な形の鳥居があるのみです。

日本人は自然にあるものを崇拝してきました。日本人が作った最初の都市、藤原京の都市計画の図面には、神社を造るべき場所が記されていなかったそうです。

●神道と山以外の自然の関わり

そうはいっても、その後都市の人口が増加し、都市での生活が国の中心となってゆくにつれて、多くの神社が自然ならぬ、都市の中に作られることになったのは、当然といえば当然の成り行きでした。しかし、それでも、崇拝の対象は人工的な建物ではなく自然であったという記憶が、あちこちに残ることになります。

京都の下鴨神社のように、拝殿に至るまでの庭に、小さな山の形に盛り土をする神社があります。観光用パンフレットなどを読むと、そこに神様が降りてくるのだと説明されています。しかし、元々の意味はそうではなかったのです。都市の中にあっても、崇拝されているのは山そのものであったことを、この盛り土は示しているのです。都市に建てられたこのような神社は、周囲に大きな木を植えるのも通例です。その中でもとりわけ大きな木を選んで、その回りに注連縄を張り巡らしたりします。パンフレットではまたも、それは、そこに神様が降りてくるとされている依代《よりしろ》だと説明します。しかし、その説明は奇妙です。もしそうなら、神社を作るより以前に、その場所にその大木があったというのでなければなりませんが、実際には明らかに、施設全体の案配を考えて、後から植えられたものです。それゆえ、むしろその大木は、崇拝が、古くは自然の大木そのものに向けられていたことを示す、一つの証左ではないかと思われるのです。

よく言われるように、神道の神社は、その周囲に多くの木を植えるなど、全体的に自然の要素を強く感じさせる宗教施設です。キリスト教の教会やイスラム教の寺院などと比べれば、その違いは歴然です。何故ならこの二つの宗教は、まさに都市の宗教、人間の宗教だからです。建物の周りに木を植えるということは、何ら本質的な事項ではありません。都市の中のアスファルトの大通りに囲まれた、ただの石造り、あるいはコンクリート造りで構わないのです。ところが、繰り返しになりますが、神道の神社の場合は、たとえば大都会東京の、そのまた中心的な繁華街である新宿歌舞伎町の近くにある神社でも、参道や前庭にたくさんの木が植えられています。今ではその周囲に、木の高さの何倍もあるような、背の高いビルディングが立ち並び、これらの木は、その狭間で、太陽のあたる時間も限られて、何となくみすぼらしく見えます。しかし、だからといって、もうこの木はすべて切り倒してしまって、何か気の利いたモニュメントでも代わりに据え付けようということには、なりそうもありません。

●山の宗教の創始者として、古来、役小角《えんのおづぬ》の名前が挙げられてきた

昔の日本人には山々を崇拝する心情が強かった、という話に戻しましょう。

彼らの崇拝は、山々をただ遠くから眺めるばかりにとどまったのではなかったのです。むしろ、折あるごとにそれらの山に登ったと思われます。登ったばかりか、しばらくの間その山中にとどまり、偉大な山がその偉大さを分け与えてくれることを、望んだかもしれません。中には、すっかり山中に引きこもって、主としてそこでの生活を選んだ人たちもあったと思われます。しかし、いかんせん、この人たちは、文字にして記録に残すということがありませんでした。そのため、彼ら山中に入った人たちが、いったい何を望んで何のためにそうしたのかとかその結

果いったい何を得たのかとか、あるいは、山に登ることをしなかった他の人々との関係や違いは何だったのかといった疑問に対して、私たちは直接彼らによる証言を持たないのです。

ただ一人、役小角《えんのおづぬ》という名前の行者がいたことのみが、私たちに知られています。一般には、「役行者《えんのぎょうじゃ》」と呼び習わされています。奈良時代の初期、西暦で六世紀から七世紀にかけて存在した人物で、八世紀末の『続日本紀』に彼に関する記述があるのです。それによると、役小角は、奈良の葛木山に住み、よく呪術を行なって人々に知られており、その呪力の大きさは、鬼神を手下にして従わせるほどであったが、ある時、それら鬼神を使って、隣の山との間に大きな橋を架けたところ、その山の神が怒り、この行者を朝廷に歯向かう者として訴え出て、はるか東の果ての伊豆に流してしまった、というのです。西暦六九九年のことでした。

その訴えの理由がどのようなものであれ、恐れ多くも時の政治的支配者であった朝廷に歯向かったと言われたことは、いくつかの背景を想像させるに充分なものがあります。一つは、彼のよく行なった呪術なるものが何であれ、その人となり、あるいは個性とでも呼ぶべきものが、朝廷に対抗するほどの強烈さで、人々に認知されていたということ。それには政治的な力もあったのでしょう。奈良は、今日でこそ地理的に限られた地域ですが、その当時、大和朝廷の権威は、その限られた地域においてすら完璧に仕上がったものではなく、葛木地方にはまだ、一部反抗的な人々が残っていたのかもしれません。役行者はそうした反抗の表象として、記録されることになったのかもしれません。

また、もう一つは、政府の宗教政策との絡みがあります。というのも、当時仏教は、用明天皇、推古天皇の政策によって、ようやく国教と呼べるような地位を獲得し、全国の臣下や部族が、その政策に従わなければならないという状況が生まれていました。役小角自身は、よく仏教も学んでいたといいます。しかし、彼の宗教のスタイルは、どうしても、伝統的で土着の印象を与えずにはおかなかったのだと推測されます。つまり時の政府にとっては、宗教のあり方を、仏教という新しい国際的なスタイルに変えていきたかったわけであり、その意味でも彼は邪魔な存在だったと推測されるのです。いずれにせよ、彼は遠国に島流しされ、もはや政治的な反抗勢力であり続けることができなくなりました。

しかし、遠国に流されても、彼の影響力は消え去ることがありませんでした。流された伊豆の地でも、様々のエピソードが残されました。彼の影響力は何よりも先ず、人々に語り継がれることによって生き延びたのです。『日本霊異記』や『今昔物語』など多くの書物に説話が見られます。明治、大正の時代になっても、その存在は記憶されていました。当時の劇作家、小山内薫演出による、そのタイトルもずばり『役の行者』という芝居が、築地小劇場で上演されたこともあったそうです。その劇中で役行者は、現世的なものを一切拒否して奥深い山にこもり、弟子が志半ばで下山しても、そして母親が役人に捕えられても、決して信念を変えることのない人物として描かれていたといいます。劇全体の調子は、当時流行りの耽美主義に加えて、明治以降に文芸の一大潮流となった自然主義を基にしていたということです。日本人古来の自然崇拝が、現代になっても、このような形で再表現され得るということを示した例ではないでしょうか。

ところで、山の中にこもって特別な力を身につけるというあり方が、役行者一人に限られたものではなかったことは明らかです。もしも彼一人に限った、極めて特異な事例だったとすれば、それは当時の人々の俗っぽい関心を集めることはあっても、とりたてて歴史に語り継がれるということまでは起こり得ません。彼のような行動は、多くの人によって支持されていたもので、しかも、日本人の宗教感情の深部にあるものを体現していたからこそ、典型的な存在として語り継がれてきたのだと言わなければなりません。

役行者の影響力が生き延びたのは、説話集や演劇の中に限りません。むしろ、日本人の山岳信仰の代表者として、時代を経るごとにその存在価値を増していったのです。ただその存在が持っている意味は、しばらくの間、歴史の表面には出ることができない、潜在的なものだったと言えます。仏教その他の外来宗教が勢力を強めていったからです。

仏教が、ほとんど国の宗教とも呼ぶべき地位を得るにつれて、古来の土着的山岳宗教を実践していた人たちは、その外見上の姿を変えて、表面上は見えなくなっていったと考えられます。真言の高野山や、天台の比叡山など、大きな仏教の山岳施設では、山岳信仰の実践者たちは、施設を下から支える使用人になっていきました。記述の都合上今は触れませんが、この点は、熊野神社などの、神道の大きな山岳施設でも同様だったことを付け加えておく必要があるかもしれません。エリートが主導した日本仏教にあっては、永い間、僧侶の階級制度がそのまま社会的な身分制度と対応していました。このため、彼らが仏教の僧侶として高い身分に昇るということは、原則としてあり得ませんでした。

また、この島国伝来の山岳宗教を胸に抱き続けた人々が理解した仏教の教説は、悟りを中心とした哲学的な教理よりも、修行によって特別な能力を身につけることを目的とする現世利益的なものに偏っていたようです。

●山の崇拝には呪術的要素が付きまとっている

私たち日本人自身の主観的な目から見れば、仏教伝来の時期は、国家としての日本の夜明けという、歴史の開始時期にあたります。そのため、当時日本に伝えられた仏教は、仏教の元々の、一番古い形だったと思い込みがちです。しかし実際は、日本に入ってきたその仏教は、仏教が誕生してからすでに千年ほどの、途方もない長い時間を経た後の仏教でした。仏教自体の歴史から見れば、始めよりも、むしろ終わりの方のあり方をしていた後期仏教だったのです。つまり、日本の歴史の夜明けに伝来した密教は、お釈迦さん自身の教えに近かった原始仏教に、インド古来の民間の風俗や習慣が大量に浸入して姿を変えた後のものでした。したがって、インドの民間信仰に固有の、現世利益的な呪術の要素を大変多く含んでいました。役行者に代表されるような、日本の山の宗教者たちにとっては、哲学的な教理よりも、おそらくその呪術的な要素の方が、もっと近づきやすいものだったのです。

呪術的な要素が強い点では、陰陽思想を中心とした伝来の中国習俗も、仏教にひけをとりません。しかも、こちらの方は哲学的な教理を前面には出しません。そこで、日本の山の宗教者たちには、さらに近づきやすいものだったと思われます。

平安初期の宗教に関する法律『延喜式』でも、宗教者として公認されているのは、仏教の僧侶たち、陰陽道の道士たち、そして、国家が認める正式な神社の神官たちに限っています。それ以外の宗教者は、たとえ実際に存在し、広く人々からその能力の実効性が認められていても、正式には存在しない宗教者でした。

これは少々分かりにくい状況ですが、類比的に明治以降の我が国の医学のあり方を見れば、納得がいきます。もしも、人の病気を診断し、それに対して適切な治療を施して、ある程度の確率で効果を上げる行為を医療と呼ぶならば、それは明治時代以前にも立派に我が国に存在しました。しかし、明治政府は、他の諸々の学問同様、元からあったものは思いきって棄てて、西洋の医学を導入し、これのみを正式な医学と認めることにしたのです。今日我が国で医者として正式に認められる人は、専ら大学でこの西洋医学を修め、国家が行なう試験に合格した人に限られます。

これと似た状況が奈良平安の昔、宗教の領域にも見られたということです。つまり、当時、政府の宗教政策にもかかわらず、長い間に渡って伝統的な山の崇拝を守っていた人々がいたのです。ただそれは、その実態を伝える資料に乏しく、私たちには、しかと知られない人々なのです。

五　中世における山の宗教

●山伏の登場とその意味

ところが十二世紀になると、その人々の姿が見えるようになってきます。山伏と呼ばれる人々の出現がそれです。山伏の語源は、読んで字の如し、山に伏す人のことだという説があります。その真偽はともかく、彼らが、専ら山に入って何らかの修行を行なうことを、宗教的な行為としていたことは間違いありません。ただ単に山の頂に登って降りてきたというのではありません。比較的長期の間、他に誰も人間がいない山中に入り込んで、そこに寝起きし、そこから身の養いを調達した。ただじっとしていたというのでもありません。むしろ崖をよじ登り、谷を飛び越え、高い樹木に駆け登るなど、極めて激しい行を行なった。このようにすることによって、人並み外れた能力を身につけることができると考えたのです。しかし、それは、単なるスポーツではありません。単に身体的な能力を増進させることが目的であれば、人里離れて山に住むというほどの必要はないからです。何よりも先ず彼らが望んだことは、山に伏すことによって、並外れた精神力を養うことでした。そして次には、このような行を実践することによって、自然が与えてくれる力を全身で吸収することでした。こうした彼らの宗教的実践方法を、修験道と呼びます。

水に飛び込み火をくぐり、崖を飛び越すなどする荒行のために、命を落としてしまった行者も少なくありません。しかし、このような修験道を成し遂げた人は、他の人々よりも早く走ることができ、武道においても優れていたのみではなく、加治祈禱によって人々の病や苦しみを癒す能力も持っていると考えられました。中には将来を見透したり、遠隔の地の出来事を見分けたりする能力があるとまで信じられた人もあったのです。

仏教の修行は、どちらかといえば、表面上は静的なものです。多くは一箇所の宗堂にとどまり、沈思黙考します。その究極目標は、現世からの解脱にあります。その目標を達成しようという修行が、身体的、精神的なあわただしさを避けるのは当然です。

しかし、山伏の修行は、可能な限り動的なものでした。正式な宗教者として政府によって認定されていたわけではありませんから、表面上は常に仏教に従属し、その最下層の階級に甘んじていました。ですから、具体的な崇拝の対象も、仏教の神格でした。しかし、数ある仏教の神格の中から彼らが選んだものも、その動的な性格をよく表しています。最も多く崇拝されたのが不動明王です。その姿は、背後に紅蓮の炎が燃える、激しい憤怒の顔つきで表現されています。山伏の激しい感情に対応します。また、この不動明王に劣らず崇拝の対象だった蔵王権現は、地面から右足を上げた、極めて動的な形で作像され、まるで今しも谷を飛び越えるために跳躍しそうな、あるいは全力で走ってでもいるような様子です。どうやら鎮座して動かない像は、彼ら山伏たちの気持ちにぴったりそぐわなかったのではないかと思われます。

山伏の出で立ちに関しては詳しく書きません。ただ、歌舞伎十八番の一つ『勧進帳』を思い出せば事足ります。

その『勧進帳』の中で、弁慶が源の義経を奥羽に逃れさせようとして山伏の姿に身をやつします。その出で立ちが、ほぼ山伏の格好だと思えばいいのです。もっとも、歌舞伎はお芝居ですから、見た目に鮮やかな色彩の装束ですが、山伏が今日でも用いているものは、ずっとシンプルで、ほとんどが白の単色です。

歌舞伎の芝居の中で、義経一行が山伏に扮するのは、関所の役人の目を欺くためですが、山伏は実際の戦闘でも大きな役目を果たしました。身体能力が抜群で、獣も通らないような山中の地理にも詳しかったからです。弁慶、義経より時代が下って戦国時代末期、明智光秀の謀反によって、本能寺にあった信長が無念の最後を遂げた際、徳川家康は、うかつにも、ほんの数人の家来を従えて堺の町にいました。光秀の討手によって危うく命を落とすところだったのですが、紀伊半島の険しい山伝いに名古屋まで導いて家康をその危急から救ったのが、山中の様子を知り尽くしていた山伏たちだったということです。

我が国の時代劇映画に登場する忍者も、山伏との関係なしには考えられないのではないでしょうか。とはいえ、なにしろ、隠れて事を行なうことを専門とした人たちですから、はっきりとその系図をたどることは困難です。しかし、徳川幕府が政治的に安定した後に、山伏の活動を禁止しましたから、このことを逆に見れば、その存在が単に宗教上の実践としてではなく、政治的に危険な存在であったということが分かります。また、幕府は、築城や土木工事のため、士農工商の身分階級に属さない、かなりの人数の人々を必要としましたが、それに従事する人々の集団を、他と区別し、もはや山岳地帯での修験道は行なわず里にのみ居住していたらしいのに、「山伏」の称号で呼びました。

話がやや本筋から外れたかもしれません。本題に戻りましょう。このように、歴史の表面に見え隠れする山伏たちは、我が国の歴史が始まるはるか以前からの、山を崇拝し、ただ崇拝するのみにとどまらず、その山の力を我が物にしようと望んだ人々の、実に長い伝統を背後に持っている存在なのではないかと思われるのです。山への崇拝は、仏教等、外来の宗教の導入によって、表面上は姿を消すことになりました。しかし、彼らは決しておとなしく引き下がったわけではなく、その外来の宗教との間に抗争があったという記憶を、役行者のエピソードの中に残しました。そして、その役行者を一種の英雄的な先駆者として心の中に持ち続けたのです。十二世紀以降、山伏として、仏教ヒエラルキーの最下部にその地位を確保する時代になっても、役行者を自分たちの先駆者とする思想は消えませんでした。役行者は、むしろますます理想化された姿で、山伏たちの修行の中心に存在し続けたのです。

●仏教による山伏の囲い込み

十二世紀以降、山々に対する崇拝が復活してきたことは、仏教の側から見ると、一種の脅威だったと思われます。一部の人々が仏法の教えから離れて、自然の山の中へ戻っていくのならば、今こそ仏教本来の教えの素晴らしさを説いて、その魅力によって引きとめる努力をしてみることも一手だったかもしれません。あるいはむしろ、それを放置して去らしめるというのも、一つの方針たり得たでしょう。しかし、仏教各派は、それとは正反対の方針を打ち出しました。去りゆくものを放置するどころか、この動きに積極的に対応し、自ら山岳の修行場を開拓し始めたのです。

吉野や金峰山は、このようにして真言宗によって開かれた修行場でした。天台宗はこれに対抗して、熊野から大峰にかけての山岳地帯を開きました。どちらも、今日に至るまで、山伏が修行する霊場として名高い地域です。

両宗派の努力は霊場を開くにとどまりませんでした。もっと積極的に、山岳修験道の人々の組織化に乗り出しました。真言宗に結集された山伏を当山派、天台宗のそれを本山派と呼びます。その後、この組織化が、全国に及び、少数の例外を除いて、ほとんどすべての山岳宗教者たちが、このどちらかに所属する結果となったのです。

しかし、どれほど仏教による組織化が進んでも、山伏のあり方には、どこか非仏教的な雰囲気がともないます。山伏自身も、しばしば非仏教徒と目されることを好む傾向があるようです。それには、他にも要因があるでしょうが、何よりも最初に、彼らの崇拝が自然に向けられているということが、根底において、仏教との差異を自覚させる大きな要因なのではないかと考えられます。

六　江戸時代に変貌を遂げた山の崇拝

●山の崇拝が変質した様を富士講に見る

江戸時代に入ると、山への崇拝は、全く新しい宗教運動として展開されることとなりました。単に山伏といった少数の修行者に限らず、大勢の人々が山岳信仰に加わることになりました。都市と言え農村と言え、日本中のあらゆるところで、人々は講を組織し、山々を崇拝し始めました。それらの山々の中で、最も多くの人々の信仰を集めたのが、木曾の御岳さん、そして富士山でした。以下では、江戸時代に登場した代表的な山の信仰として、富士山に対する信仰を少し見てみましょう。

富士山崇拝を大きなものにしたのは、長崎の武士の子として生まれた長谷川角行《かくぎょう》という人物でした。十八歳の時に山の修行に目覚めたと言われています。彼の教えでは、富士山そのものである浅間大日（富士講の中心となる崇拝対象。富士山の神霊、神道の木花咲耶姫命《コノハナサクヤヒメノミコト》、仏教の大日如来が習合したもの。宇宙の中心をなすものとされる）が、宇宙の創始者であるとしました。すなわち、山という自然の存在者が、あらゆるものの中心であるという教えでした。

この点では彼の教えは、彼以前の山伏たちの主張と変わるところはありません。が、その教えの新しいところは、富士山という自然に対する信仰が、直接的に人々一人一人の民衆の生活に関わってくるとした点にあったと思われます。家族の安寧や商売の繁盛が、富士山の信仰から直接的にもたらされる。それゆえまた、世の中全体の平和と繁栄も、そこから導き出されるとしたのです。この教えは、ようやく戦国時代の混乱を脱して、繁栄のための中心を求め始めた一般の人々から広い支持を集めました。そして大都市江戸を中心とした広い地域に、多くの講が結成されることになりました。富士講の信者たちは、普段は農村や都市で自分たちの生業に励みながら、機会があるごとに、集団を組んで富士山に登拝しました。今日でも、夏山登山を楽しむアルピニストたちに混じって、宗教的装束に身を固めた一団が登山道を登っていくのを見かけることがあります。いくつかの派に分かれながら、今日にまでその伝統を受け継いでいる人々なのです。

富士講は、富士山という自然を崇拝する自然崇拝でありながら、それを普通の人々の生存に直接結び付けた点で、一種の人間中心主義の色合いを加味した宗教を作り上げたということができます。この富士講は、江戸時代の中期に、光清派と身禄派に分裂しましたが、この二つの派の考え方の違いは、根本的には、自然に片寄るか、人間に傾斜するかの違いだったと考えられます。光清派は、自然に強い関心を寄せて、伝統的な山岳の実践を強調し、次第に呪術中心の保守的な傾向を強めました。これに対し、江戸の町人、食行身禄《じきぎょうみろく》が唱えた身禄派は、むしろ、人間のあり方や人々の日常の生き方を問題にすることによって、大きな支持を得、やがて光清派を圧倒していきました。

●山の崇拝以外にも、江戸期新興宗教一般には非エリート性が見出せる

江戸時代に登場した山岳信仰の大きな特徴は、それまでの宗教と違って、決して社会的なエリートではない、ごく普通の人たちが中心になって創始されたことでした。富士講の創始者、長谷川角行も、その後継者たちも、また木曾御岳の信仰を創始した覺明《かくめい》、普寛《ふかん》といった人たちも、大変身分の低い人たちでした。そのため、当然の成り行きとして、信仰にあたっては社会的な身分の違いを重要視しませんでした。今日流に言えば、自由と平等という社会思想が底辺にあったと言えます。そこで時の支配者である徳川幕府の目には、何とはなく危険に見える存在であり続けました。そもそも、幕府という封建的支配者には、富士講のような宗教運動が、お上からの働きかけもなく、民衆の間で自然発生的に生じたということ自体、好ましいことではなかったのだと考えられます。

すでに見たように、我が国の創唱宗教は、特に徳川時代後期になって、創始者の出自に変化を見せるようになりました。富士講や木曾御岳教などの山岳信仰に限らず、昔のように社会的エリート層の出身者ではない、ごく普通の人たちが、創唱宗教の創始者として全国各地に登場するようになったのです。如来教（尾張）、黒住教（岡山）、天理教（奈良）、金光教（岡山）、いずれの創始者もそうでした。如来教、天理教などは、読み書きさえままならない、封建社会の最弱者の女性によって創始された宗教です。

第7章

日本人の自然崇拝

本書が言う「自然崇拝」は、仏教、神道、道教等、宗旨宗派を問わず、日本人に共通普遍的に見られる宗教的信条である。日本人は古来常に、体内にある自然というもののイメージに関わり、それを日常の生活の拠り所としてきた。本章は、そのことを証明するために、それが様々な文学や文化事象の土台をなしている様子を見る。また、それが日本人の意志、感情、理性の精神構造を構成し、果ては社会を支える根本姿勢となっている様子を見る。

古来日本人が、自分たちの周囲にある山々に特別な宗教的感情を抱いてきたということは、明らかなことだと言ってよいと思われます。

ただ、山の崇拝は、どれほど歴史が古いものであっても、またどれほど宗教としての特徴がはっきりしているものであっても、それでもって、日本人の宗教意識のすべてを語り尽くせるものではありません。いや、逆に、宗教としての特徴がはっきりしていればいるほど、今日に生きる普通の日本人にとっては、何か自分とはあまり縁のない、かけ離れた存在であるように感じられるのではないでしょうか。

山伏の行なう、修験道というものがあることは知っています。しかし、それが、直接自分に関わる何ものかであるという気持ちは、普通一般の人には薄いでしょう。近世に富士講という宗教が起こり、その系統に連なる宗教団体が、今日においてもなお現実に存在しています。扶桑教、実行教、丸山教などという宗教団体がそれです。富士講の系列にあることを文字通り示す、富士教という名前の宗教団体もあります。しかし、そういう宗教団体があるという知識はあっても、それらは、自分とは直接関係があるというのではなく、ごく一部の人たちが、自分の身近ではないどこかで行なっている特異な宗教なのだろうと、漠然と考えるのみです。とても、日本人の誰しもが、こぞって関わっている宗教とは思えません。

そして、もしそうだとすると、山々への信仰それ自体も、日本人全体の宗教意識の本質を端的に示すものだとは思われない。それが、正直な意見ではないでしょうか。

一　日本人の心の拠り所は、古来、自然にあった

それでは、一部の人々ではなく、私たち日本人全般が自然を崇拝しているという発言は、いったい、どこから得られるものなのでしょうか。

それは、他ならぬ、日本人が日常生活の中で自然に対して持っている意識と感受性、そのものから得られると思われるのです。

私たち日本人は、古来常に、自分たち自身の中にある自然というもののイメージに関わり、それを日常の生活の拠り所のように考えてきました。自然の中に起こる様々な現象を、感じとり表現する特異な感性、それが私たちの最も大きな性格的特徴の一つです。行き交う雲の形や色彩、風の音、雨や雪の微妙な違い。私たちの言葉は、こうした自然現象を描写し、またその描写を通して自然現象を追体験することに、実に大きな努力を払ってきました。さらに、その追体験を幾度も重ねることによって、感受性を強め、今度はその感受性を自然に再投影することによって、自然現象そのものを豊かにしてきました。

鳥の鳴き声や、秋にすだく虫の音を聞き分けることは、地球上どこの民族と言わず、人間に普遍的な能力であるかのように私たちは思い込んでいます。しかし、欧米人との付き合いの中で、彼らが、秋に鳴く様々な虫の音色を全く聞き分けられないことを知って、驚かされることがあります。聞き分ける習慣がないし、そもそも、聞き分けることに何ら意義を見出さないのかもしれません。私たちは、小さな虫かごに松虫を飼ったり、虫の鳴き声の唱歌を口ずさんだりする習慣によって、知らず知らず、私たちのうちに、自然に対する微妙な感受性を養ってきたのかもしれません。そういえば、小学校の花壇で子どもたちに花を育てさせるという情操教育も、我が国特異のものだそうです。

自然の中にあるいろいろなものの音を、言葉で表現する擬音語。おそらくこれも、私たちの言語の中に最初から

あったものというより、こうした自然指向の文明の中で次第に発展してきた後天的な要素なのだと考えられます。

●文学に見る日本人の自然崇拝

自然と言葉の関係を言うならば、私たちの文学の一大特色である短歌や俳句という詩文学の存在に触れないわけにはいきません。

我が国最初の詩文学集とも言うべき『万葉集』は、必ずしも自然をテーマにした詩歌に限定されたものではありません。そこでは、当時の人々の、生きるということにまつわる様々なことが歌い上げられています。が、それらはいずれも、自然のあり方をその基底に感じさせると言うことができます。恋愛の歌は、春に青々と芽吹く、若草の感触と無縁ではありません。死の哀しみは、葉を失って木枯らしに佇む、老木に通じます。もちろん、自然そのものがテーマである詩歌も、数多く存在します。

「秋来ぬと　目にはさやかに　見えねども　風の音にぞ　驚ろかれぬる」。その驚きは、自然がそのように秋を告げたことへの驚きだったでしょうか。それとも、そのような微小の変化から秋を感じとる感受性が、自分の中に存在することに対する発見の驚きだったでしょうか。もし、それもあったとすると、それは自分自身の存在そのものに対する発見の驚きでもあった。そしてその驚きが、秋の訪れという、自然の時間の流れに投影されて、自我と自然との共鳴的な実存感覚を生み出したのだ。現代の西洋哲学の用語を借りれば、そのようにも言えそうです。

仮に、この解釈が当を得ていないとしても、詩歌による自然の描写が、その自然現象そのものの写真的な描写に限定されるという見方は、専門の文学者ならずとも取らないところでしょう。春の若草も、いささ群竹を吹き渡る、かそけき秋の風も、人間の実存感情と無縁に語られたものではありませんでした。

『古今和歌集』以降の勅撰和歌集が、その自然に対する感受性に一層の磨きをかけていったことは、周知のことです。ただ、惜しむらくは、あまりに磨きがかかりすぎ、詩歌が一部エリート層の独占物となっていった観があるのは、宗教研究という立場からは残念なことだったと言わなければなりません。何故なら、この成り行きのせいで、詩歌は、一般庶民の感情を語らなくなったからです。

●自然崇拝の担い手は、元来、庶民であった

宗教は、何よりも先ず、一般庶民によって担われるという事実に注意を喚起しておくことは、意味のないことではないかもしれません。一九世紀ドイツの哲学者、ショーペンハウアーは、哲学と宗教を比べると、宗教の方がずっと優れていると言っています。その理由は、哲学の方は、高等教育まで修めた、ほんの一部の人にしか理解されないが、宗教の方は、読み書き能力に関わりなく、一般大衆にも完全に理解される可能性を持っているからだそうです。今、どちらが優れているかという、優劣の問題はさておいても、これは宗教が、知的エリートよりも、一般大衆によってこそ、担われる存在であるということを教える名言だと思います。

さて、もし私たちの予測が多少なりとも意味を持ち得るとすれば、つまり、我が国の和歌には自然崇拝に連なる庶民の意識が埋め込まれていたのだとするなら、やがてそれが、貴族をはじめとする一部の知的エリート層の独占物のようになっていったことは、まことに残念だったと言わなければなりません。それにともなって和歌は、あまりに形式を重んじ、切実な生存の実感を表現しなくなりました。題材に取り上げられる自然も、よく花鳥風月と評されるように、ひたすら、洗練された美的感性にのみ訴えるものに限定されるようになりました。

そのうち「花」の題材一つを反省してみても、このことは明らかでしょう。和歌で花といえば桜のことであると、誰しもが承知しています。しかし、花という自然のものに対する関心が、元々は自発的なものとして庶民の心情にも存在していたとすれば、それは、生きるということそれ自体と切実な関連があったことを示唆するものです。

確実な考証はできませんが、たとえば花は、農耕を事とする庶民の生活リズムと深い関係があった、と想像してみることもできます。つまり、こうです。寒い冬を越して、ようやく、作物の植付けに取りかかれる春になったとします。しかし、我が列島の気候は実に気まぐれです。二、三日温かい日が続いたなと思っても、突然、とんでもない寒さが再来するということがよく起こります。テレビの天気予報などでも、「春なのに、再び二月上旬の気温

となってしまいました」などというナレーションを耳にすることがあります。現代の都市に生活する私たち多くの人々にとって、それは、さほどの重要性を持たない変化でしょう。しかし、作物を植え付けるタイミングを、全神経を凝らして見計らっていた昔の農民にとって、これは致命的でした。ここのところ二、三日は温暖だったが、さりとて、果たして、春の農作業に取りかかってもいいものなのかどうか。隣近所の村の人たちの行動に合わせる、ということも可能です。しかし、その村の人々が、全員こぞって間違わないという保証はありません。現在のように、この春の長期予報を気象庁に尋ねてみるのに類したことが、あったはずもないのです。

いったい、誰に聞けばよかったでしょうか。その時にあたって、人間のこの切実な問いに一番大きな正確さをもって答えてくれるもの、それが、野や山に咲く自然の花だったのです。そしてもし、春の花見が、こうした生活上の必要と表裏をなしていたとすれば、それは何も、桜の花に限定していたと考える必要はないのです。山の南斜面のある場所で、いつも同じ時に咲きそろう花であれば、何でもよかったと推測されます。事実今日でも、花見といって、山のコブシの花や、ミツバツツジの花を見に行く習慣を残している地域があるそうです。

花見が、ただ桜の花に限定され、やれ、まだ咲かぬかとやきもきし、咲いたら咲いたで、今度は、今晩の雨で散ってしまうのではないかと心を悩ませる平安貴族たちの有様は、なるほど繊細な趣味人の感性です。しかし、その繊細さの陰に、失われた自然観を考えないわけにはいきません。

●日本人は移ろいゆくものに偏愛の情を示す

桜の花のことが話題にのぼったならば、咲いたと思ったら散ってゆく、自然の存在に対する私たちの偏愛、一般的に言って、「移ろいゆくもの」に対する私たちの偏愛を問題にしないで済ますことはできないと思われます。実に私たちは、移ろいゆくものを好みます。何かあるものを、確固として動かないものにしよう、永遠にでも続くものにしようという気持ちは、あまりありません。このことも、欧米人の目には、実に奇妙な性癖と見えるらしいのです。

私たちには確かに、変化するもの、生じてはやがて消えてゆくものを珍重する性癖があります。そして、この性癖に理論的根拠を与えるために、外来の大宗教である仏教の教えを、故意に歪めることさえ厭いませんでした。「諸行無常の鐘のこえ」と、『平家物語』は書き出します。仏教思想の影響が色濃いと言われています。しかし、そこに言う仏教思想は、私たち自身の趣味に合うように、故意に歪められた思想でした。

どういうことでしょうか。

この世界にある物は、すべて変化して止むことがない。花も咲いては散る。河も、絶えず流れてとどまることがない。人も、生まれてきては、やがて死んでしまう運命を免れるものはない。これは、漢字を用いた熟語で「生老病死」と表現されています。この思想は、確かに、お釈迦さん自身が語った思想だと言われています。私たちは、このお釈迦さんの言葉を、有為転変を表現する聖者の含蓄ある言葉として理解し、心に刻んできたわけです。

しかし、お釈迦さんのこの言葉は、なるほど字句通りにはそうであっても、語られたコンテクストが、私たちの理解と全く異なっています。

お釈迦さんがこの言葉を発した時に言いたかったのは、おそらくは次のようなことだと理解されます。世界のありとあらゆるものは何一つとして一つところにとどまっているものがない、ということをよく知りなさい。そして、その変化して止まない存在をよくよく見詰めることによって、その変化がどうして起こっているのかという、変化の実相を見極めなさい、と。ここまでのところは、私たち日本人も、私たち自身の流儀ではありながら、まあまあ、お釈迦さんの教えに聞き従ってきたと、自負してよいかもしれません。

よくないのは、それから後のことです。

それから後のこととは、いったい、お釈迦さんが、何故、何を目的としてこのような教えを説いたのか、という、そこのところです。これを、故意にか、それとも、それこそ自然の成り行きからか、全く無視し続けてきた観があるのです。

話は簡単です。お釈迦さんが、諸行無常の絶え間ない変化を説いたのは、実は、その変化から抜け出す努力を喚起するためでした。変化するものをよくよく見詰め、そうすることによって、変化の実相を洞察したならば、その変化から抜け出すことが可能となります。そして、この抜け出しの脱却が、初歩的な意味では、一種の解脱と呼ばれてよいものでした。それは、仏教が理想とする悟りの境地、あるいはその悟りの境地に向かう道筋を見定める境位を表すものでした。

二　俳句と自然

●俳句は極端に短い文字形態ながら、日本文明全体の背景を有する

もう一度、我が国の詩歌の話に戻りたいと思います。

今度は、短歌という極めて少ない言葉数の詩的表現から発達して、さらに極限まで切り詰めた詩形を完成させた俳句のことです。詩の言葉数こそ少なくなりましたが、実際には、その言葉が含意する内容は、限りなく多くなったと言うべきです。詩の言葉は、歴史を経ることによって、そのうちに様々な連想を含むようになったのです。

このことは、優れた詩人たちが残した多くの俳句に、現実に慣れ親しんでいる私たちにとっては、かえって理解しにくい点です。そこで、英語による俳句の翻訳本を手に取ってみましょう。日本の代表的詩文学の一つである短歌や俳句は、英訳されて、意外にも多くのファンを引きつけているのです。しかしまあ、その翻訳本を開いてみると、全くの驚きです。わずか十七文字からなる、たった一つの俳句が、十行にも、場合によっては、二十行にもなる英語のフレーズに翻訳されているのを見るからです。しかし、落ち着いて考えると、これは、全く当然の成り行きでしかないのです。

今、あの有名な「古池や　蛙飛び込む　水の音」（芭蕉）の句を例にとってみます。英語では、「古池」の語句は、「オールド・ポンド」となります。それ以外のものに、なりようがない。しかし、彼ら英語を話す人々の文化にとって、オールド・ポンドとは、そもいかなるものであり得ると言うのでしょうか。古池という言葉から私たちが

受けとるイメージと同じようなものだとは、とても考えられません。ひょっとしたら、英語のオールド・ポンドは、ただ単に水の濁った、汚らしい水溜りにすぎないのかもしれません。見るからに毒々しい色の水藻が繁茂して、周囲に悪臭を漂わせているものかもしれません。ボーフラが沸いて、不衛生ですらあるのかもしれません。こうなっては、せっかくの俳句も形無しです。

もう了解されるに違いありません。私たちが俳句の中に、「古池や」という語句を見る時、その言葉は、背後に大変多くのことを連想させるものを持っている。その連想は、実際に作者が居た状況と正確に同じだとは言えないかもしれません。が、私たちはその言葉から、ただちに、大変趣のある池を思い浮かべます。池のみに限らず、その周りの庭や、池の辺に咲く菖蒲などの花の姿さえ思い浮かべます。そばには、作者が居る古びた庵があるのかもしれません。赤や青の原色のペンキを塗った新築物件ではいけません。

時は夜長の静寂に包まれています。その時突然、一匹の蛙が水面に飛び込む音がして、一瞬静寂が破られました。しかしそれは、実際には、静寂を破ったのではありません。むしろ、ほんの一瞬静寂を破ることによって、そこにあった静寂の底知れなさを明らかにした。一瞬の音によって、かえって静寂が強まったのです。そして、その静寂は、おそらく、作者が自分の精神の奥深くに持っている静寂でもあったのでしょう。してみると、蛙が立てたほんの一瞬の水の音は、作者がそこにそうして生存しているということの、奥深い秘密に響いた音だったのです。

蛙の水音は、夜のしじまの静寂と、そこに居る人間の奥深い実存感情を、一瞬さえぎることによって、深めました。

このような理解が当たっている、と主張するのではありません。ただ、この俳句を読んで、それに感じ入る読者は、一瞬にして、これに類した果てしない連想に突き動かされているということが、賛同されればいいのです。オールド・ポンドからでは、こうはいかないでしょう。

これを要約すれば、私たちは、俳句の極限的に切り詰められた語句の背後に、私たちの詩文学が体験し、歴史的に累積してきた途方もないほど多量の共通認識を感受するのです。その短い詩句から、私たちの文化の総体をすら、感受するのです。

もっとも、但し書きは必要かもしれません。但し書きとは、たとえば、俳句が少数のグループの中で取り扱われる場合などのことです。その場合は、ある語句が、そのグループにしか分からない事柄を示したり、つい今しがた、グループの数人によって目撃されたばかりの、人間の行動や自然現象の特定の有様を示す、一種の記号のようなものになることともあります。芭蕉とその仲間たちの発句には、時々それが見られるようです。この場合、語句が指し示す物や事柄がいったい何であるのかは、そのグループの外の人には知られないし、ましてや、それから数百年を経た後の私たちには、知られようはずもありません。ですから、今の私たちの俳句理解は、そうした特異性、あるいはそれに類した他の幾つかの特異性には注意を払わない、一般的な俳句観ということになります。

●俳句は季語による自然把握を基本とする

もし一般的な俳句理解で、一片の俳句は私たちの築いた文化の総体を垣間見させるものであり得る、と言うことが許されるとすれば、俳句には、今の私たちの考察にとって見逃すことのできない重要なポイントがもう一つあります。それは、わずか十七文字という、極限まで切り詰められた条件の中に、必ず一つ、季節を表現する言葉を含まなければならないとしたことです。そして、季節を表現する言葉とは、その最も妥当なものとして、他ならぬ、「自然」の何かを表現する言葉でした。俳句は、自然を感じとり、そしてその自然との関わりによって、生きていることの意味を確認する、私たちの奥深い宗教的な意識を継承した詩文学だったのです。

奥の細道にまで分け入って旅を事としながら、百代の旅人と自然を表現した芭蕉の姿は、自然の中に寝起きし、自然から生きている証を得たい修行者のイメージと重なるものがあります。

彼のこうしたあり方は、すでに十二世紀に、仏教の僧にして歌人であった西行の生き方に通じるものがあると言われます。自然の中に放浪の旅を続け、そこから幽玄の境地を得たとされている人です。出家して仏教の僧侶となったからには、彼の体得したものは、仏教的なものであったとするべきところかもしれません。しかし、自然を目で見て、それを描写するにとどまらず、自然との関わりの中で生を確認している彼のあり方は、むしろ日本人古来の自然崇拝に端を発していると見るべきものです。

西行のこういう生き方と、重ね合わされて理解されるからでしょうか。芭蕉も、とりたてて仏道修行に専心したとも思われないのに、何となく、禅宗の雲水（所定めず遍歴修行する禅僧）のような宗教的修行者の雰囲気があります。しかし、やはり、そのあり方も、沈思黙考して解脱の境地を求める仏教よりも、自然の中に迷い出て、その自然との関わりの中で自らの生を確認しようとする、古い原日本的宗教感情の発露だったと言うべきです。

今日でも私たちは、芭蕉の末裔を多く見ることができます。矢立を片手に俳句作りにいそしむ人たちのことばかり言っているのではありません。都会の中心から郊外へ向かう電車に乗って、数人のグループで、野や山に散策に出かけて行く人々のことを言っているのです。この人たちは、いったいどういうわけで、こぞって、野や山へ出かけていこうとしているのでしょうか。歩き回ることが健康によいと考えてのことでしょうか。それとも、春には山菜、秋にはキノコが、お目当てなのでしょうか。そういうことも確かにあるでしょう。しかし、何となく、自然との関わりの古い民族感情が、彼らを無意識のうちに、野や山へと誘っているような気がしてなりません。多くの場合、会社勤めの定年を過ぎた人たちであるらしい。つまり、死というものを比較的身近に感じるようになった人たちのようです。あるいはそんなことが、民族の古い宗教感情などということを彷彿とさせるのかもしれません。

三　日本文化一般における自然

日本人の自然崇拝は、必ずしも、お社を造営したり、そこで周期的に捧げものをしたりという、いかにも宗教というスタイルにはなっていないかもしれません。むしろ、人々は、常に自然のイメージを心に抱き、そのイメージと関連させる形で、生きていくスタイルを作り上げてきました。ですから、日本人の自然崇拝は、日本人の精神の根底にあって、生活と文化の総体を形成してきた根本思想だということができます。

日本人の文化の基底に自然があるということを、詩文学の領域の中で多少見ることができました。これ以上くどくどと説明するのは、あまり益のないことです。そこで以下では、幾つかの文化事象を簡単に取り上げて、補足するにとどめたいと考えます。

●日本絵画は、自然を抜きにしては存在しない

よく言われることですが、日本絵画という文化事象も、自然との関わりを強く感じさせるものです。典型的には、中世以来発展を見た墨絵を挙げることができます。そこに描かれるのは、専ら自然の情景です。山があり海があり、木々の姿が、墨の濃淡のみによって見事に表現されています。

決して、人間を描くことが狙いではありません。人間の姿は、たまさか絵の中に取り入れられることがあっても、それは、たとえば、険しい岩山をたどる一本の細い道に置かれた、一粒の点のごときものとして表されるにすぎません。人間が絵画の対象でないことは、歴然です。

人間が絵画のテーマではないということは、西洋絵画と比較してみれば、その意味が際立ってきます。すなわち、西洋の絵画では、描かれるべきものは専ら人間です。もっと言うと、人間以外のものは、絵画にとって正当なテーマではないのです。西洋の画学生たちは、学校で何を訓練するでしょうか。それは、人間の肉体を描くことです。彼らは、来る日も来る日も、朝から晩まで、人間のモデルを目の前にして、デッサンの訓練をするのです。

「何故、馬やチーターなどをモデルにしないのですか。そっちの方が、形態にしても筋肉の動き方にしても、もっと表情が豊かではありませんか」と、わざとフランス人画学生に質問して、きょとんとされた経験があります。

いったい何故西洋絵画は、これほどまでに人間に固執するのでしょうか。何でもかでも宗教に結び付けると、お叱りを受けそうですが、これもまた宗教的な理由からなのです。キリスト教と、その発生母体であるユダヤ教は、人間を造ったのは他ならぬ神で、その際神は、自分の「似姿に」人間を造ったと言います。そこで人間の体は、あ

る意味で神だということになります。事実『聖書』は、人間の肉体を「神の宮」と呼んでいます。私たちには少々理解しづらいことですが、神様のお宮は、木や石でこしらえ上げた建造物ではなく、生きた人間の肉体こそそれなのだ、というのです。

西洋絵画の人間偏重主義は、ここからやってきました。ですから、西洋絵画の作者たちは人間の描写にこそ優れ、描かれた人物はただ単に外面の様子のみならず、その人物の性格や、それまで生きてきた半生の軌跡までをもキャンバスに描き込む能力を発達させました。が、その人物像の背景として、たまさか描く自然は、何ともいただけません。あの大天才の呼び名をほしいままにしたレオナルド・ダ・ビンチも、その描く自然は大変稚拙です。

もっとも、西洋絵画の歴史も時代を経て、自然をテーマとする機会が増えました。しかし、絵画のテーマに序列を付けるとすると、今もって、自然のテーマは最下位の序列だと、あちらの美術史の専門家から聞いたことがあります。

●日本庭園、盆栽、植物、生花等は、日本的自然崇拝の一現象と見ることができる

日本庭園も、私たちの自然偏重の趣味を示します。私たちにとって庭は、野菜や果物を栽培する実用のものではありません。西洋人がよくやるような、テーブルを広げた戸外の食事やバーベキューなども、そこからは締め出されています。軽いスポーツをするにも全然適していません。丁度、本来の日本絵画がそうであるように、それは、本当の自然を写しとったミクロコスモスなのです。小さな山状の盛り土と池、そこに流れ込む小川、森に見たてた幾本かの木々。それらは、たとえ縮小された自然ではあっても、私たちは、その中で、まるで魔法でも使うように自然そのものの中に浸り込み、できれば宇宙との一体感を得ようとします。その時、小さな盛り土は大きな山となり、池は巨大な湖か果てしない海となり、草花と木々の変化は自然の雄大な転変を語り出します。

もっとも、いくらミニチュアとはいえ、ここまでの庭を造営できるのは、貴族、寺院、大金持ちなど、ごく一部の限られた人たちです。それほどの余力を持たない一般庶民は、いったいどうやって「自然」を確保してきたので

しょうか。

自然のものを、庭よりももっとさらにミクロ化する手段も考案されました。盆栽がそれです。松の木をあそこまで捻じ曲げ、ひねくり回して、小人のようなものを作り上げて、それをまるで大きな松の木に見えるようにする必要が、どこにあるのでしょうか。私たちの自然偏愛を理解しない欧米人には、これは常軌を逸した行為にしか見えません。

江戸の造営によって我が国に本格的な大都市文明が始まった時、一般庶民の身分にあったその住民は、ほとんどが地方出身の人たちでした。居住空間の小ささは、現在の東京にもひけをとりませんでした。庭はおろか、盆栽などを置く余地さえありません。しかし、田舎暮らしの自然を忘れられない人々は、競って花の種や株を江戸市中に持ち込み、川の土手と言わず、路地の隅と言わず、小さな土の余地さえあれば、至るところにそれらを植えました。その習性は、今日の東京市民にも受け継がれ、人々は、大通りの、電信柱などが立っている根元の、あるかなしかの小さな地面に、たくさんの草花を植え込みます。それが公共のスペースであるなどということは、全然おかまいなしです。こういうわけで、今日の東京は、世界の大都市の中で、平方キロメートル当たりの植物の種類が最も多い都市なのだそうです。

日本人の自然好きを示す文化事象の中でも、相当高度に洗練されたものといえば、生け花でしょう。高度に洗練されたものとは言いましたが、玄関先や床の間に生け花をする習慣は、特に修練を積んだ人でなくとも、見よう見真似で日常的に行なっていることです。しかし、これらは、玄関先や居室を飾る単なるデコレーションではありません。それは、唯一つのオブジェによって、できれば宇宙全体を感じさせるものでなければならないのです。たとえ小さな水盤に生けられたたった一本の樹の枝も、見る者に宇宙を見せなければなりません。私たちはこうして、元来は自然と区別されてあるはずの、家の中という人間の居住空間まで、自然に変えてしまったのです。

自然偏愛を示す事象は、庭や盆栽や生け花など、自然的要素を具体的に用いたものだけとは限らないと思われます。生け花との連想が強い茶の湯、建築の様式、果ては踊りや演劇などの文化事象にまで、考えを及ぼすべきかもしれません。また、医療その他の生活技術にも、自然指向を指摘できると思います。しかし、私たちは、それらのすべてをつぶさに見るのではなく、ただ、自然指向が私たちの生活と文化全般の基底にあるということを、反省しておくにとどめたいと思います。

四　日本人の精神構造を構成する「自然」

しかし、力の及ぶ範囲で補足しておくべきことは、私たちの生活や社会のあり方を根底で支えている思想自体にも強い自然指向が働いている、というそのことです。それは、もはや、山だの木だのといった、いわゆる「自然」ではありません。むしろ私たちの精神の中にある自然的な傾向のことなのです。

●医療において「自然」が重要視されている

病気に対して使用する医薬品に関して、私たちは、西洋科学が生み出した人工的なものを嫌う傾向があります。人工的なものは、確かに効き目があると分かっても、なんだか危険なものであるという気持ちが付きまといます。同じビタミンCであったら、できることなら、医薬品としての錠剤からではなく、ミカンなど柑橘類から摂りたいという気持ちが働きます。

これに反して西洋では、ほとんど医学的な知識を持たないと思われる若い女性でも、いたって気軽に、様々の医薬品を用います。人工的な製品で自分の体の調子をコントロールすることに、ほとんど抵抗感がないように見うけられます。

日本人はこれと正反対に、人工の医薬品を警戒します。漢方薬は自然に存在する草木から得られたものを混ぜ合わせたものですから、たとえ効き目の点で、今一歩西洋医学の医薬品には及ばないとしても、こちらの方が安全だという気がします。製薬会社の宣伝も、自社の製品がいかに「生薬」に近いものであるかを宣伝しています。漢方の方が安全という、国民的思い込みに訴えているのです。漢方でも、即座に人を殺すほどの毒草さえあるのですから、この思い込みは、奇妙といえば奇妙です。

●流動性を特徴とする社会思想は、自然性の思想である

日本人の思想の中で、最も顕著に自然指向を示すものを一つだけ挙げるとしたら、それは、すべてを流れのままにまかせるという思想であると考えられます。

この思想の元は、先にも触れましたが、おそらく、あらゆる物は移り変わるという信念でしょう。仏教がもたらした諸行無常も、私たちは、この、すべては移り変わるという民族的信念の中に同化させてしまいました。

まことに日本人は、変化してゆくものに身を委ねることを好みます。時間は絶えず変化してゆく或るものであるならば、その時間に身を委ね、時の流れるままにこの身をまかせよう、と歌います。それに抵抗しようと呼びかける勇ましい歌は、流行りそうにありません。多少投げやりだなという自覚はあるのです。しかし、時間は悠久の自然の属性だ。そうであるなら、小さな存在にすぎない一人の人間が、それに歯向かって立ってみたところで、いったいどうなるというのか。とでも言うかのように、私たちは時の流れに身をまかせたり、時が自分の傍らを追い越してゆくのを眺めたりして、そうした感情を文学の域にまで昇華させてきたのです。また一方では、もう少し雄大な視点に立って、人生そのものを川の流れになぞらえる姿勢を示してきたのです。

●自然重視の時間概念は、外的流動性としての時間概念である

絶え間ない自然の流れとして時間をとらえるこうした姿勢も、西洋キリスト教文明圏の時間観念と真っ向から対立します。

キリスト教文明圏の時間は、人間の外にあるものではなく、あくまで人間の意識の中にあります。存在しているものはあくまでも人間的な意識であって、自然ではありません。逆に言うと、もしも人間の意識が存在しないと仮

定すれば、その際に、時間というものは、存在しているとも、存在していないとも、言うことができなくなります。「存在している」とか「存在していない」とか、発言する主体がないのだからです。

いや、それは、ただ時間だけに限ったことではありません。いわゆる自然と呼ばれるような存在も、あるいは宇宙と呼ばれるような存在も、その際には「存在している」とも「存在していない」とも言うことができなくなります。しつこいようですが、繰り返せば、「存在している」とか「存在していない」とか、発言する主体がないのだからです。

初期キリスト教会の最大の神学者、聖アウグスティヌスによって発案されたこの『時間論』は、その後、様々に姿や表現を変えながら、カントやヘーゲルといった近世哲学にも、またハイデッガーやサルトルといった二十世紀の実存主義哲学にも受け継がれました。

もっとも、アウグスティヌスの『時間論』は、時間を超越している絶対的存在としての神と、その神への信仰という問題と、表裏をなしているものです。そこで、その神や信仰の問題を見ないでは、時間論の半分も理解したことにはならないでしょう。しかし、本書では、外的な存在としての私たちの時間論と、内的な存在としてのアウグスティヌスの時間論を、対比的に見ておくにとどめたいと思います。

話が、やや西洋哲学の問題に傾斜しすぎましたので、今の話題に戻ると、私たち日本人にとって、時間が人間存在の内的なものであるという考えは、それこそ自然には思い浮かばない思想です。時間とは、あくまでも、自分という人間存在の外に悠然と流れていく、「何か或るもの」なのであって、私たち人間にとっては、ただそれに身をまかせたり、傍らを通り過ぎてゆくのを感じたりするだけの外的な存在にすぎません。

こうした時間の観念は、反面において、変わってゆくものの中に立って、その変化に逆らうという決然たる意志の成長を妨げたのです。

変化してゆくものは、自分の外にあるのであって、自分の意志がどうあがこうと、その変化自体に介入することはできません。これが、私たち日本人の時間観念であり、自然観であり、ひいては世界観です。そして、そういう思想を持つ限り、外にどんな事態が生じても、そのことに対して、私たちが責任を負うということにはなりません。私たちの意志の外で生じ、私たちの意志が介入できない事柄に対し、どうして私たちが責任を負うということになるでしょうか。それは、一種の論理矛盾です。

●日本的意思決定と、変化の相対性重視の姿勢には、強い自然性が見られる

もう一度、西洋思想との対比で、今述べたところの意思決定とそれにともなう責任というポイントを見てみたいと思います。

西洋キリスト教文明は、周知のように、人間存在は、自分を取り巻く状況がどうであろうと、次の一歩を決定する原理は人間の自由意志であって、それ以外にはあり得ないという思想を確立してきました。卑近な喩え話をするなら、たとえいくらお腹がすいていて、家ではやはりお腹をすかせた子どもと妻が待っているとしても、目の前に落ちている五千円札を拾ってネコババするか、それともそうしないかは、まったくもってその人の自由意志にまかされている問題だ、ということです。逆に言えば、そのお金を拾って自分の懐に入れてしまったら、その責任はただひたすら自分自身に降りかかるのであって、リストラした会社が悪いだの、このような不況を招いた政府の経済政策が悪いだのと、自分以外の外の状況のせいにすることは、許されないということです。

もっと一般的に言えば、今日の世界の先進国の法律体系は、人間のこの意志決定は自由に行なわれるもの、とする原理に基本的にはのっとっています。ですから、殺人という重大な犯罪が犯された場合にも、刑法上問題になるのは、果たしてその人間は殺そうという意志を持っていたのかどうか、持っていたとすれば、それはどのような理由からであったのか、という、いわゆる動機論が基本となります。

もし、殺そうという意志を持たずに殺してしまったということであれば、殺してしまった人の数が、たまたま五人、六人の多数にのぼっても、場合によっては大した罪になりません。唯一人の人を殺した事件よりも、罪が軽いということも生じます。逆に、長い間病気に臥せっていた肉親を思い余って殺してしまった、というような気の毒

な場合でも、もしその犯罪が、用意周到に準備されて、殺そうという意志をはっきりと見せるものであったとすれば、もっと罪が重い。つまり裁きは、殺された人の数が五人であったとか、一人だけであったとかの、目に見える結果から行なわれるのではありません。どれほど困難な外的な状況に陥っても、それに抵抗して殺さないという自分の意志を貫くかどうか、ただその一点が試されているのです。

犯罪の例はやや極端ですが、状況に流されない意志決定を重んずる西洋の社会原理は、私たちにはあまりなじめないものがあります。状況に逆らって自分の意志を押し通すことは、多くの場合、後に、もっと大きな不都合を生じる危険をともなうものであると、私たちは考えています。「しかたがない」は、つい先頃まで、私たちの生活信条の上位に位置する言葉でした。

「しかたがない」と一人つぶやくのみか、私たちは、物事の善し悪しを判断することさえ、控える傾向があります。今この瞬間によいことも、明日にはがらりと状況が変わって悪いものになるという経験を、私たちは繰り返し味わってきたと考えるからです。したがって、明確な判断を下さないで、状況の変化という流れに身を委ねる姿勢は、根本的に相対主義なのです。

グローバルな交流がますます避けられなくなる二十一世紀は、こうした私たちの相対主義が試される時でもあります。自由意志による決定を重んずる西洋社会からは、私たちの相対主義が、極めて無責任なものに見えるからです。

「あの日本人は、昨日はイエスと言ったのに、今日正式交渉に臨んだら、その件はまだ会社内で考慮中であると言う。自分が発した言葉に対する何という無責任さであることか」。「そもそも、不都合な事態に陥っても、彼ら日本人の組織の中では、いったい誰の責任でそのような事態に立ち至ったのか、誰一人責任者を明らかにすることができないのだ」。こういう類の苦情を、すでにどれほど繰り返し私たちは聞かなければならなかったことでしょうか。

しかも、この性癖が、今私たちが見るように、もしも民族としての深い根から発しているものであったとすると、迎える二十一世紀が私たちにとってどのようなものになるのか、相当に頭の痛くなる話題です。

●理性と感情にも、自然性が見られる

日本人の自然性は、物事に対する意志決定だけでなく、様々な生活信条にも見てとることができそうです。生活信条の自然性とは、何ごとによらず、自然に発したと思われる心情に根差している考え方のことです。

たとえば、親が子どもを慈しむ感情は、自然のものであると考えます。そこで、この慈しみの感情から出てくる考え方や生活姿勢は、多少の不都合があっても、許容されるべきものと私たちは考えるのです。一般的に言っても、自然の感情から発すると思われる言い分の方が、道徳的な判断や理性的な結論にまさる評価を得る傾向があります。たとえば、理性の力を駆使し、極めて論理的に述べられた発言よりも、酒に酔った勢いで、普通には言われないような荒削りの言葉で吐露される意見を、本当のものと受けとるような場合が想像されるでしょう。その状態では、理性的で人為的な表面が剥がれ、その人の自然な心情が現れているからです。

再び西洋社会との比較を持ち込みます。西洋社会では、決して人前で理性を失ってはいけません。そこで、もし、浴びるほどアルコールを飲まなければならなくなっても、自分の家に帰り着き、ベッドの上に倒れ込むまでは、まるで一滴も飲んでいないかのように振舞うことができなければなりません。かつて、アメリカのブッシュ大統領が、重要な閣僚の一人を交代させると発表した際、マスコミ各社は、こぞって、新たに選出されることになった人物を攻撃したことがあります。隠れた事情はともかく、その攻撃の理由は、当の人物の人格に関するもので、「彼は、公衆の面前で酔っ払って、理性を失ったことが何度もあった」というものでした。私たちの社会では、酒を飲めば理性の力が弱まるのは自然であって、もし酒を飲んで酔ってはならないというのであれば、いったい酒に何の用があるのか、といぶかしがられそうな事例です。

●日本的自然性は、西洋思想と軋轢を生じやすい

我が国においても、相当に西洋思想が理解されるようになりました。明治維新以来優に一世紀以上を経過したのですから、これは当たり前といえば当たり前です。しかし、そのせいで、最近の私たちには、何ごとも「成り行きにまかせる」伝統的な姿勢について、恥じる気持ちも生じてきたようです。

若い人たちの間で、見合い結婚が少々恥ずかしいものとして取り扱われ出しました。見合い結婚は、多くの場合、親族や勤務先の人々といった、周囲の人々の目と判断に委ねるものでしょう。この、自分自身の意志の外で決定されるものに身を委ねるということが、近年、必ずしも潔いものと評価されていないのです。事が人生で最大の出来事の一つであるだけに、その気持ちは一層募るようです。

しかし一方では、男女両性がお互いの意志を確認し合い、自分たち以外の外の要素を一切排除して、結婚の決心をするというスタイルの恋愛は、まだ戦後に輸入されて、最近ようやく市民権を得たばかりの、いわば孵化したばかりの幼い思想であって、我が国の若者たちの手に余ります。結婚のために、二人が共同して意志を決定していく際のプロセスや、恋愛にまつわる様々なルールなどは、何一つ身についていません。

第一、発端となる際の「愛している」という決まり文句一つさえ、いったいそのことが何の実態を持つことなのか判然としません。ついこの間まで私たちは、一切の外的な条件を無視して一挙に燃え上がるほどの男女の恋愛感情は、最も大きな煩悩の一つとして、むしろ滅却をこそ奨励してきたのです。

結婚の問題に限らず、自分の意志のみによって人生の大事を決定していくということを、私たちはまだまだ不得手としています。若い人たちが、自分は大学で何を専攻したいのかを決定できないままに、何となく入学してくるのも、また、何故その職業を選ぶのか自分でも分からないままに就職先を決めていくということも、大変普通に起こっている現象です。

五　「自然」は日本の社会原理となっている

「自然」の概念を、山だの川だのといった、いわゆる自然の存在にのみ限って使う必要はないのです。むしろ私たちはその概念を、私たちの考え方や、身の回りに起こる事柄に対する、感受性の特性を言い表す言葉として用いていいのです。

つまり、ものの考え方の自然性、感受性の自然性ということです。

そしてそうした自然性の寵愛が、グローバル化が進行して、西洋キリスト教文明の原理が世界に浸透してきた状況の中で、私たちを相当に不利益な立場に立たせるものであるということも、また事実だと言わなければなりません。

しかし、西洋キリスト教文明圏の原理から見て、どれほど恥ずべき事柄であっても、それが私たちの内部に深く根差した伝統のものであるとすれば、それについて、よく考えを巡らせておくことが必要です。世界の中に入り交じって生きてゆくには、自分が恥ずかしいものを持っているという事実よりも、そうであるということを知らない無反省の方がもっと危険なものだからです。

ところで、このように「自然」の概念を、いわゆる自然の物にのみ用いるのではなく、人間の内面的なあり方にも用いることが許されるとすると、「自然」というものは、すぐさま社会原理の一つとなることができます。考えてみれば、人間、すなわち或る個人が寄り掛かるものは、そのまま、その個人が所属している社会の原理でもあるからです。

●「集団主義」は自然性の一様態である

戦中戦後において、アメリカの日本研究者たちが、日本社会を観察していて下した大きな結論の一つは、「日本人は、何ごとによらず、集団で物事を決し、集団で物事を遂行する強い傾向を有する」ということでした。いわゆる「集団主義」とでも呼ぶべき日本人の傾向のことです。

確かに私たちは、何か或る集団の一員であるということをもって、社会的な身分証明としてきました。欧米の極めて個人的な身分証明書と違って、ある学校の生徒であるということ、ある企業の社員であるということ、これが私たちの身分証明書に記載されている主要事項です。

また、ある会社が何らかの新企画に乗り出す際には、そのことの決定が社長一人の考えで行なわれるということは、危急の場合を除いて極めて稀なことで、むしろ、一番位の低い社員たちの隅々までがその決定にあずかっている。会社の事業内容には関わりのない門衛に至るまで、全員がそのことを少なくとも知っている。これは極めて驚くべきことだと、アメリカ人研究者たちは考え、この意思決定のし方を「コンセンサスを重んじる意思決定」と名付けました。

前にも触れたように、アメリカにおいて、日本人および日本社会の研究が体系的に取り組まれるようになった発端は、先の世界大戦でした。つまり、その研究は、戦争という異常な状況を背景に推進された国家プロジェクトでした。

ところで、日本に限らず、他のどんな国であっても、国を挙げての戦争ということになれば、そこに支配的であるのは「集団主義」以外の何ものでもありません。上官の命令は、たとえ理不尽なものであってもそれに従う、というのが戦時軍隊の玉条です。一般の国民も、敵国との間に総合的な国力の差があればあるほど、集団の統制を甘んじて受け入れ、一致団結して事にあたるということになります。ですから、そういう特異な状況にある社会を観察していて、「日本は、集団主義が支配する社会だ」と結論を出すのは、かなり一方的な観があります。

もし、同じ時期に、日本政府もアメリカの政府と同様に、アメリカ人とアメリカ社会を研究するプロジェクトを起こしていれば、結論は似たようなものになったはずで、「アメリカ人は、何ごとによらず上官の命に服従し、個人の発案で行動することがない」という結論を得たであろうと思われます。

それにもかかわらず、日本は滅私型の「集団主義」で、アメリカは自由な個人主義だと、単純な結論が定着したのは、煎じ詰めれば、彼我の国力の違いが生んだものだったし、また、神風特攻隊というような、こちらにとっては破れかぶれの所行でも、あちらにとっては圧倒的な滅私と見えた現象が、少なからず作用した結果でもあったと考えられます。

さて、その成立の経過に関しては、いささかの疑義があるとしても、今日私たちの社会がれっきとした「集団主義」として、レッテルを貼られている実情は変わりません。

しかし、その言う集団主義に関しては、実のところ、アメリカ人研究者たちがほとんど気付かなかった伝統の原理が、私たちの文明のもっと深い層に横たわっているのです。そして、その深い層の原理からすれば、実は、私たちの社会は、アメリカ人研究者たちが記した以上に「集団主義」的だと言わなければなりません。

どういうことでしょうか。

それは、社会と集団というものが、私たち一人一人にとって、まるで自然の存在のように、外的な或るものと感じられる、或るものにすぎないという点なのです。

自然においては、時間とともにすべてのものが変化して止みません。そして私たち人間の意志は、その変化してゆくものに対して、何ら介入することができないのです。ただ、雨が降れば傘を差し、大風が吹けばどこかに隠れます。つまり、自然に対する対応は、全く受動的です。

そして、私たちを取り巻く社会も、私たちの目には、丁度その自然のような外的存在と映っています。それは、たとえ私たちが何を感じ、何を発言しようとも、それに無関係に移り変わってゆきます。その結果、社会と社会の中に生起する出来事に対して、私たちの姿勢は全く受動的です。

この受動性は、裏返せば、「集団主義」と見える一層深い原因となっています。つまり、自分の意志と無関係に出来事が生起する社会を、極東の島国という地理的な範囲に限定すれば、私たちは日本社会という集団に帰属し、誰が決めたとも知れないその集団の進み行く先に、大変受動的に流されて行く、ということが起こるのです。自然性と集団性が、ここでつながります。

●集団主義と全体主義の相違

戦争後の我が国は、ドイツやイタリアの同盟国と同様に「全体主義」というレッテルを与えられました。負けたのだから、どう悪し様に評されようと、甘んじてそれを受け入れればいいようなものです。しかし、大変多くの人々が、その言葉を受け入れるのに、心の奥で抵抗を感じました。その抵抗は、いったい、何によるものだったのでしょうか。

今、政治論や政治論的言葉の定義に深入りすることはできません。が、もし、連合国の側から行なわれた「全体主義」の定義の中に、今日でもドイツナチス党の構成員一人一人について言われているように、「ある集団の意思決定が、一人一人の構成員の能動的な関与によってなされるという原理が見られる」という一項目を入れることができるとすれば、戦時日本の体制は、全く「全体主義」ではありませんでした。あの時、日本社会という集団の各構成員の胸中に強かったのは、「この戦争は成り行き上しかたがない」という気持ちだったのではないかと、推測されます。

《世界中に雄飛した西洋列強が、自分たちの思うがままに世界の各地を植民地化した。我が国が、三百年の鎖国を解いて開国せざるを得なかったのも、また、開国後に富国強兵、殖産興業の策をとらなければならなかったのも、その世界的な潮流に対して身を守るために、やむを得ない措置だった。そして、その結果強大となった軍隊が、やがて欧米列強との抗争に突入していったというのも、歴史の流れの中では、最早誰にも止めようがない自然の流れであった》。こういう、無責任といえば、まことに無責任な歴史観が私たちの心底にあります。だから、《この戦争は絶対に遂行してはならない、全人類的な観点から見れば悪の所行だ》ということが、誰か識者によって、年端もゆかない子どもでも分かるように明示されない限り、右に流れてしまった潮を左に変えようという主張にはなりようがない。

これが、私たちの間に、是非とも戦争を阻止しなければならないという運動を生まなかった最大の原因であると言えます。そこに見られるのは、世界に起こる現象を、自然に生起する現象と同じように、私たちとはかけ離れた存在だと感じとってしまう民族的な性癖です。

●日本文明は、世界の動きに関しても自然的流動観を持ち出す

戦後、アメリカ式の民主主義を取り入れた結果、私たちの間では、普通選挙という手段を通じて、社会の進行に一人一人が関与し得るという思想を少しはふくらませつつあります。しかし、世界の進行は、トータルに言えば、実に無数の要因によって一つの現象に結実するものであるということを、私たちは忘れたわけではありません。人間の知性は、これら無数の要因をすべて見通すことなど不可能です。我が国随一の英知の持ち主と賞賛される人々のうち、一人として、半年後の為替レートを言い当てることはできません。まして、世界の政治、経済、軍事、文化といった動きを、総体で見通すことなどできるはずもないことです。総体で見通すことができないのであれば、今日繁栄を享受していても、明日には地獄の貧困を味わうかもしれません。今日平和を謳歌していても、明日には壊滅が待っているかもしれません。

ですから、人間と人間の社会がこの地球上に引き起こす現象は、煎じ詰めれば、大雨や台風といったものに似ています。つまり、日本人にとってそれは、私たちが自分の意志によって介入することができない、ある外的な存在にとどまっています。

これとは反対に、キリスト教ヘブライズムは、人間的な意志の絶対的な力を信じています。大雨だろうが台風だろうが、いつの日か、自分たちがコントロールできると考えています。そればかりか、たとえ自然が与える絶対の運命、すなわち人間の死というような絶対の運命でも、人間はやがてコントロールできると考えているようです。

そのように考えれば、人間が引き起こすにすぎない社会現象など、たとえいかに複雑であろうと、それをコントロールすることは容易いことだ、ということになりそうです。その社会現象を引き起こす要因が、どれほど多数で

どれほど入り組んでいるとしても、今やコンピューターを用いた統計と確率の計算によって、予測がつかないはずはないと考えている節があります。

自然の現象と人間社会の現象とに対する、この人間的意志の圧倒的優位の思想は、もちろん一種の幻想です。しかし、他方で、すべては私たちの外にあり、したがって私たちの意志の関わりようがない存在だとする私たちの運命論もまた、一端の幻想であると言わなければなりません。

この両者の姿勢を、もし、下手な哲学命題で一まとめにすることをお許しいただけるとすれば、「人間は所詮、何らかの幻想によって行動するしかない生物である」ということになります。

六　民族宗教としての日本人の宗教意識

●創唱宗教と民族宗教の区別

すでに触れたように、宗教研究に関わる人たちは、時として、全世界にある古今東西の宗教を、「創唱宗教」、「民族宗教」と、二種類に分けて考えることがあります。

「創唱宗教」とは、誰かある人物が唱え始めた宗教ということで、創設者がはっきりしている宗教のことです。当然のことながら、信者たちの間には、その創設者に対する信頼の度合いが高く、その人物の教えに従って、生活全般を律していこうとする姿勢が見られます。そこで、その創設者が語った言葉や、行なったことを記録することに努力が払われ、その言行録が核心部分となって、経典が作られます。また、その教えに従っていこうとする人たちは、ある特別な決意で信者集団を形成することが多く、その信条と生活スタイルの特異性から、彼ら以外の一般の人々から、はっきりと区別されます。また人によっては、他の一般の人々から区別されたいというその気持ちが、新たにその集団に加わる決心をする時の第一番目の動機であることもあります。

今日、世界宗教とか、大宗教とか呼ばれる仏教、キリスト教、イスラム教などは、すべてこのスタイルの宗教です。しかし、「創唱宗教」は、何もこうした大宗教に限られるものではありません。たとえ、これらよりはるかに小規模で、創設以後の歴史が浅いものでも、右のような特徴を備えていれば「創唱宗教」の枠に入れることができます。たとえば、我が国の、天理教や、大本教なども、このカテゴリーです。

また、この「創唱宗教」は、一般的に言えば、宗教そのものと同義語となっており、普通の感覚では、宗教という言葉を聞いて思い浮かべるのは、これらの宗教だと思われます。

しかし、宗教には二つに大別されたもう一つの宗教、すなわち「民族宗教」のジャンルに属するものも、決して少なくはないということを承知しておくべきなのです。

この「民族宗教」の特徴は、先の「創唱宗教」の特徴と、そっくり裏表の関係にあります。すなわちこの宗教は、創立者を特定することができません。誰が、いつ、どういう目的で始めたものであるか、分からないのです。

また、第二として、このように生きろだの、あれをしてはいけないだのと教えを説くための、はっきりした経典がありません。そもそも、歴史上文字を持っていなかった民族がほとんどです。経典を作りようがないのです。また、文字を持っている民族の場合にも、その宗教に所属すると思われる文書は、民族の遠い過去の記憶や、民族が経験した事柄の記憶の一種の叙事詩のようなもので、「創唱宗教」の経典と比べて、大変違った特徴を示します。

第三に、信者、ないし信者の団体という点では、原則そのようなものは存在しません。唯一、その民族の中に生まれて育ったということが、信者であることの資格です。しかし、個々の人は、自分がその民族宗教の信者であるとは意識していないのが通例です。いや、自分たちが何らかの宗教を持っているとすら、意識していないかもしれません。

ですから、この「民族宗教」は、その民族の始まりであり、歴史であり、現実の行動規範であって、一言で言えば、その民族そのもののことなのです。

●日本人の自然崇拝は、民族的固有性の重要部分である

さて、私たちがこれまで見てきた日本人の「自然崇拝」が、この二種類の宗教のうち、どちらに属すものであるかは明らかです。誰が始めたのかを言うことは、誰にもできません。

経典に関してはどうでしょうか。後に、この自然崇拝の宗教を土台として、我が国に「神道」と呼ばれる宗教形態が登場し、『古事記』、『日本書紀』などの書物が作られました。しかしこれは、外国との文化的な差異を意識した結果の産物であって、宗教的な経典の特徴は、少なくとも当初は薄かったと言うべきです。さらに時代が下って、平安時代後期頃から、伊勢神宮を中心に『神道五部書』などが作られました。しかし、これらの書物は一部の神官たち以外には決して見せてはならないものでしたから、一般信者たちは、その書物の教えを知るべくもありません。したがって、これらも、信者たちの一人一人が自分の生活の全般を律して、生存の意味そのものまでそこから汲みとろうとする「創唱宗教」の経典とは、同列のものとして認めることができません。

信者の団体という点で、我が国の自然崇拝は、全くもって「民族宗教」の特徴を示します。日本人であるということ、それが信者であることの唯一の資格です。言ってみればそれは、民族のアイデンティティーを形成するものの中核をなすものです。それは、深く民族の構成員の精神の中に根を下ろしており、普通には、宗教であると意識すらされていない、と言ってよいものです。

ところが、逆に言って、自分たちは日本人であって、他の民族の人や、他の国々の構成員とははっきり区別されたものだ、という意識は極めて鮮明です。あまりにも鮮明なために、他国人は決して日本人になることができない、という思想すらあります。

アメリカでは、アメリカに生まれ、教育され、アメリカ以外の社会を知らない人はすべてアメリカ人であって、それを否定するものはないでしょう。しかし、我が国では、仮に、三代続けて我が国に住んでいる中国人の家族で、子どもは中国に行ったこともなければ、言葉もすでに中国語を忘れて日本語しか話さないとしても、その子は中国人と見なされます。

私たちの中にある、一つの民族、あるいは一つの国の民という意識は、これほどまでに鮮明です。しかし、それではいったい、その言う一つの民族とは何か、その言う一つの国とは何か、と問われても、私たちには説明する言葉がないのです。

一昔前に、食品会社の「味の素」が、「おハシの国の人だもの」というキャッチフレーズで、自社製品の宣伝をテレビで流したことがあります。まるで、おハシを使う国民は日本人だけで、それが日本人のアイデンティティーだとでも言わんばかりの勢いでした。考えすぎかもしれませんが、もしあのコマーシャルに、そういうニュアンスが事実込められていたとすれば、それは大変な認識不足です。おハシは、東アジア、東南アジアを含む広い地域の共通文化だからです。

その話はともかく、この程度のことで、「日本人のアイデンティティーとは何なのか」という質問に返答することはできないのです。

本書は、日本人の自然崇拝を、圧倒的な力で迫る西洋文明と向き合うための一つの強固な足場として見てみようと主張します。積極的で即座に有効となる反撃理論、とまではいかないかもしれません。そもそも、「自然」というものの基底的不動性からして、反撃や反論という直接的な特性を持っていないかもしれないからです。

しかし、逆にそうであればこそ、じっくりと向かい合うためには望ましい姿勢ともなり得るのではないでしょうか。少なくとも、突きつけられる議論と噛み合う形での、応答の根拠となり得ることは確かです。

第 8 章

「人間中心主義の宗教」と自然崇拝

本章は、すでに見た日本人の「自然崇拝」と、キリスト教へブライズムの宗教性から生じた「アニミズム」理論とを突き合わせて考察する。すると、「自然崇拝」は、人間中心主義を土台とするキリスト教の価値序列の体系から見て、最下等のものとされていることが分かる。これは承知され得ないことである。しかし、そもそもアニミズムがキリスト教からの視点にすぎないこと自体が、一般に見逃されているので、最初にこの点も詳述する。

この章でこれから述べることの結論を先取りして最初から記すとすれば、それは、日本人の自然崇拝は人間中心主義の宗教とは根本的に異なる、ということです。

これは字句の上からして、全く自明のことで、わざわざ断るまでもないことだと思われるかもしれません。しかし、それは、もっと突っ込んだ表現をすると、日本人の自然崇拝はヘブライズムに立脚した宗教とは根本的に異なる、特に、私たちの考察の興味範囲で言うと、ヘブライズムの一派生形態であるキリスト教とは原理的に異なる、ということを意味します。

また、本書の叙述経過を一層進めて言うと、そのキリスト教文明圏の中から他ならぬキリスト教の宗教性を土台に発達してきた様々な宗教学理論では、日本人の自然崇拝をありのままの姿でとらえることはできない、ということを意味するのです。

キリスト教がその宗教性を土台として打ち立ててきた宗教学理論とは、日本的自然崇拝というテーマとの関連では、特に、あのアニミズム理論を指します。つまり、アニミズム理論では、日本的自然崇拝をとらえることができないのです。

一　アニミズム理論を生んだ背景

しかしアニミズム理論は、そもそも、ヨーロッパ、キリスト教世界が世界に向かって拡大していった際に、ヨーロッパ以外の他民族の原始的な宗教を見て、言い出されたものだったではありませんか。どうしてそれが、キリスト教によって生み出されたもの、ということになるのでしょうか。

そこのところの事情を探るには、アニミズムに関する先の説明をもう少し前に進めて、その先を見る必要があるようです。

アニミズムの言葉は、霊的な存在を表すラテン語のアニマに由来するもので、ヨーロッパ人たちは、世界の原始的な民族は山川草木の自然物の中に霊的なものが宿っていると考えている、と解釈し、この言葉を当てはめました。ここまでは、すでに見たところです。

●アニミズムは、最低限の宗教を定義するものとして提出された

ところで、アニミズム理論を提唱した代表的な学者、タイラーの解説は、それだけにとどまりませんでした。彼は、このアニミズムを、そこから他の諸々の宗教形態が発達してくるものとして、人類にとって一番最初の宗教段階だと考えたのです。逆に言うと、こうです。もしも、このアニミズムの状態にすら達していない民族が世界のどこかに存在すると仮定すれば、それは、最早人間と呼ぶことはできない。人間の姿形には近いかもしれないが、事実は人間の枠の中には入れられない他の動物、おそらくは、猿か何かの一種でもあろう。彼の記述からすると、こういうことになりそうです。つまり、彼にとって、このアニミズムの状態は、《これは確かに宗教である》と言える「最低限の定義」だったのです。

人類にとって、宗教を持っていると言える最低限のアニミズムの状態から、どのようにして、一層高度な他の宗教状態が出現するというのでしょうか。先にも取り上げた彼の主著『原始的文化』（巻末参考文献3）を概略たどると、次のようになります。原始人は、自然のあらゆる物に宿っている霊的な存在の観念から、後に、魂や精霊など、いろいろなものを作り出すようになった。よいものばかりではなく、人間に悪さを及ぼす悪霊や悪鬼の類も作り出したであろう。しかし、やがてこれら霊的な存在は、もっと力強く、もっと広範な事象を支配する一層高度な神格

に発展した。そして、このような段階を経て、終いには世界中の民族の宗教的な物語に登場するような、全知全能の神々が誕生することになったのだ。このようにタイラーは主張するのです。

一番具体的で誰もが認める事象から、一層哲学的で形而上学的な存在の発生を導くというあたり、いかにもイギリス人的な経験論主義の説明です。しかし、その特徴は、必ずしもイギリス経験論の枠内にあるとばかりは言いきれません。というのも、彼のこの主張は、十九世紀にヨーロッパの学会を席巻したかの観がある、ダーウィンの進化論をも背景に持っていると考えられるからです。

●生物学的進化論から、宗教も進化するという思想が生まれた

私たちは、ダーウィンの進化論を、ただ単に、生物は極微小で原始的な形態から進化を遂げて今日の様々な生物種に至ったのだとする、生物学上の一理論と考えがちです。つまり、生物学という、唯一つの学問分野に閉じ込めて考えがちです。しかし、実際には、その主張は、当時のヨーロッパ社会にあまりにも大きな衝撃を与えたため、生物学に限らない他のほとんどすべての学問にも及んでいきました。

宗教学も、その例外ではなかったのです。進化論の考えが、ほとんど無批判のうちに、宗教学全体を覆い、宗教も、人間に関わる他のすべての現象と同様、何か或る原初の状態から次第次第に進化して、今日世界にある様々な種を生み出したと考えたのでした。タイラーの叙述に、そのことが歴然です。

ひとりタイラーに限らず、十九世紀の宗教学者たちは、こぞって、人類全体にとっての宗教の始源を求めました。彼らが提出した理論は、実に様々なものでした。が、そのいずれも、宗教は、ある原初の状態から次第次第に進化したものである、とする共通の思想に裏打ちされたものであったということができます。そして、この観点から人類全体にとっての宗教の最初の形態を語る理論を、一般的な呼称で「宗教起源論」と呼びました。

●進化論一般の基底にはキリスト教がある

ダーウィンの生物学的進化論が、宗教としてのキリスト教に全く受け入れられなかったという事実からすると、十九世紀のヨーロッパが、学問のほとんど全領域でこの進化論を採用したということは、少々信じがたい成り行きのように思われるかもしれません。しかし、逆説的に聞こえるかもしれませんが、ダーウィンの進化論を準備し、それを根底において支えていたのも、キリスト教という宗教に他ならないのです。

どういう意味でしょうか。

キリスト教は、その根本的原理として、時間は直線的に進行するという思想を保持しています。時間には、ある始めがあって、そして終わりがある。しかも、この時間の直線は、ただの数直線として、あたかも物差しのように、そこに横たわっているのではありません。人間を中心とする世界は、その時間の経過とともに次第に進歩して、そして、価値的に上へ上へと上昇しなければならないのです。

さて、こういう根本的観念からすれば、物事が進化するという考えが、どうして受け入れられないわけがあるでしょうか。そしてとりわけ、人間にとって最も主要な関心事である社会や、その社会を根底で支える宗教が、どうして進歩しないと言われるわけがあるでしょうか。

●ヘーゲルに見る完成された宗教進化論的序列化

とすれば、宗教が、原始的で低級な状態から次第次第に発達して、今日見られるような高度な状態に至ったのだとする考え方も、十九世紀の宗教学者たちが、それ以前のキリスト教文明圏の学者たちの思想を逆転して、突然言い始めたものだと言うことはできません。むしろそれ以前の学者たちは、自身が世界中の他宗教について具体的な知識をほとんど何も所有していなかったにもかかわらず、世界中に多数の宗教が発見されることになる将来を早くも見越してか、すでにそれら世界の諸宗教を理解するための一般理論の青写真を描いていたのです。そして、それらの学者たちが、無意識のうちにも前提としていたものが、低級な状態から最高の状態に至る序列構造だったのです。その代表者としては、たとえば、あのドイツの大哲学者ヘーゲルを挙げることができます。

本書は、その記述の性質上、難しい形而上学的な議論も、微に入り細にわたる神学的議論も必要としません。そこで、蛮勇をふるって、極めて単純な図式的理解で、このヘーゲルの体系を見てみることにしましょう。それは、ヘーゲルの体系が全面的な形で提示されている、あの大著『精神現象学』の内容を、極めて単純なピラミッド型三角形の序列階層構造の図式で理解してみようというものです。

ヘーゲルの『精神現象学』は、偉大な著作が常にそうであるように、読む人によって様々に違った理解が可能な書物です。それは、ある場合には、個人としての一人の人間が、精神的に完成されていく過程を示していると理解されます。しかし、個人的精神の発達過程は、その個人が生まれ育った民族や文明がたどった精神の発達過程という系統的変化を、個体発生の際に繰り返したもののことですから、この書物は、同時に、ヨーロッパという文明が数千年に渡って繰り広げてきた、様々の精神的現象を記述してみせていると理解することもできます。すなわちそれは、精神の現象としてのヨーロッパの歴史自体なのです。

ところで、今、精神の現象としてのヨーロッパの歴史、と書きましたが、ヨーロッパにおいて精神とは、究極はキリスト教のことに他なりません。つまりヘーゲルの著作は、人間精神やその人間精神が生み出した様々の社会現象を、歴史的にたどりながら、同時に宗教一般の歴史を物語ったのです。しかも、その宗教が、一番価値の低いものから、次第に価値を高めていき、やがて最高の頂点に至るピラミッド型の序列に配列されているのです。

そのピラミッド型の一番下、底辺のところに置かれたもの、それが「自然宗教」です。

どうしてでしょうか。

その理由は簡単です。自然宗教は、人間的精神をほとんど含まない宗教だからです。ヘーゲルの体系は精神の序列です。それによれば、自然の山川草木だの石ころだのを拝んでいる宗教は、まだ人間精神の何たるかが分かっていない原始的な状態です。そして、そこから出発して人類は、石や木に自分が掘り込んだ像など、人間的な要素の強くなったものを拝むようになります。それは、まだまだ混乱した状態ではあっても、《人間にとって重要なものは人間的な要素に他ならない》ということを認識し始める段階だと言えます。

さて、ここまで見ただけですでに、ヘーゲルにおける議論の先が見えたと考えてよいと思われます。そうです。彼にとって高等な宗教の高等さとは、専ら、人間に関わる度合いの強さのことです。

人間に関わる度合いとは、たとえば、人間が自然から離れていって都市に住むようになり、ますます複雑な社会を形成していく度合いと比例します。その時人間は、社会の中における人間同士の関係をどう調整していくかに関心を持たざるを得なくなり、様々な形で、社会における道徳を問題にし始めます。そこでは、人間の道徳を論じる宗教は、一層高度な宗教です。

さらに、ただ今日現在の状況に対処するのみではなく、将来において人間社会がどうなっていくかということに意をくだく宗教が、もっと高級です。その宗教は、その努力を通じて、現在のみにとらわれない、未来の目標を人間に与えるからです。人間が人間として存在する意味を問い、理想の人間像と理想の社会像を描きます。人間とその社会は、その理想に向かって、不断に努力を積み重ねていく過程にある存在として、理解されることになります。

このようにして、ヘーゲルの書物は、人間が人間自身のために行なう精神的な活動の高さと複雑さの度合いによって、宗教の価値を定めるということになりました。果たして、そのピラミッド型の頂点に立つものは何でしょうか。それはキリスト教以外のものであるはずがありません。

もっとも、彼は、教会という現世的な組織によって、現実的にこの世に存在しているキリスト教に全面的に賛成ではありません。それは、それこそ、現世と歴史の垢にまみれて、不純な要素をあまりに多く抱えるようになってしまったと、彼には見えたのかもしれません。そこで、自分で作ったピラミッド型の宗教序列の頂点に据えたのが、彼自身が考え出した「絶対宗教」というものです。世俗一般にその辺にあるものでは満足しない、いかにも哲学者らしいやり方です。しかし、これは、言ってみれば、彼が知っている唯一つのキリスト教という宗教を、彼の欲するあり方で、限りなく純粋な姿になるように追求したものであって、すなわちキリスト教以外のものではないのです。

ヘーゲルが描いてみせた、宗教のピラミッド型序列構造は、そのままの形ではないとしても、その後現在に至るまでのヨーロッパの宗教学者たちに、ほぼ一人の例外もなく受け継がれていると見うけられます。言い換えれば、彼らは世界の諸宗教を見る際に、たとえ無意識的にではあっても、何かある精神的な原理による諸宗教の序列化という、学問的操作を行なってしまうのです。

しかしこのことは、精神だ宗教だということにとどまらず、自分が一番偉いと主張したい、動物的な人間本能だという話にもなりそうです。そうだとすると、話題は学問論争などという高級なものではなく、極めて自然的な人間本能がなせる、一種の暴力でしかないと言われることにもなりそうです。しかし、筆の勢いから暴力的な発言をすることは、控えなければなりません。

二　キリスト教に内在する価値序列化

●初期キリスト教神学に見る価値の序列化

落ち着いてよく考えれば、こうしたピラミッド型の序列構造は、ただヘーゲル一人の考案ではないようです。それは、実のところ、キリスト教世界が二千年という長い時間をかけて熟成してきた、世界に関する見方そのものであるからです。

グノーシス派（二八一頁参照）の体系を異端として抹殺した後の、キリスト教世界最初の体系的な神学は、五世紀前後に聖アウグスティヌスの努力によってなされたものでした。このアウグスティヌスの体系自体は、世界全体を「神の国」と「地上の国」に二分割したにすぎません。今私たちが用いてきた用語を用いれば、精神的な世界という三角形の頂点と、物質にまみれた世界という三角形の一番底辺の部分を単純に二つに区別したのであって、そこにピラミッド型の序列構造を端的に指摘することはできません。

しかし、アウグスティヌスを中心として、その前後の時代におけるキリスト教の神学者たちは、時代の必要に迫られて神学の体系を構築していく際に、古代ギリシャの哲学思想、特にプラトンの哲学思想をモデルとして採用しました。プラトンの哲学は、七百年以上の長い時間に渡って受け継がれ続けていたのです。長い時間が経っていましたから、それは、プラトンの哲学そのままであることはできず、三世紀にプロティノスなどによって新たに解釈された哲学となって、「新プラトン主義」と呼ばれています。

キリスト教へブライズムは、信仰の意志という点でこそ極めて強固でしたが、その教えは、ほとんど体系的な論理構造を持っていませんでした。そこで、繰り返し繰り返し、様々の思想家たちによって検討され、練り上げられて、当時すでに完成の域にあったプラトンの哲学体系をキリスト教に取り入れることにしたのです。

その採用された「新プラトン主義」は、全的な形でピラミッド型三角形の序列構造を作り、世界を理解していたのです。プロティノスの死後、弟子によってまとめられた『エネアデス』は、九編からなる書物の構成自体が、単なる物質という三角形の底辺から出発して、次第次第に高級な存在の説明を繰り広げ、終いには、神という三角形の最高点に至るスタイルをとっています。

アウグスティヌス以下のキリスト教神学者たちは、このプロティノスの体系を取り入れました。ですから、当座のところは、世界全体を、高級な精神世界と低級な物質世界の二種類に区分けしておくだけで用が足りましたが、その中には、新プラトン主義のピラミッド型三角形の価値序列構造が、たとえただ潜在的にも存在していたと見るべきで、やがて、世界に対するもっと精緻な説明が要求される時代になって、それが顕在化することになりました。

●中世に完成された価値の序列化

もっと精緻な説明が要求される時代とは、キリスト教世界の中世がお終いに近付こうとしていた時代です。マホメットによって創始されたヘブライズムのもう一つの大きな枝であるイスラム教が、十世紀から十一世紀にかけて、ようやくその勢いを増し、キリスト教世界を脅かし始めました。政治、軍事的にも、元々キリスト教の中心的な領域であった北アフリカや、中近東小アジアが、イスラム教の支配下に入り、その状態は今日にまで続いています。それどころか、アフリカ大陸とイベリア半島を分かつジブラルタル海峡を越えたイスラム勢力が、スペイン、フランスというヨーロッパの心臓部にまで達し、危うくヨーロッパのほとんどをイスラム化しそうな勢いにあったことは、世界史に歴然です。

今日の状況から考えると大変意外なことかもしれませんが、文化的にもイスラム圏の方が圧倒的に優れていました。今日でいう自然科学も、大変進んだ状態にありました。おそらく、精神に関する単に抽象的な議論のみでは生存が維持できないイスラム圏の自然環境が、自然の研究を促さずにはおかなかったのだろうと推測されます。その理由はともかく、聖地エルサレムを奪回せんとして、繰り返しヨーロッパから遠征してきたキリスト教十字軍は、その事実を目の当たりにして、これに対抗できず、何一つ成果を得ぬまま、すごすごとヨーロッパへ引き返さざるを得なかったのです。

自然の研究ばかりか、宗教の中核をなすはずの神学も、この時代、キリスト教は圧倒的な劣勢に立たされました。イブン・シーナなどのイスラム教の神学者たちの体系が、キリスト教の神学を脅かしました。自然など、物質世界のことは捨て置いて、ただ神にのみ目を向けていればよいという、それまでの姿勢では、成り行かなくなったのです。

その時代に大きく脚光を浴び始めたのが、これもやはり古代ギリシャの大哲学者、アリストテレスでした。アリストテレスは、長い間キリスト教世界では、研究はおろか、その著作を読むことさえ禁止されていた学者でした。その理由は、他でもありません。彼が何よりも先ず自然に目を向け、そこに現実的に存在する一つ一つのものを具体的な形で研究したためであり、彼自身も、学問はそこから始めるべきだと強調していたからです。すなわち、彼の目は、目に見えない精神世界よりも、実際に目に見える現実の方に、より多く向けられていた。そのことが、人間の存在に関しても、感情や欲望といった、極めて肉体的な自然の要素に注目する結果を生み出していたのです。これが、精神一辺倒のキリスト教には気に入りません。そこで、アリストテレスの著作をことごとく「禁書」に指定し、大寺院の地下深い倉庫や、人里離れた修道院の図書館の奥にしまい込んで、誰の目にも触れることがないようにしてきたのです。

イスラム教の学者たちの方は、早くからアリストテレスに注目し、その研究に力を注いでいました。キリスト教世界は、この点で大きく遅れをとっていたのです。アリストテレス復権の学問的運動が、彷彿としてヨーロッパ中に起こりました。今日世界を席巻した観のあるヨーロッパの自然科学は、このような経過を経て成立したのです。神学の分野でアリストテレスを取り入れ、大きな成果を挙げたのが、その功績によって後に聖人に列せられ、「公教博士」、「天使博士」の称号を与えられたトマス・アクィナスその人に他なりません。

そしてそのトマス・アクィナスが繰り広げた世界観が、今私たちの注目する、ピラミッド型の価値序列による三角形構造だったのです。すなわち彼は、三角形の底辺のところに、精神のかけらも含まない物質を置きました。そして、その上部構造を形成するものを、アリストテレスの哲学的な用語を用いて解説し、こうして世界の全体が、終いには純粋に精神的な存在の頂点に達するようにしたのです。今日に至るまで、ヨーロッパにおいて基本的には一切変更されていない価値序列型の世界観が、ここに完成したのです。

しかし、トマス・アクィナスの体系に関して、誤解のないように、次の点だけは是非とも補足しておかなければならないように思われます。それは、キリスト教の「神」自体は果たして彼のピラミッド型の価値序列構造の中にいるのかどうか、あるいは、その三角形の頂点にある純粋に精神的な存在は果たしてキリスト教の神であると言えるのかどうか、という問題に関する議論です。

●超越存在は、価値序列の枠の中に入らない

三角形構造が世界のすべてを語るものだとするなら、神もまたそこにいるでしょう。しかし、キリスト教の神は、おそらくそこにはいないのです。それは、この宗教にとって、神は世界を超越している存在だからです。世界の中にも、また空間的時間的に想像される全宇宙の中にもいない存在です。そのため、神は、時として「超越者」だの「超越的存在」だのと呼ばれることがあります。

おそらくトマス・アクィナスも、その全生涯をかけ、持てる力のすべてを費やして作り上げた、全世界包括のピ

ラミッド型体系構築物の中に、一番肝心なその神自体を含んではいないのです。

彼が若い頃に書いた『有と本質』という小さな書物は、その後に彼が生み出すことになる体系のための発想を、全的に含んでいると言われます。それを読んでみると、なるほど、質料、形相などという、アリストテレス特有の用語を用いながら、存在しているものと、その存在のありさまを、階層的な価値の序列に組み上げていこうとする彼の意図が、はっきりと読みとれるのです。

ところで、やがて執筆の最終段階を迎えて彼は、さあそれではようやく「存在そのもの」とは何であるか、それを定義すべき時が来た、と述べます。「存在そのもの」とは、この著作において「神」を指し示す、彼自身の用語であると理解してよいものです。つまり彼は、キリスト教へブライズムの神とはいったい何であるかを、今言葉によって白日の下に明らかにしよう、と言うのです。

まるで複雑、難解な推理小説のストーリーを苦労して読み進んだ後に、いよいよ誰が犯人かを明らかにしようと言われているみたいなもので、ようやく真相を知ることができるという期待に、胸は高鳴り、まことに興奮状態です。しかし、それに続くトマスの言いようときたら、何とも失望なのです。まるで、屋根高くまで持ち上げられて、突然はしごを外され、ドスンと地面に叩き落されたかのようなショックです。というのも、彼は、その「存在そのもの」は実際には定義することができない、と言うのです。その「存在そのもの」は、あまりに単純なものだから、何と試みても定義することができないのだ、と説明するのです。

これでは、神を定義したり、神を価値のピラミッドの構造の中に組み入れたりするどころか、その構造から神を除外することこそが、彼の最初からの狙いだったのではないかと勘ぐりたくなるところです。そして、おそらくその勘ぐりは当たっているでしょう。実のところトマスは、全身全霊で世界の説明体系を構築しておきながら、そしてその全身全霊を込めた、あまりに苛酷な努力のせいで、自らの脳組織が破壊されてしまうという犠牲まで払いながら、神そのものはその構築物とは何の関係もないと言いたかったのです。つまり、神という唯一絶対の存在者の前では、世界など、たとえどれほどに複雑精緻な説明を施されようとも、無にも等しい価値のない存在なのだということです。

ここまで考えを進めてくると、あのアニミズム理論を提唱したタイラーにおける、一つの迷いのようなものを、理解できるように思われます。彼は、キリスト教世界が築き上げ、もはや十九世紀には人々の血肉と化していた伝統的なピラミッド型序列構造のモデルに従って、人類の宗教は一番原始的なアニミズムから次第次第に発達してきた諸類型の総体である、としたのでした。しかし、彼はそのピラミッド型の序列階層の中に、たとえ一番の頂点の位置にではあっても、彼自身の宗教の神を、大文字の単数形のスペルで、「ゴッド」と書くことができたのかどうか。

彼の説明様式に一貫性を与えるためには、そうしたいところです。しかし、キリスト教へブライズムの神は、何か低級なものから発展してきたものなどであってはならない。そのような、本能に近い判断が働いたのかもしれません。彼は、終いにその問題には触れなかったのです。

●価値序列化には人間中心主義の思想が内在している

やや脇道に外れてしまう印象を与えるかもしれません。が、それを恐れずに言えば、ただ「神」に限らず、キリスト教世界の「人間観」も、この傾向を示し、それは今日に至っても続いていると言えます。

キリスト教世界の「人間観」とは、ダーウィニズムのあれほどの浸透にもかかわらず、未だにその生物進化の序列階層の中に、たとえ一番の頂点の位置にではあっても、人間存在そのものを据えることを躊躇するということです。

さすがに専門家である現代の生物学者や医学者たちは、人間存在も生物進化の序列階層の中に組み込まれた存在であると認めています。しかし、その生物学者や医学者といえども、人間のすぐ下位に据えられたチンパンジーその他の類人猿の身体と、人間の身体を、直接的な連続性で理解することができません。類人猿の血を人間に輸血する可能性とか、何かの臓器を相互に移植できる可能性とかに関する研究を推し進めることは、いわば、彼らの無意識が制止するのでしょう。その無意識は、人間と類人猿との間の違いは単に量的なものではなく、何か或る質的なものだ、つまり簡単に言えば、人間と猿とは絶対に違う生き物だと、彼らの脳裏に語りかけるのです。

ですから、日本人の一部の研究者たちが行なっているような猿の社会の研究など、彼らには発想できません。それを発想できないどころか、その研究が、翻って、人間自身の社会を理解する上で役立つなどという考えは、ひどく荒唐無稽なものに思われているようです。西洋人にとって、社会を構成するものは、人間のみに限られるからです。

猿は人間より自然だ、だから人間よりも自然の原型に近い姿で社会を形成しているだろう。私たちの場合はこのように考えます。さらに、そうであれば、その猿の社会は、人為的なものを積み重ねることによって本来の姿を見失っている人間に、本来のあり方を教えるものだ。このようにも考えます。私たちは、それほどまでに、自然的です。

三　最下等の宗教とされた日本の自然崇拝

●西洋による他宗教発見は、キリスト教的価値観をその対象に投影することであった

二千年に及ぶキリスト教世界の根本思想を一息に見ることなど、可能なはずはありません。が、右の叙述は、ヨーロッパ社会が抜き差しようもなく抱えているピラミッド型の価値序列構造を、一瞥する役には立つと言ってよいのではないでしょうか。

そこで、今の私たちの関心事である、十九世紀以降の宗教学の問題に戻ってきましょう。大航海時代以来、ヨーロッパが世界中に発見した他の文明、他の民族の宗教は、宗教研究という新たな学問の視野に入れられることになりました。実に様々の、宗教理解のための理論が提出されました。しかし、その際彼らが提出した理論は、うわべでこそ千差万別で、世界中の宗教そのものにそぐうスタイルをとりました。が、実際、古い文明的な構造として彼

らの中に内在していた思想、それはキリスト教的な価値観以外ではなかったのです。

●アニミズム理論は、キリスト教的宗教性の領域にあらかじめ組み込まれていた

するとどういうことが起こるでしょうか。先ほどまで私たちが問題にしてきた、あの「アニミズム」理論。それは、ヨーロッパ以外の原始的民族の宗教そのものを観察し、その宗教自体のあり方から、いわば、抽出するように導き出された理論だと言われています。が、実際は、ヘーゲルの例に見られるような、宗教に対するピラミッド型階層構造に最初から組み込まれている理論であった、ということになります。

また、もっと言えば、キリスト教神学が二千年に渡って構築してきた、世界に関するピラミッド型の価値序列構造に最初から組み込まれており、そこから一歩も出ようとしてはいない理論であった、ということになるのです。

世界の宗教は、どういうものが発見されようとも、いや、何かが発見される以前からすでに、価値の低い「自然宗教」という最下層の序列に置かれることが決定していました。もしくは、最下層ではないとしても、人間社会の発達にともなって、その最下層の状態から、少しばかりは発達したにすぎない宗教と言われることが決定していました。しかし、その発達は、どこまで高くピラミッドの階梯を昇ったものであっても、所詮はその枠の中にとどまるものにすぎず、唯一本当に価値があると言われてよい「絶対者」には、及びもつかないものなのです。

●最下等の宗教的あり方とされるアニミズム

ここまで見てきたことで明らかなように、キリスト教およびキリスト教文明圏で成立した宗教学から見れば、日本人の自然崇拝は、数ある宗教の序列の中で最下等の宗教であることは明らかです。

そのことは、ここまでの記述から、まるで小学一年生の算数のごとき簡明さで理解されることです。

それほど簡明、自明の理ですから、わざわざ項目のタイトルを別に設けて記すほどのこともないのかもしれません。が、事は、私たち自身が西洋の視線からどのように見えるのかという、私たちの本質に関わることです。そこ

で、わざわざ項目を別にして、簡単に触れておきたいと考えます。

●ヘブライズム・キリスト教思想の根幹にある自然克服の姿勢

そもそも、キリスト教と、そのキリスト教を背景にして成立している西洋の哲学は、世界の多宗教に対して、ピラミッド型の三角形構造で価値的な序列を与える習慣になっている、ということを私たちは見ました。ヘーゲルの宗教観は、その典型と言ってよいものでした。

この価値序列型の構造は、キリスト教自身にとっては、まことに自然な理解でしかありません。キリスト教は、発生以来の自分自身の歩みの中で、自然的なあり方の宗教を否定し、これを攻撃することで自身を確立してきました。また、肉の自然的な欲求に打ち負かされないで、霊的なものに拠る、人間的な努力を追求してきました。自然は、自身の内部において、攻撃し、克服すべき対象だったのです。

「自然を攻撃し克服する」とは、どういうことでしょうか。

喩えて言えば、他人の子どもより、自分の子どもの方がずっと可愛いというのが、人間の自然です。もし、ろくな食料もない危急の事態になって、他人の子どもと自分の子どもの両方に、一切れのパンを分けて食べさせるということになれば、二つに切り裂いたパンのうちの大きい方を、こっそりと自分の子どもに与えるでしょう。それが、私たちの内なる自然性です。

そうであるのに、キリスト教の創始者イエスは、「自分を愛するように、隣の人を愛しなさい」と教えました。これは、まことに立派な教えでした。そして、もし、この教えが世界に行き渡らなかったと仮定すれば、私たちは、無償で他人を助けるという今日の福祉国家の思想を持たなかったはずです。ですから、この教えが、何にも勝る価値の思想であることを、今日否定する人はいません。

けれども、その価値に、千回も万回も頷くとしても、自分と同じように隣人を愛したり、自分の子どもと同じように他人の子どもを愛したりする行為が、私たち人間に内在する原初的な「自然性」に逆らう行為であることには変わりありません。

この一例から推察できるように、キリスト教は、人類の上に高い理想を掲げた反面、人類の自然性と自然的なあり方に、容赦のない鉄槌を加えてきました。

ですから、キリスト教が、世界の諸宗教を見た時に、自然的なあり方をしているものを最低の価値と考えたのは、至極当然のことだったと言うしかありません。

●タイラーの宗教観には、原理的にキリスト教的限界がある

十九世紀に、世界の諸宗教を正面からとらえて研究し始めた宗教学者たちも、そういう価値観から自由ではあり得ませんでした。たとえ、自分の意識の上では、何の前提にも拠らない自由で中立の姿勢を保っていたとしても、二千年に渡る圧倒的な輝きのキリスト教的価値観から、彼らが開放されていたとは思われません。

自分の著作の中で、大きくアニミズム理論を展開したタイラーも、同様でした。世界中の原始的な民族は、木や岩や山や川に霊が宿っていると考えている。タイラーは彼らをそう観察し、そのあり方をアニミズムと名付けました。

それは、結構だとしましょう。

しかし、いったい、その言うアニミズムが、どうして宗教というものを定義する「最低限の定義」でなければならないのでしょうか。

そこには、アニミズムのあり方を、それがあるがままにとらえるという姿勢がありません。それは、発見されるや否や、キリスト教的な価値序列の中で、最低の位置に置かれたのです。いや、発見されるはるか以前から、最低の位置に置かれることが、すでに決定されていたのです。

●西洋文明は自然性を軽蔑する

自然崇拝は、私たち極東の島国の住人にとっては大変長い伝統の姿勢で、それを悪し様に言う人がいるとは思えません。しかし、人間中心主義の西洋キリスト教の価値観からすれば、至極最低のあり方に見えるのです。

逆に私たちの目からすれば、西洋社会のあり方に、著しい自然性の欠如を感じることが少なくありません。

たとえば、女性が子どもを産んで育てるということは、全く自然な事項でしょう。少なくとも、人類が、その発生以来、数百万年に渡って営々と営んできた、それこそ「自然」中の「自然」であると言えます。そのような事項に対して、人間が、その浅はかな考えでもって変更を加えるなどということは、あり得ようはずがありません。それこそ、基本的には、数百万年前から続いてきたように、今後数百万年変わらないで、継続してゆくはずのものです。数年や数十年の周期で変えていいものとは思われません。

しかし、西洋の女性たちは、そうは考えていないらしいのです。育児に対する考えや実践が、まるで衣服の流行のようにめまぐるしく変わります。

人間の自然なあり方に対する彼我の考え方の違いは、時折目をみはるものがあります。

私たちにとって、自然なことからの出発は、大変当たり前のことです。また、何か行き詰まりを感じたら、何が間違ったのかと反省し、思考が帰って行く先は常に自然の状態です。それ以外のものがありません。

西洋文明が、こうした私たちの自然性を軽蔑的に見るということ、いや、彼らにはそうとしか見えないということは、致し方ありません。そんなもんかと、納得する以外にないでしょう。

しかし、そうした人々と、今後頻繁に付き合っていくしかないとしたら、彼らが私たちをそのように見ているという事実を、よく知っているか、あるいは全く無知でいるかは、雲泥の差があります。私たちは、向こうの目にどういうものと映っているのか、よく検討し、よく知っておく必要があります。

第一、そういう風に見られているということを知っていれば、付き合いが大変楽になります。

何かの会話の拍子に、「私たち原始的な日本の社会では……」などと、切り出してみてください。相手をまごつかせること、請け合いです。そして、このように相手を怯ませることは、何ごとによらず、交渉ごとにおいて大いに有利です。相手は、分かりきった外交的、社交的な表面を脱ぎ捨てて、いわば、本気で、こちらの言うことに耳を傾けざるを得なくなります。

もっとも、私たちの側からは、そのうちに、「君たちの目に、私たちが自然性のものと見えること。それは、認めましょう。しかし、その私たちの自然性を、一番下等なものだと言うことは、止めにしてくれませんか」と言える時代がくることを希望します。

たとえ、彼らと全く違う存在だということは認めるとしても、価値の序列の中で最下層のものだとまでは卑下されたくない。これは、それこそ人類共通の、自然な気持ちです。

全く違うかもしれないが、全く違う二つのものとして、私たちは、君たちの横に並んで立つことはできないものか。一番上と一番下という上下の関係ではなく、横に並んで立つ、二つの別々のものとしての関係にいることはできないものか。

私たちは、このように疑問を投げかけたいのです。そして、お互いがお互いを百パーセント受け入れるということは原理上不可能であるにしても、お互いの違いを違いとして認め、「それでは、あなたも、あなたのやり方でお元気でいてください」と、分かれ際に言い合える関係、それが欲しいものです。そういう状態がいつ達成されるのか、はっきりは言えないとしても、いつかはそうもなり得るだろうと、私たちはかすかな期待を抱いていたいものです。

四　「人間中心主義の宗教」

●「人間中心主義の宗教」では、超越的存在が人間と深く関わっている

キリスト教が「人間中心主義の宗教」であるという点は、分かったようで、なかなか分かりにくい点です。そこ

で、この点に関しては、もう少し説明が要るかもしれません。

何故分かりにくいかというと、キリスト教の言う「絶対者」が、もし世界の全構造の中にすら入らない、ある「超越的な存在」なのだとすれば、それは、人間とも何も関わりのない存在だと言われていることになりそうだからです。これでは、人間は中心であるどころか、そこから除外されていると言えそうだからです。

絶対者のみが唯一絶対である宗教。人間は、そこでは、この世界の中にあって、この世界の枠を超えては存在し得ない小さな一物体にすぎず、何ら価値のないものになります。「中心」どころか「周縁」にすら存在しないものになります。

しかしそれは、物事の表面でしかありません。キリスト教は、実のところ、人間を全存在の中心に据えて、人間にのみ価値を認める極めて特異な宗教形態なのです。

神は、人間を創造した際、それを自分の似姿に創造した。この『聖書』の記述をもう一度思い起こすのみで、そのことは充分理解されるかもしれません。すなわち、この世界で、神のあり方を分け与えられて存在しているのは、人間の存在唯一つのみだということです。

●十九世紀には、人間が超越的存在を創造したという逆転的表現が主流をなした

十九世紀の実証学は、さすがにこうした記述を、荒唐無稽なものだと感じないではいられませんでした。そこで、哲学者たちの意見は一八〇度、ひっくり返ったものになりました。

ひっくり返ったとは、次のようなことです。

神が自分の似姿に人間を造ったというのは、古人の幼稚な知的能力と稚拙な表現力のせいであった。むしろ正しく言えば、神が人間を創造したのではなく、それと全く逆で、人間が神を創造したのだ。すなわち、人間は、地上を走ったり飛び跳ねたりする能力については他の動物にも劣るが、知性の力においては勝ったので、この能力を延長し、その完全なあり方を想像することによって、これを神とした。さらには、喜び悲しみなどの人間の感情や、

将来目標の実現のために努める人間の意志を、最も完全な姿で思い描いて、これらもまた神の属性とした。十九世紀の哲学者たちは、そのように主張しました。フォイエルバッハをその代表に挙げることができます。

ある古代ヘレニズムの哲学者の中には、「神は人間が作ったものだから、人間の姿形をしている、もしも、猿が神を作ったとすれば、その神は猿の姿形をしていることだろう」と、宗教に向かって皮肉を言った人がいたそうですが、なんだかそういう笑い話に戻ってしまったようです。

それはともかく、フォイエルバッハらの主張が当たっていようが、どこかで根本的に間違っていようが、つまり、上から下を見ようが、全く逆に、下から上を見ようが、ヨーロッパが人間中心主義の宗教を作り保持してきたという大枠は何ら変わりません。まことに、キリスト教ヘブライズムの神は、喜び悲しみの人間感情をよく理解し、将来に理想を達成しようとする人間の意志を尊重します。そして、ヨーロッパは、このような特性の神に庇護されて、二千年に渡って営々たる努力を積み重ねながら、言ってみれば、人間の、人間による、人間のための、「人間中心の」世界を築き上げてきたのです。

●ロゴス論の神学には「人間中心主義の宗教」の意味が凝縮されている

キリスト教ヘブライズムが「人間中心主義の宗教」であるという観点から見ると、キリスト教の『聖書』の書き出しにある「始めにロゴスがあった」という一文には、深い意味があります。

この「ロゴス」というギリシャ語は、実に様々な意味を持つ言葉で、そのどれか一つだけを取り上げて翻訳したとすれば、いずれも偏った理解となってしまう恐れがあります。そこで、日本でも多くの人が敢えてカタカナによる、そのままの「ロゴス」を選んでいるようです。が、その最も基本となっているギリシャ語の意味は何かというと、それは、ただ単に、人間の「言葉」ということです。

しかしながら、右に記した『聖書』冒頭の文句を、「始めに言葉ありき」などと訳してみても、いったい何のことなのか、即座にその意味を了解することができません。ギリシャ語を日本語に訳すから、そういう不都合が生じるのだ、というのではありません。ヨーロッパの現代語のどれで訳しても、ほぼ似たような不都合が生じ、何の意味だか分からないのです。

いろいろな疑問も生じてきます。第一、「始めにあった」ものが、どうして「神様」ではなく、「言葉」でなければならないのか。この世界に存在するものは、何から何まで、すべて神様が創造したのではなかったのか。その、すべてを創造した神様よりも、前にあったものが「言葉」だったとは、『聖書』はいったい何を言いたいのだろう。

『聖書』の作者たちは、何か見当違いのことを書いてしまったのだ、という説が現れました。いいや、それにはもっと深い含意があるのであって、「言葉」とはイエスそのもののことなのだ、だから『聖書』は、その「言葉」が最初から神の側にあったと書いているのだ、という説も登場しました。その他、様々な解釈、さまざまな神学理論が登場し、大変な混乱ぶりです。

ある文明、ある宗教の外側にいるという立場は、時として、大変重宝です。そのような議論やそのような混乱に巻き込まれないで、まるで高みの見物の、高踏批評をして済ましてしまうことができるからです。そこで、その高みの見物の高踏批評で、軽い気持ちで発言させてもらえば、「始めにロゴスありき」の「ロゴス」とは、ただ単に、「人間の言葉」というにすぎません。

どうしてそうなるのでしょうか。

それは、神が関わりを持つものが、ただ単に、人間という存在に限られるのだからです。人間に関わるのに最も有効な手だては、人間が持つ「言葉」に他なりません。「言葉」は、専ら人間が所有する手段です。猿の鳴き声だの、海に住むイルカの発信音だの、そういうものは「言葉」とは呼ばれません。まして、松虫や鈴虫の発する音色は、全く「言葉」ではありません。

「始めに言葉ありき」の章句は、キリスト教ヘブライズムの神が、専ら人間とのみ関わりを持っている存在であることを如実に表現しています。すなわちキリスト教は、人間が人間自身の深い本質と関わる、「人間中心主義の宗教」なのです。

この「人間中心主義の宗教」が、その周囲に、専ら人間にのみ関わる諸々の価値を築き上げ、この価値から、社会と個人を支える様々の思想を作り上げてきたのです。

五　「人間中心主義の宗教」が生み出した社会思想

自由、平等、博愛などの人間の権利は、今日、世界中の、あらゆる民族やあらゆる国の社会において採用されている観があります。そして、私たちは、それらの思想を、まるで、高いところから石を落とせば下に落ちるという自然の法則のように、人類がこの世に誕生した最初から一貫して存在した、自明の法則でもあるかのように思い込んでいるふしがあります。しかし、それは事実ではありません。それらはいずれも、すべてキリスト教世界が理想として打ち出し、人間世界の中に現実化してきたものです。

そこで、キリスト教が生み出した数ある価値の中から、今触れた「自由」、「平等」、「博愛」の思想にのみ絞って、少しだけ考えてみることにしたいと考えます。これらの思想は、近世、フランス革命やアメリカ独立戦争を支える根本思想であったと、社会科の教科書にあります。なるほどそういうわけだからでしょう。フランスでは、国民が毎日手に乗せる十フラン硬貨にも、この三つの言葉が刻印してありました。言ってみれば、これらの思想は、今日のヨーロッパの国家と社会を支える、最も基本的な三つのモットーともなっている思想だと言えるのです。

●キリスト教登場以前の古代の社会思想は、人間中心主義的思想とは呼ばれにくい

人類は誕生の始めから、このような思想を持っていたのではありません。キリスト教以前の古代世界は、決してそのような思想を理想とはしていませんでした。極端に言えば、古代世界は、強いものと豊かな者のみが繁栄を享受する弱肉強食の人間世界でした。

一例を挙げれば、そのことは、美しいという意味を表現するギリシャ語の「カロス」という言葉一つを見ても理

解されます。この言葉は、様々な事物に対して用いられたというよりも、特に、誰か美しい風貌の、しかも見事な肉体を持った一個の人間を指し示す時に使われました。しかし、ただ見た目が美しい、堂々たる体躯の美男のことばかり言ったのではありません。カロスと言われた人は、何よりも先ず、人間としての品性に優れ、道徳的堅固さを持つ人でした。音楽や詩文学の教養も豊かな人のことでした。そしてさらに、その人は、生まれも育ちもよい立派な家柄の出身で、当然経済的に豊かな人のことでした。

あまりといえば、あまりではありませんか。たった一人の人物に、これほど多くの内面的、外面的な徳が、独占的に備わっているというのでしょうか。しかしこれは、考えてみれば当たり前のことです。というのも、古い家柄に生まれた人は、たとえ当初はどこか見劣りがするご面相、風体であったとしても、それならば、財力にものを言わせて、あちこちと探し回り、三国一の花嫁を娶ることに努力するはずです。さらに、このようにして生まれた子どもには、立派な教育者をつけて、可能な限りの身体上、知性上の訓練を施します。そういうことを何代も繰り返していけば、まるでアメリカの映画俳優、アーノルド・シュワルツェネッガーのごとき逞しい肉体に、ゲイリー・クーパーのごとき類稀なる風貌をもって、品性も風格も備わった、この上ない立派な人物が出来上がります。実際にそういう人物が、歴史上どれほどいたと言えるか、定かではありません。が、現在に残る古代ギリシャ、ローマの大理石の彫刻を見れば、それが、彼らの理想の人間像だったことが分かります。

これはまるで、一人の人間が全部よいところばかり持っていく、一人勝ちのゲームのようではありませんか。その通りです。それは、強い者と豊かな者が、一方的に勝ちをおさめる、極めて自然に近い人間の状態だったのです。

●古代からのあらゆる価値の価値転換を行なったのが、キリスト教の創始者、イエスである

そこへ、あのイエスが登場して、いったい何と言ったでしょうか。彼は専ら、弱い者たちや貧しい者たちに向かって、「貧しい者は幸いである」と言ったのです。その理由は、貧しい者は心が清らかなので、それだけ多く神に愛されるからだ、というものでした。

人間性に対して、それほど深い洞察力を持たない者の目には、貧しい者といえば、その心も、大概どこか歪んでいるようにしか見えないのだがと、首を傾げたくなるところです。が、それは冗談として、イエスのこの言葉は、先ほどからのコンテクストで見れば、強い者が正義であった古代世界の価値観に、敢然と反旗を翻すものだったのです。自然的な強者ではなく、かえって弱者こそが正義である。そこでもし、弱者が虐げられている現実があるのならば、その際弱者は、皆で団結をして強者を倒すことが正義である。神がその正義を認めているのだ。このように、イエスは訴えたことになります。

貧しい人間たちは、しばしば、今晩食べるものすら持たず、病で行き倒れてたとしても、大変だと駆けつけてくれる区役所の福祉係りのような制度もなく、ただ見捨てられる傾向があった。その古代世界に、これは、全く革命的な発想の転換でした。今日私たちが、たとえ不充分ながらも享受している「自由」や「平等」といった思想、さらには、弱者は救済される権利があるという福祉国家の思想は、いずれもここから発達してきたものであることは疑いを入れません。

繰り返しになりますが、古代世界で「自由」の言葉は、ひたすら社会的身分に関わる用語であるにすぎず、すなわち、その言葉は、単に、《あの者は通常の市民であって、束縛される奴隷の身分の者ではない》ということを意味したにすぎません。

弱者こそが正義である、というキリスト教の打ち出した思想が、今日の「人権」思想を培いました。すなわち、人間の権利は、生まれながらにして備わっているもので、何ぴともこれを侵すことは許されない、とする思想を培ってきたのです。それは、最初に触れたように、フランス革命やアメリカ独立戦争を導く主要な行動原理となったのでした。

また、自分の身一つ以外には何一つ生産の手段を持たない万国のプロレタリアートに向かって、団結して立ち上がるよう呼びかけたあの共産主義運動も、この枠を外して考えることはできません。

●「愛」の思想もキリスト教が生み出した

三つ目の「博愛」の思想はどうでしょうか。

今日の世界で、キリスト教国とは呼べない我が国においても、「愛」の観念は花盛りといったところです。若者たちが口ずさむ流行りの歌から男女の愛のテーマを取り去ったなら、後には何も残るものがないと言っても、決して過言ではありません。

しかし、つい先頃まで、私たち日本人の社会では、一般人の道徳といえば、仏教の道徳が優勢でした。そして、その仏教の道徳は、その類の愛のことを、否定的な悪い心情だと教えていたではありませんか。百八つあると言われる人間の煩悩の中でも、最も抜きがたい情欲の一つだと教えてきました。つまり、できることなら、身を清めて、体の中から追い出してしまわなければならない心の動きであって、とても流行りの歌で賛美できるような代物ではなかったのです。それが逆転して、今日のように、ものすごく称えられる位置に置かれるようになったのは、ひたすらキリスト教西洋思想の影響による他ありません。

キリスト教は愛の宗教である、という宣伝文句は、よく耳にするところです。しかし、これは男女の愛というような、あるいは自然的心情を主として成立するような人間の感情を言ってはいません。むしろ、自然的性向としての愛は、初期のキリスト教が厳として戒めたものでした。

この時キリスト教はまたしても、ギリシャの宗教という異教を悪く言い、その異教の神エロスは専ら肉的な愛であったと教えました。それにひきかえ、キリスト教の愛は「神の愛」であって、もっと広くもっと深い、精神的な愛だと言うのでした。

客観的に見れば、古代ギリシャの愛の神エロスは、ギリシャ人の間では、対立分離しそうな二つの存在を結び合わせて物事を生成発展させていく、一種の宇宙原理のようなものとイメージされていた神様ですから、これは誹謗中傷がひどすぎます。しかし、こういう論争は、後から来て勝った者の方が勝ちです。おかげで、今日エロスといえば、三流週刊誌ですら記事に書きかねるような、酒池肉林の退廃状態にある人間的情欲を意味することになってしまったのです。

　ギリシャ人に肩入れする議論は控えて、キリスト教の「愛」がどうなったかを、もう少し見ることにします。キリスト教は、古代ギリシャのエロスに対抗して、言葉までも別物にして、「カリタス」という神の愛を提出しました。現代英語の「チャリティー」の元となっている言葉です。神の愛カリタスの大雑把な特徴は、現代語のチャリティーによく現れています。その愛は、決して人間の欲望に裏打ちされたものではありません。むしろ、自分の利益を度外視し、時には自分の持っているものを捨て去ってまで、他の人々を不幸から救う、精神的な献身の愛、すなわち博愛なのです。

●神の博愛から、人間社会における愛の思想一般が醸成された

　他人の子どもよりは、少しでも多く自分の子どもに分け与えたい私たち凡人にとって、自分と同じように隣人を愛せというイエスの教えが、どこまで実行可能なものか知りません。しかし、そう考えてみると、確かにイエスは、親としての、あるいは恋人としての人間が胸に抱く、自然の本能的な愛ではなく、それを超えた超自然の愛を教えたのです。

　このようにキリスト教の博愛は、当初、男女の愛に土台を与えるといった性格は持ち合わせませんでした。それは、言葉の意味する範囲から外されていた、と言ってもよいかもしれません。しかし、中世を迎えて、社会が落ち着いてくるにつれて、そこに生じてくる様々な現実的な社会問題に解決策を示さなければならなくなったのであって、男女間の愛の問題も、その懸案の一つになったのだということができます。折しも、この時に持ち上がったのが、優秀なパリ大学の神学生で後の中世の大思想家アベラールと、家庭教師としての彼の教え子だったエロイーズとの、道ならぬ恋愛沙汰でした。二人の愛の往復書簡は、十一世紀末当時のヨーロッパ中を沸かせる一大スキャンダルとなった事件でした。が、神学生とはいえ、たかが一組の男女の色恋沙汰がそれほど大騒ぎとなったところに、恋愛に対して、教会が何らかの方針を打ち出さなければならなくなっていたという時代の情勢が感じられます。

この事件を詳しく見ている余裕はありません。ただ、我が国の若い人たちにとっても、これは大きな関心事であるに違いありません。そこで、この事件がもたらした思想上の結末にのみ触れておきます。

この事件で、アベラールとエロイーズの二人は、自分たちの持てる教養の限りを尽くして、この関係を単なる肉欲の結果とはしませんでした。そのことが、以後のヨーロッパにとって、一つの典型となりました。二人が取り交わした書簡もその多くが今日まで残されており、これを元にキリスト教世界は、《男女の愛は、精神的なものを土台として肉体的結合を招く》という男女間の恋愛の典型を作り上げたのです。

その後、シェークスピアの『ロメオとジュリエット』から、今日アメリカのハリウッドが量産する映画に至るまで、その中に登場する「愛」の言葉は、先ずは一つの例外もなく、この時に成立した恋愛の概念の上に成立しています。アメリカの映画で、仮にも「愛」という言葉が出てきたら、それは、物質的な欲望や打算のことではありません。金銭を目的としての男女の結合など、もっての外です。その上、愛という言葉が発せられると、それは、ただ単にそこに登場する一対の男女にのみ限定して関わっているのではない、という雰囲気を映画の画面は演出します。二人の登場人物以外の、何かどこかに、その愛を支えている存在が感じられます。その愛は、何かもっと広く、人類全体に関わるものである、という響きがあります。登場人物二人だけが結ばれて、めでたしめでたしというのではない、何か宇宙的な原理の香りが漂います。

キリスト教世界がもたらした数々の思想は、人類全体に大変な恩恵を与えるものでした。しかし、反面それは、あまりに超自然、反自然のものですから、目に見えない軋みを人類にもたらすことになった。それも否定できないところです。

六　人格神

●「人間中心主義の宗教」の中心となるのが人格神である

最初の出発点に戻って言えば、キリスト教が作り上げた価値は、人間存在のための価値であって、それ以外ではありません。そして、このような人間中心の世界に呼応する神の性格が「人格神」です。

「人格」という言葉は、我が国語で言う、あの人は立派な「人格者」だというような場合の意味合いを忘れて、この場合は、ラテン語のペルソナの日本語訳と受けとる必要があります。

そのラテン語のペルソナは、今日の英語で、人の「個性」とか「性格」とかを意味するパーソナリティーの語源となっている言葉です。そこで再び、この英語の意味から、逆に遡って、ラテン語のペルソナの意味を概略理解しておくことにします。

キリスト教へブライズムの神は、いくら超自然のものとか、絶対的超越存在とか呼ばれても、あらゆる点で、「完成された人間」の特徴を所持しています。すなわち、現実の人間のように有限で不完全なものではない、完全な「個性」、完全な「性格」を持つ存在なのです。そこで、中世のキリスト教神学で「ペルソナ」を大文字で綴ると、それはすぐさま「神」を意味しました。神は、人間の顔を持つものでした。人間の理想は、その神をこの目で見ること、まじまじと顔と顔を見合わせるように、その神と対面することだったのです。

●イエスの人格は、二千年を経てもキリスト教の中心課題である

他の創唱宗教と同様、キリスト教の信者たちも、その創始者であるイエスのことを決して忘れません。このこともおそらく、この「人格」の問題と無縁ではないのです。

考えてみれば、私たち人間は結構忘恩なもので、何ごとによらず、何か創立して後々の世まで私たち人類のために残してくれた人のことを、案外、容易く忘れるものです。こんなに重宝して毎日使っている車を、いったい誰が最初に作ったのでしょう。自転車に至っては、これほどまで人類のために役立っているのに、それを最初に作った人が誰かなど、普段気にかける人すらいません。

それにひきかえ、宗教を最初に作った人に対するこの思い入れは、いったいどうでしょう。イエスなど、もう二

千年も前に、ゴルゴタの丘の上で磔の刑に処せられて、露と消えてしまった人なのに、信者たちは、あくまでもイエスの名前を呼ぶことを止めず、まるで、今日この時点で、自分の家の隣に住んでいる人に対するような口ぶりです。つまり、たとえ二千年という途方もないほど長い年月を経ようが、あるいは、イエス自身の語った言葉の数千倍もの言葉を用いた立派な神学の体系が完成していようが、その二千年の時間も立派な体系も全くものともせず、信者たちは、イエスの顔を見、イエスの声を聞きたがる。それが、イエスの「人格」の問題なのです。

●人格神の宗教と対比して自然崇拝を見る

日本人の固有の宗教的信条は「自然崇拝」です。それは、キリスト教のような「人間中心主義の宗教」とは根本的に異なるものです。

「人間中心主義の宗教」は、人間が人間自身を見つめ、この「人間」と「人間自身」の関係から多くの価値を生み出す。それは、限りなく立派なことです。人類が手に入れた様々な価値が、そのことを証明します。しかし、それは、人間が人間と同じものを崇拝することです。

それとは反対に、人間が人間とは違うものを崇拝することも、限りなく意味のあることです。それは、人間と違う原理で存在しているものであればこそ、人間には真似のできない価値を持っているからです。日本人の自然崇拝は、まさにこの、人間が人間ではないものを尊敬するもう一つ別の宗教形態だと言えます。

そこで、記述を簡明なものにするために、日本人の自然崇拝は「人格神」の崇拝ではない、というポイント一つに絞って、もう一度見てみることにしたいと考えます。しかし、本書の体裁上、このことは章を改める方がよさそうです。

第9章

俗信、もう一つ別の種類の「人間中心的宗教」

本書がキリスト教に冠する「人間中心主義の宗教」の用語は、誤解されやすいものであるので、「人間中心主義」と呼び得るもう一つ別種の宗教的命名である「俗信」と対比させて、その意味を明瞭にさせる。我が国において盛んなこの俗信は、一般庶民を主体的な担い手とした、低級な宗教と言われるものだが、しかし、俗信はキリスト教世界にも存在する。そこで本章では、「文明間の対立」という本書の問題設定が混乱しないように、この点についての一定の補足を試みる。

一　人格神と非人格神

●日本的な自然崇拝には、人格性の要素が極めて薄い

日本人の「自然崇拝」が、人間とは違った原理で存在しているものを崇拝する行為であるということは、明白です。自然の中に、何か「人格」的なものを認めて、それを崇めているのではないと思われます。

この点は、自然に向かって何らかの感動を覚える時の、自分自身の胸に聞いてみるのが一番だと言えるかもしれません。たとえ、その感動が、普通一般の理解では宗教であると言われないとしても、また、自分でもそれを宗教的な感情だと思っていないとしても、そうです。

逆に言うと、次のようにも言えます。

もし、私たちが、全く無前提に、自発的なものとして胸中に抱く感情を振り返ってみて、その胸中に、微塵も見出されない要素があったとすれば、それは、最早、私たちから完全に失われてしまった要素です。何千年も前にはあったのだとか、根底においてはあっても最早それを掘り起こせないほどに後からの堆積層に覆われているだけだとか言ってみても、栓ないことでしょう。

そこで、私たちは、ただ素直に、胸に手を当てて、そこにある感情に耳を傾けてみます。そうすると、私たちが、「自然」の中に、何ら「人格」的なものを認めていないことが分かるのではないでしょうか。

それは次のようなことです。大きな木の前に立つ時は、そこに「人格的な存在」を感じないとしても、なるほど、

これは生きているものだという気がします。自分が生まれるはるか以前から、ここに立ち続けてきたのかと思うと、なんだか畏敬の念にかられます。その大木が切り倒されなければならなくなって、その現場に居合わせると、木が倒れていく時の、空気をつんざいて鳴り渡る音は、摩擦によるただの物理的な音とは思われません。なんだか、命を絶たれる苦しみの、断末魔の叫びに聞こえてしまいます。必要から切り倒さなければならないのだと頭では分かっていても、なんだか、命を絶つという後ろめたさを覚えます。後で何の祟りもなければいいが、などと考えてしまいます。そこで、もしその時、誰かが耳元で、お前はあの木の中に何か霊が宿っていると思い込んでいるのだ、と囁いたとすれば、そうだその通りだ、と言ってしまいそうなほどです。けれども、これは単に、生きているということを媒介項にした、木と私の想像上の共感関係なのです。

明らかに無生物であると感じる自然存在に至っては、このような共感関係すら持つことが稀です。そこで、巨大な岸壁の、地元の人たちが定期的に捧げものをしたりする場所で、その岸壁や巨岩の中に何か人間的な姿形の存在を感じとるという人は稀です。また、はるかの高みから流れ落ちる滝の中に、人間の姿をした神様をもし思い描くことがあるとしても、それは、かなり恣意的で漫画的なイメージになってしまうのではないかと思われます。

自然存在と人格的な神のイメージは、重なり合いません。このことは、先に見た、日本人の山の崇拝の歴史を見れば、もっとはっきりします。日本に数ある名山は、いずれも、信仰の対象として崇められ続けてきました。しかし、その名山を、人間と同じ原理のものと受けとる考えは、全くといってよいほど発達しなかったのです。

『古事記』、『日本書紀』が編纂された後、特に有名な信仰の山に、人間のような名前を付けたり、山の御神体として人間的な存在を当てはめたりすることが、一時行なわれました。たとえば、日本の代表的な山の富士山には、「コノハナサクヤヒメ」という『古事記』に登場する神様が充てられました。しかし、こうした作業は、政治的文化的に日本を統一しようとした大和朝廷の政策の結果であって、一般に浸透したということができません。私たちの直接的感性には、富士山はあくまで富士山であって、人間存在と共通する原理のものではない、と感じられるからでしょう。

●神道には神像が欠如している

そもそも、神道の神社には、人間の姿形をした像がありません。大陸から仏教が伝来した時、その寺院建築の豪華絢爛さに圧倒されて、神道も様々な神社建築の様式を発展させました。それはすでに見たところです。しかし、それと一緒に伝来したお釈迦さんの銅像や木像、またそのお釈迦さんを取り巻く無数の神像の、あれほどの眩さを目にしても、神社は、その社殿の中に、何らかのそれに匹敵する神像を作って安置するということをしませんでした。いや、平安末期に、一時試みられた形跡があります。しかし、これは完全な失敗で、その後今日に至るまで、その試みは遺棄されました。

その失敗を、日本人の作像技術の拙劣さのせいにすることはできません。最初大陸から学んだにしても、その後我が国で作られた仏教彫刻は、すべて、我が国独自の技術と美的感性に拠ったからです。

神道の神社が、人間の形をした神像をついに作らなかったということの原因は、もっと根本的なところに求められるべきです。すなわち日本人は、仏教寺院を精魂込めて模倣し、それに負けず劣らずの神社建築を発展させたとしても、その神社の中で崇拝されるものは決して人格的な神ではない、という根本的意識を失うことがなかったのです。

神道は、今日、仏教やキリスト教などと同列に、宗教の名を冠されるものとして、一般の目に映じています。しかし、このことから見るだけでも、神道は、これらの宗教と、大変違った原理の上に成立っている宗教である、ということが感じとられます。

まことに、神道は、非人格的な自然の崇拝という、この島国の住民の古い宗教感情から発達してきた特異な宗教形態であると言うことができます。

●世界の非人格的存在崇拝研究は、将来において追究されなければならない課題である

このような「非人格的な存在」に対する崇拝は、日本に限られ、世界には他に例がないということではありません。インドや東南アジアの宗教の研究者たちからは、人間存在とは異なる原理で存在しているものへの崇拝の事例が、数多く報告されています。第5章で紹介した北米先住民の間に見られる「大空の天空神」も、その一つに数えていいものかもしれません。

西洋が観察した世界の民族の間で信仰されているマナという存在は、大変具体的に、身の回りにあって、様々の現象を引き起こす存在であると報告されています。が、これも、全くの非人格性のものと信じられていると言います。つまりマナは、人間の側の思惑や、感情とは一切関わりがなく作用するものだというのです。

そもそも、宇宙の創造という、世界のどの民族にもある宗教的な物語のモチーフも、多くの場合、非人格的な存在と表裏をなしています。考えてみれば、かくほども雄大な自然と宇宙を、ある特定の人格的存在者が、人間という特定の一存在のためにのみ創造したと考えるのは、かえって不自然なことです。

現に、この世界を創造したのは、非人格的で、人間のあり方からは超然としている或るものだとする物語が、世界中に満ちています。ただ、人間は、やがて自分たちが形成した社会や、その社会の歩みとしての歴史の方にのみ目をとられ、それに夢中になってしまいます。生存や生活が、他の何ものにも増して、人間自身の関心の中心となっていくのは、当然といえば当然でもあります。

そこで、世界の各民族の中では、専ら、人間自身のあり方や生存の条件に関わる宗教形態の方が発展していったと見られるのであり、片や、もっと大きく自分たちを包んでいる宇宙に関わる宗教形態の方は、なおざりにされ、やがてはほとんど崇拝の対象から外されてしまっているようなのです。

世界中の民族の宗教が持っている非人格的な崇拝対象に関して、私たちがほとんど知識を持たない理由は、他にもあります。それは、その存在を見出し、私たちに報告してくれたのが、西洋の研究者たちに限定されていたという、またしても西洋文明からの視点が抱える問題によるものです。彼ら西洋の研究者たちにとって、宗教とは「人間中心的なもの」でしかありません。このため、他の文明の宗教を見る時も、たとえそれが持っている非人格的な崇拝対象に気付いていたとしても、それを深くは知ろうとしない事態が起こっているのではないか。そのようにも推測されます。

そうだとすれば、世界の各民族の崇拝行為の中に非人格的崇拝対象を尋ねる仕事は、今後に残された課題だと言わなくてはなりません。

●仏教も、反面で非人格的側面を持っている

宗教の非人格的特性のことを言うならば、外来とはいえ、私たちにとって主たる宗教であると言われている仏教も、実は、この「人格性」と「非人格性」の二面性を持ち合わせていることに気付きます。

仏教は、周知のように、ゴータマ・シッダールタ（お釈迦さん）という、歴史上実在した人物を教祖に持ち、その人の教えを絶対の真理と考えるところに成立します。その点では、イエスを教祖に持ち、その言葉にのみ価値を認めるキリスト教とそれほど違いません。

けれども、その仏教は、非人格の側面をも持っています。それは、お釈迦さんが入滅の際に弟子たちに説いて聞かせたという、いわば臨終の教えに端を発します。周りにいたお弟子さんたちは、頼りきってきた師匠がもうすぐ死んで、この世からいなくなってしまうということに驚き、泣きわめいて狼狽した。特に、若いお弟子さんがそうだった。その時、お釈迦さんは、ほぼ次のように教えたと言います。「お前たちは、私が死んでいなくなっても、何も心配することはないのだ。これからは、私という人間の言うことではなく、宇宙に遍く法を理解し、それを極めていけばよいのだ」と。

ここには、明らかに、二面性があります。お釈迦さんの言葉を聞き、お釈迦さんの行動を見て、それに倣って修行を積み重ねる。これは、お釈迦さんの「人格」に帰依することに他なりません。他方、お釈迦さん亡き後に、そのお釈迦さんの言行ではなく、宇宙の法に則って生きよという教えは、言ってみれば、法という「非人格的なもの」に帰依することを意味します。つまり、極論すれば、法の真理を追求していけば、お釈迦さんの存在は無用の

ものになりかねないということです。そして、事実、中国の禅宗のお坊さんたちの中には、修行を重ねていくうちに、釈迦も仏もいらないと公言する人も現れました。

二　自然的欲求充足と俗信

我が国の「自然崇拝」が、非人格的な存在に対する、従順の心情の上に成り立っていることは明らかです。しかし、それでは、我が国において、人間を中心とし、人間的要求を第一に据えるような信仰は全くないのでしょうか。いや、それは確かに存在しています。存在しているどころか、有り余るほどに見られ、あまりの多さに、あたかも、この列島からはみ出してしまいそうなほどです。

それでは、いったいそれは、どのようなものなのでしょうか。その崇拝の対象とはどういうものなのでしょうか。また、その対象に向かって祈るという行為があるとすると、その祈りとは、どういう性格と、どういう宗教的構造を持つものなのでしょうか。

またもし、その崇拝を「人間中心的宗教」と呼べるとすれば、私たちはその呼称の通りに、この崇拝を、先ほどから見ている「人間中心的宗教」と同じ種類のものとして考えていいのでしょうか。

●俗信は、低級宗教と呼ばれている

いや、話がここまで進んできたら、持って回った言い方は止めにしなければなりません。むしろこの点に関しては、極めて単純化した形で結論を出しておくことにします。

我が国に、あふれるほどの数と勢いで存在している「人間中心的宗教」とは、先ほどらい、キリスト教の絶対主義的信仰に関して言われた「人間中心主義の宗教」とは全く別の種類の存在です。

どのような意味で、「別の種類」という言葉が付け加わるのか。これも極限にまで簡略化して言えば、片や「高

級な」人間中心的宗教であり、片や私たちのもとにあるものは、極めて「低級な」人間中心的宗教でしかないということです。

あちらは、超自然の存在に対する、絶対的な信仰を基盤にする高級宗教で、こちらは、自然の内にある存在に関わり、人間の自然な欲求を肯定する、低級な宗教なのです。

ちなみに、ここで用いた「高級宗教」という表現は、単に話を単純化する目的で、本書が恣意的に作り上げたものではありません。世界の学会で、公然と用いられている「氏素姓」の正しい表現です。

私たちのもとに栄えている「人間中心的宗教」は、今まで本書が取り扱ってきた意味での「人間中心主義の宗教」ではありません。むしろ、その高邁な宗教からは、軽蔑的な視線を投げかけられずにはおかない、「低級な」宗教、すなわち「俗信」なのです。この点のみは、結論として、最初から承知しておく必要があります。

そして、その上で、その低級な俗信が崇拝する対象とは、いったいどういうものかを少々見てみたいと思います。また、さらには、その俗信の祈りが、どういう意味を持っているのか。祈り、そしてその祈りが聞き届けられるという構造は、どういうものか。そういうことにも、若干触れてみたいと思います。

●俗信の主眼が現世利益であることは否定できない

日本人は、仏教を別にすると、人間に関わる類の神的な存在を全く持たないのかというと、そうではありません。逆に、日本人は、地球上の他のどんな民族にも負けないくらいに、人間の為になる神々を崇め奉ってきました。

このことは、私たちの自然崇拝に必然の、非人格性を見るという、ここまでの議論に、一見したところ逆らうポイントのように見えます。けれども、必ずしもそうではないでしょう。逆に、人間が人間自身のために祈る宗教形態というものは、我が国に何ら不足していない、ということを見ることによって、自然という非人格的な存在に対する崇拝行為が、際立って理解されることにもなります。

私たちにとって、お祈りをするという行為は、何かのお願いをするという行為と重なるものがあります。

私たちが、祈るという行為に及ぶ場合、それは、何をさておいても先ず、家族の者や友人たちが無事健康で過ごせますようにと祈ることです。また、仕事がうまく進んで、豊かな生活ができますようにとも祈るのです。一般に「家内安全　商売繁盛」という文言で一括りにされるような、あの、お祈りの心情です。自分の身の回りのことや家族の身の回りのことといった、極めて現実的なことが中心です。それが成就するように祈るのです。そこで、識者の間では「現世利益的宗教」とも呼ばれます。

いろいろなことを細々とお願いして、それが実現しますよう、どうかお力添えくださいと祈るのですから、なんだか、ただでやってくれというのも気が引けます。そこで、もし、お賽銭箱などがしつらえてあれば、百円玉の一つぐらいは、放り投げる必要を感じるのです。まるで、神様と祈る人との間に交わされる商取引みたいです。打算的とまで卑下しなくても、相当に現実的であることは事実です。そこで、「現世利益的宗教」の「現世」という言葉や「利益」という言葉は、こういう、取引めいた現実感覚のことも指摘しているようです。

●我が国の俗信は、宗旨や宗派の違いを超えた一般的特質となっている

私たちがこういうお願いごとをするのは、実際には、特に何の宗教、何の宗派ということを区別しないようです。つまり、たとえ神道の神社であろうと、仏教のお寺であろうと、あるいは、ろくな施設もない聖地であろうと、周りの人たちが拝んでいる所でありさえすれば、心の中で唱えることといったら、ほぼ、この類のことであろうと推測されるのです。

これは、人間が人間の為をはかって祈る行為です。自然存在に向かって関心を示すというよりも、専ら人間を見て、人間自身に関わります。崇拝対象は、神様と呼ばれようが仏様と呼ばれようが、あるいはどういう名前のものか、しかとは分からなくても、その人間の願いに応えてくれるものとして、想定されるものでなくてはなりません。

ただ自然のみは、先ほどらい述べているように、そういう対象として感じられにくいものでしょう。その意味で、「現世利益的宗教」を自然崇拝と呼ぶことは、言葉から受ける第一の印象としては相応しくありません。むしろ、

名付けるとすれば、この「現世利益的宗教」もやはり、ある種の人間的宗教と呼ぶべきものです。しかしまた、たとえそれが、人間の極めて現実的な欲求に応じる宗教であるとしても、もし、人間のその欲求が、人間の内部の「自然性」からくるものであったとすることが許されるなら、「現世利益的宗教」もまた、もっと広い意味での「自然宗教」と呼ばれることになります。

もっとも、もう一度ポイントを見誤らないように確認しておくとすると、それを「人間中心的宗教」と呼ぶ場合は、キリスト教を「人間中心主義の宗教」と呼ぶ場合とは通常はっきりと区別されている、別種の人間的宗教なのです。

このポイントは少々混み入っています。そこで、これについては、この章の末尾でもう一度繰り返すことにします（二五七頁参照）。

三　我が国の現世利益的宗教の崇拝対象

今私たちは、我が国固有の宗教的心情である「自然崇拝」に対応する形で、「現世利益的宗教」を見てみようとしています。しかし、その際には、その現世の利益をお祈りする対象としての神様に、全く触れないで済ますというのも不誠実な気がします。そこでここでは、大変不充分なことになるのは覚悟の上で、私たちがあれこれとお願いごとをする神様には、いったいどういうものがあるのかという点に、触れておきたいと思います。

そのためには、やはり我が国固有の宗教意識から発達した「神道」を中心に見る方が、無用の混乱を引き起こさないで済むのではないでしょうか。仏教等の外来宗教にも、「現世利益的宗教」の側面を見ることはできますが、先ずは、できるだけ、それらには触れないで、神道を中心に見る方が、分かりやすいのではないかと思われるのです。仏教等のことは、混乱を起こさない限りで、補足的に付け足すことにしたいと考えます。

さて今、我が国固有の宗教意識から発達した「神道」について見ると書きましたが、実のところ、このテーマに関して、多く紙数を費やすことは無用でしょう。

今日、神道の様々な古典的文献も研究書も、私たちの手の届くところにあります。確かに、国家神道が戦前の軍国主義の精神的支柱になったと批判されて、戦後比較的長期にわたって、神道に関する発言が途絶えました。しかし、最近では、そのことも反面の行き過ぎだという反省が生じてきているようです。神道の研究を通じて、我が国の精神の歴史を再考しようとする本が、相次いで出版されています。そして、この趨勢は、今後ますます強まっていくのではないかと考えられます。

したがって本書では、神道を、その歴史から宗教形態まで、すべてを含めて検討しようとする企てに参加することは止めたいと思います。ただここでは、神道とは、果たしてどういうものであったろうかということを、概略で思い起こすことが必要です。

そこで、神道の性格を大雑把に頭に思い浮かべてみるために、神社で崇拝されている神様とはいったいどういう正体のものか、という側面に光を当てて、思いつくもののみ羅列的にピックアップしてみようと思います。神様の本質を探るという本格的な考察にはなりませんが、それでも、私たちがお願いごとをしている神道の神様とはどういうものかという、漠然としたイメージを持つには役立つと思われるのです。

●日本古代の崇拝対象

神道の歴史はすなわち皇室の歴史だという人たちがいます。もしそのように、神道というものを専ら皇室との関連で考えるとすると、その場合、神道における崇拝対象は、皇室の祖先神とされる「天照大神」だということになります。我が国最古の神話である『古事記』、『日本書紀』の中に、そう記されているからです。しかし、神道の神様がこれ一つに限るという主張には、誰も納得しないと思われます。

『古事記』、『日本書紀』の編纂は、大化の改新を経て、日本がその社会をグローバルスタンダードに合わせようとする努力の中で行なわれたものです。伊勢神宮や出雲大社など宗教施設の整備も、こうした流れの中で遂行されたものであったことが明らかです。その事業は、当時の政府が総力を挙げて取りかかったことですから、すなわち、当時の政府を構成していたすべての要素が挙げて取りかかった事業と言うべきものです。ですから、神道の神話や施設の全体は、必ずしも、皇室という一家族の所有と言うことはできません。

事実、記紀神話は、天皇家以外の豪族の氏神（祖神）や、国家の運営にとって重要な各地域の神々の名前を数多く記載しています。そうすると、当時の国家は、自分たちの氏神や土地の神様をそれぞれに祀っていた、家族や地域集団の集合体だったということになります。そして、そのそれぞれの家族や小集団が、それぞれの神様に向かって、自分たちの「無病息災」、「五穀豊穣」を祈っていたのです。

天皇家以外で、ある一族の氏神を祀った神社として今日まで伝えられる代表例は、藤原氏の「春日神社」（奈良）そして「大原野神社」（京都）でしょう。このうち、奈良市春日野にある春日神社は、境内に放し飼いにされている鹿で人々に親しまれています。藤原氏は、平安時代を通じて、事実上この国を支配して、大きな影響力を持った一族でしたので、これらの神社が今日まで、それと忘れられないで残ることになったのだと考えられます。

もっとも、たとえ元は一族の氏神を祀った神社であったとしても、あの神様は霊験あらたかだということになれば、その一族とは無縁の人々の間にも信仰が広がっていきました。やがて、藤原氏のことは、お祈りをする人々の脳裏からも消えてしまい、日本国民共有の神様となったのです。

●民衆の崇拝対象

こういう意味では、民衆にとって、その神様の起こりが何であろうと、祈って効き目があればいいのです。たとえ外国からの帰化人の氏神でも構いません。今日全国至るところに見られる「お稲荷さん」は、そのような神様だったと言われています。朝鮮半島からやって来たこの豪族は、大変商才があり、大いに栄えたので、おそらく人々は、それにあやかりたいと考えたのでしょう。

また、氏神と氏子（原義は祖神の子孫）が血縁で結ばれているのとは違って、農耕集落など一つの集団が地縁的な関係で結ばれて、一つの神社を共有しているイメージを与えるものが「鎮守神」です。もっとも、この「鎮守」という言葉自体は、仏教伝来にともなって我が国にもたらされたものです。ですから、仏教が全国に浸透してこの言葉を一般化させる以前に、守り鎮める役割を担っていた神様自体はすでに存在していたということを、忘れることはできません。また、後の時代に、その時々の有力者たちが鎮守神として意図的に勧請《かんじょう》した種々の神社も、やがてはその地域の共有財産になっていったのであり、そのことも考えに入れなければなりません。

今日の神社は、その由来が何であれ、どちらかというと、その地域の人々の崇拝対象となっている観があります。つまり、血縁というよりは地縁的な存在です。これは、特に中小の神社に強く見られる傾向で、田舎ばかりか、大都会の各町内にあるお社にも言えることです。その地域の住人イコールその神社の崇敬者という意識が濃厚です。神社の中には、本人にはほとんど断りもなく、町内に住んでいる人たちを氏子のリストに記載して、役所に届けている神社もあるようです。

●人間を神格化して崇拝することは、稀であった

誰か、一人の生身の人間が、死んだ後に神様と考えられて崇拝の対象になった例は、意外に少ないのが現実です。神道と天皇は切っても切れない関係のように言われていますが、歴代天皇が死後に神として祀られた例はありません。唯一の例外らしきものが明治神宮の明治天皇です。しかしこれは、開国以来の中央集権政策の結果であって、我が国伝来の発想というより、西洋諸国のあり方を真似て、それに対抗する意味合いからだったと思われます。つまり、キリスト教という強力な精神的中心を持ち、王様の権威はその神から授かったものだという、「王権神授説」の主張まで過去においてなされていた西洋各国の政治スタイルを真似たものだったと見るべきです。

さらに、この発想の連続で創建された神社として、楠正成を明治時代になってから祀った湊川神社（神戸）があります。その昔天皇に忠誠を尽くしたことを称えるという、明治政府の政治的意図から出たことでした。

菅原道真を祀った天神さま（太宰府天満宮）は、学問の神様として受験生たちに人気があります。これは、京都

に疫病が流行し、時の政府の実力者たちに相次いで奇妙な災難が降りかかった際に、政治的な謀略によって九州太宰府に流されて不幸のうちに死んだ道真の霊が祟ったのだと考えられ、その鎮魂目的で創建されたものでした。いわば、謀略を仕掛けた側の罪滅ぼしです。道真は学問に秀でた人物でしたから、やがて民衆の間で、学問の神様ということになったのです。しかし、実際は、天神は道真と関係なく、祟りを起こす神様として、古来人々に恐れられていたものでした。

私たちが神道の神様だと言って拝んでいるものは、この他にも実に無数といってよいほどにあります。それらを、いくつかのカテゴリーに分けてみたり、それらの由来を訪ねたりすることも必要です。

しかし、現にそういう試みをしている本を参考にしてみても、それらの神様が、いったいどういうものであるのかという点が見えてきません。神様は、居るには居るのでしょうが、さっぱり正体が見えないということです。

キリスト教の神様は唯の一つで、これに反し、神道の神様は数多く存在する。つまり、神道は多神教だと一般に言われています。しかし、これすら本当のところは分かりません。なにしろ、突き詰めて考えると、神道の神様は、どこにどういう風にしておいでになるのかも、誰も分かっていないのです。どうして一つだの、いや多数だのということが言えるのでしょうか。

●俗信においては、崇拝対象自体への関心は薄い

人々は、神社の拝殿で、お辞儀をして拍手を打って、熱心にお祈りをしています。けれども人々は、その拝んでいる神様がどういうものだか、知っているのでしょうか。あるいは、知らなければいけないと、思っているでしょうか。

どうも、そうではないような気がします。人々は、拝んでいる対象の神様の正体など、あまり気にしていないのです。

個別の神社が祀っている神様は、しいて素姓を訪ねるなら、分かる場合も多いと思います。先に見たように、お

稲荷さんであれば、その由来は、その昔朝鮮半島からやって来た帰化人の氏神様でした。「八幡」の文字が付いている神社なら、元は九州地方の宇佐市に発祥して、全国に広まった強力な神様です。もしも、神社のどこかに、「浅間神社」という文字が書いてあれば、それは元々富士山の信仰が発展したものです。

しかし、人々は、そういう由来を、特に気にかけている風ではありません。なにしろ、毘沙門天も神道だと思ってお参りするようなお国柄です。ここが何々の神様だから、その理由で是非にここと決めてお参りに来たのだ、というケースは、かえって例外的でしょう。特定の神社が特定の神様を祀っていることがあります。しかし全国に数えきれないほど存在する普通の神社では、どういう神様を祀っているのか、はっきりしているというのは、むしろ例外です。そして人々は、多くの場合、たまさかその近くにある神社や、通りすがりの神社で、神様の氏素姓など気にすることもなく、手を合わせているのです。

人々は、拝む神様がどういう神様なのか、あまり気にしていないのです。勢い、そこにおいでの神様を、はっきりさせようという努力もすたれます。そして、そのうちには、どういう神様だか、実際に、はっきりしなくなってしまうのです。

四　俗信、人間の具体的欲求に呼応する宗教

●現世利益では、何を願うのか

しかし、これと反対に、拝んでいる人々の間で一貫してはっきりしているのは、先ほど見たように、それらの神様を拝む人々の側の、意識の方だと言うことができます。つまり、人々は、お賽銭をあげて拍手を打つことによって、何かのお願いごとが現実のものとなりますようにと祈る。受験生が「開運出世」を願ったり、病人が「無事平癒」を祈ったりする、「現世利益的宗教」なのです。

もっとも、「現世利益」を願う宗教とはいうものの、先に見たものは、そのあり方のごく一部にすぎません。お

願いごとの趣旨は、旅行の安全を祈ったり、交通安全を祈願したり、子どもが無事に生まれますようにと「安産祈願」をしたり、というように山ほどもあります。お願いのために祈る対象もやり方も、千差万別です。もし、それに、現代人の意識ではもはや宗教とは感じられなくなった節分の豆まきだの、流し雛だのといった、厄除けの年中行事などを加えるとすると、さらにその数が増えて、全然まとまりが付けられなくなってしまいます。豆まき一つをとっても、地方によって違ったやり方があります。

また、こういう「現世利益的宗教」は、個人的崇拝の範囲に限るのではありません。敗戦以前には頻繁に行なわれていたように、国家が国家的行事として「国家安寧」の祈願を行なうというような場合も、この中に数えられるのです。

このように見てくると、我が国における「現世利益的宗教」は、まるで百花繚乱とでも形容したくなるほどに盛んです。そして、そのお祈りの中心的な施設となっているものが神社だと、一応は、言うことができるのです。

●占い師、「いちこ」等、絶体絶命的願いに関わる宗教者たち

しかし、一応そうは言うものの、反面、神社におけるお祈りからは、何となく切羽詰った感じを受けとることができません。「家内安全」と祈っても、本人は至って健康そうです。「商売繁盛」と心では唱えているのでしょうが、明日にも約束手形が落とされてしまうのに未だに決済ができていない、というような悲壮感がありません。大変元気そうな人がほとんどで、むしろ、これからもますます儲かりますようにと、祈っているような気がします。

考えてみれば、神社は、お払いや清めといった、清潔な雰囲気が第一です。建物も周囲の様子も、すがすがしい感じを与えるのが普通で、切羽詰った人とそぐわない感じがするのは、そういうことも一因かもしれません。

それでは、手形の決済ができないで、明日にも倒産、成り行きは一家心中しかないというような絶体絶命の人は、どうすればいいでしょうか。深刻な病気で、何としても再起しなければならないと必死に回復を願う人、あるいは、すべての方途を試みた挙句、絶望に陥った家族は、どうすればいいのでしょう。

もちろん、神社にお参りすることもできます。しかし、神社は清潔感を第一にするということに加えて、そこには、たとえ、鎮座まします神様が本当にいらっしゃると信じるにしても、なんだか、個人的なお願いをするのに相応しくない気もします。毎日毎日朝から晩まで、いろいろな人が、入れ替わり立ち代わりしています。こんなにも多数の人がお願いごとをしているのを見ると、なんだか、自分一人の、自分にだけ深刻な悩みには、応えてもらえない気もするのです。

現在の我が国で、もし、一切の方策が途絶えて他に行くあてもなく、何か宗教的なものに頼るとすると、そういう切羽詰まった人たちが行くところは、もっと迷信的な臭いがする、裏に隠れた宗教です。裏に隠れた宗教とは、その分かりやすい例を挙げるとすれば、第一に占い師が思い浮かびます。現在では、いろいろな起源の占いがいっしょくたになって存在します。古来のものは、中国伝来の陰陽道を起源にし、自然界の現象や人間社会の模様を八種類の形で予言します。

今日の社会と違って、一人の人間が生きていくのに大変な不安定さをともなっていた昔は、占い師以外にも、様々な宗教者たちがいて、切羽詰まった人間の求めに応じていました。効果的な医療がなかった時代です。重い病気にかかった人たちは、「いちこ」と呼ばれる霊能者に頼ることがありました。

「いちこ」は、古来我が国に存在したと思われる霊能者で、死んだ人の霊を呼び出し、それに話をさせることができると信じられていた人たちです。普通、どこの神社にも寺院にも所属せず、これらから独立的に活動しました。つまり、彼らを存立させたものは、彼らの力を信じる非制度的な民衆の共通意識だったと言うべきです。死んだ人の霊を呼び出すと言いましたが、なにしろ携帯電話のような便利なものがなかった時代です。たとえ生きている人であれ、先ずは絶対に会うことができないような人は、こちらにとっては死んでいるも同然で、したがって「いちこ」は、そういう状況にある人の生きた霊も呼び出したのでした。

現在でも、東北地方には現存していて、ここでは「いたこ」などと呼ばれています。人々は、身近な人が亡くなれば、もちろん、その死者のために仏教式の葬儀を行ないます。しかし、もしその人が、不慮の事故などで亡くなったりした場合には、残された者たちは、死者の最後の言葉を知りたがります。そこで、仏教式の葬儀が一通り終わったところで、家に「いたこ」が招じ入れられ、死者の言葉を聞く儀式が行なわれます。下北半島、恐山の「いたこ」はことに有名です。「いたこ」が恐山を選んで活動する理由は、この地の荒涼たる景色が、仏教の説く地獄を思わせるからだという説があります。

中国から陰陽道が伝えられると、「いちこ」の技は、陰陽師の技とも習合していったと考えられます。ところで、陰陽道は、医療と密接な関係があります。つまり、陰陽師は、人間の霊よりもむしろ、その人に憑依《ひょうい》した悪霊を誰かに乗り移らせて、その発する言葉によって処方を施すのです。

この顕著な例は、現在我が国の代表的な宗教教団の一つである天理教の開祖、中山みきの身に起こりました。中山みきは、最初、何ら宗教的職業の人ではなく、平凡な一人の主婦でした。が、ある時、長男の病気に際して、憑人《よりまし》を務めました。ある霊が彼女にのりうつり、激しく語り出したということです。ところが、問題が生じました。というのも、病気治療が終わっても、憑依の状態が治らない。治らないどころか、ますます強くなって、やがて尋常のものとは思えない力を発揮するようになり、世の中のことや人々のことに関して、様々の予言を行なうようになったと言います。天理教は、そうした彼女の不思議な力を、真理のものと信じ、信頼した人々によって発展したのでした。

陰陽師は、我が国の中古以来、法律によって認められた正式の宗教者でした。そこで、一般民衆ばかりか、皇族、貴族の間でも大いに持てはやされてきました。

我が国伝来の「いちこ」や「いたこ」が、最初から病気治療にも関わっていたかは、はっきりしません。しかし、こうした現象はすみやかに習合し、お互いに影響を与え合うものです。そこで、現在も東北地方に存在する「いたこ」は、病気治療にも携わっています。もちろん、人の求めに応じて、吉凶禍福の占いも行なっています。

記述の煩雑さを避けるために記しませんが、沖縄にも同じような仕事をしている女性の宗教的職能者がいて、この人たちを「ノロ」と呼んでいます。また、これらと同じような仕事に従事してきた人たちの呼び名は、全国に古来、他にいくつかあったことが知られています。

●陰陽師、下級僧、「いちこ」等、俗信的宗教者は入り乱れて混乱している

占い師や、「いちこ」、あるいは陰陽師などの仕事は、この人は「いちこ」であの人は陰陽師という風に、はっきりと区別されてきたわけではありません。皇室と関わるような陰陽師は、政府から官位も授かっており、代々その職掌を司る位の高い家柄でしたから、それは紛れもない人たちでした。しかし、下級の陰陽師は、本来の陰陽道以外に、民間で行なわれている様々な技を取り入れていました。そこで民衆の目からは、これらの宗教的職能者たちが、誰がなにと、判然と区別されていたわけではありませんでした。

陰陽師は、病気調伏のために、しきりに加持祈禱を行ないました。ところで、この「加持」という言葉はサンスクリット語に由来するものです。すなわち、仏教用語であることが明らかです。仏の慈悲を、直接信者の心に感得させることを意味しました。もっとも、この一事のみから、陰陽道と仏教の習合を全面的に論証することなどできません。が、少なくとも、それを窺い知ることができます。つまり、仏教のお坊さんたちも、本来お釈迦さんの教えにはなかったような民間の習俗を取り入れていたのです。

前にも書いたように、仏教発生の地、インドで早くもこのことが起こっていました。密教が持つ重要な要素の、マントラ（曼荼羅）、ホーマー（護摩）、ダラニ（陀羅尼）などは、このようにして後から付け加わった要素です。その仏教が中国へ伝えられた時、陰陽道をはじめとする中国の習俗と交じり合ったことは否定できません。そして、そういう交じり合いの状態で日本に伝えられた仏教が、日本の民間習俗を排斥しなかったのは明らかです。

仏教に関して言えば、そのことは単に、文化果てる僻地や、高等な教理よりも民衆の要求に近い低階級の僧侶たちの間でのみ起こったのではありません。中央も地方も、高位の僧も低位の僧も、日本仏教全体で行なわれたことでした。政治の中心的存在である皇室での加持祈禱に、天台宗や真言宗の高僧が招じ入れられた事例も、我が国の歴史上では事欠きません。

仏教が、西北インドを経由して中国等の東方に伝来するにつれて、通過した各地の習俗を取り入れていったことは、今日では比較的はっきりと跡付けられるようになっています。それは、仏教が、伝播した各地で、その高邁な教えをひたすら押し付けるのではなく、むしろ、その地で行なわれている宗教的な慣行を受け入れ、それを端緒として、人々を仏教の教えに導いていくというやり方をしたためでした。この点は、唯一つの神を強要し、少なくとも建前上は、それ以外の習俗を厳格に認めなかったキリスト教と対比的です。

仏教が、死者の霊を慰めるという儀礼を強めていったのも、こうした成り行きによりました。死者の霊につながる先祖の崇拝は、各地で自然発生した普遍的な習慣だったのです。今日、我が国における仏教は、死者の供養に大変大きな力を注いでいます。あまりそればかりが目に付くので、お経をあげに来てくれるお坊さんを、葬儀社の契約社員だなどと悪口を言う者さえいます。しかし、死者を祀る儀式は、仏教の教義に結び付ける解釈をどれほど繰り返しても、仏教本来のあり方ということはできません。たとえ人間の霊に限るとはいえ、霊的存在に関わるという点で、先の「いちこ」と同じ宗教領域にあると言うべきです。

山伏のところで見たことを、もう一度思い起こしましょう。山伏は、仏教が中国から持ち込んだものでもなければ、仏教が日本において新たに考案したものでもありません。むしろ、この日本列島には、山への信仰が伝統的に存在したと見るのが自然です。仏教はむしろ、その土着の山岳信仰へ自らをかぶせ、積極的に自分の領域に取り込んでいったのです。

「いちこ」の技や占いに関しても、同様のことが起こったと考えられます。純粋な仏教教義を保持する本山の高僧や学僧たちからは、こうした宗教的な技が毛嫌いされてきたということは、付け加えておかなければなりません。しかし、本山の影響や仏教純粋の教義に対する関心が薄い地方の末寺では、どうしても、民衆の関心を第一のものと考えることになります。

山伏は、仏教の身分階級では最下層の存在でした。法律上は正式な僧と見なされず、自分たちも、仏教の外側にいるという考えを好みました。いわば、仏教教理よりは、日本人古来の宗教性に近かったと見るべきです。そういうわけで、激しい修行に耐えた山伏たちの加持祈禱の能力は、普通の仏教僧よりもはるかに強いと考えられました。一般の民衆は、そういう山伏たちの技の中に、必ずしも仏教的ではないものを感じとっていたと思われます。

こうして、様々なものが様々のし方で交じり合った結果、占いや招霊、また病気治療など、数多く民間で行なわれてきたことが、誰がどれを取り扱う専門家であるか、判然とさせることを困難にしてきたのです。

明治時代になると、江戸時代まで正式の医学であった中国式の医療は、政府によってその資格を剝奪されました。そこで、今日では、この中国式の医療までも、さまざまの中国伝来の事柄と一緒に、非合理的な宗教的所業と混交し始めています。伝統の鍼灸の技さえ、何か不思議な雰囲気で一般に受けとられ始めました。それにともなう「気」の研究は、ほとんど宗教のように受けとられています。

なんだかとても混乱してきました。

「現世利益を求める宗教的行為」として先に挙げたものも、実に千差万別でした。が、切羽詰ってお払いを受けにゆく、「いちこ」その他の存在も、それに負けず劣らず多様です。

「いちこ」など、今見たものは、よく知られた有名なものばかりです。それらに類した我が国の宗教的職能者とその業を、太古から現在に至るまで細部に渡ってすべて調べ上げることは、その多様さにおいて不可能かもしれません。

確かに、とりわけ民衆のレベルで、さまざまな宗教的な業が行なわれてきたということだけは分かりました。そして、それが、緊急事態に襲われた時に、助けを求めて人々が逃げ込むところであったということも分かりました。その意味で、これは、同じ現世利益型の宗教ではあっても、「緊急避難型の」それと呼ぶこともできるかもしれません。たとえ何か現実的なことを祈るにしても、なんだか切羽詰まっていて、緊急に助けを求めている点が特徴的だからです。

しかし、それをどう呼ぶにしろ、その願いに対応する業の詳細や、いったいその業にどの宗教がどういう風に関わってきたのかという事情は、あまりに複雑です。右に見たことぐらいでは、とてもその様子を理解できないのです。いや、反対に、知れば知るほど複雑怪奇で、ますます頭が混乱してくるのです。

いったい、どうすればいいでしょうか。

こういう風に混乱して、最早お手上げだと感じるのは、どうやら、私たちばかりではないようです。専門にこれらの宗教現象を研究している人たちも、さっぱりまとまりがつかないでいる様子が見てとれます。果たして、そのためでしょうか。最近の研究者たちは、またしても西洋の宗教学が作り上げた一つの言葉を借りてきて、これらの現象一切合財を一まとめにして言い表すことにしたようです。

その言葉が「シャーマニズム」です。

五　我が国の宗教に適用される、もう一つの西洋宗教学の理論、シャーマニズム

先に、西洋の宗教学が、日本人の自然崇拝を見て、あれは「アニミズム」だと言っている様子を見ました。それは、《日本人は自然のありとあらゆる存在の中に、何か霊的なものが宿っていると考えている》、とする見方でした。私たちは、その「アニミズム」理論が、肝心な点で、日本人の自然崇拝と合致しないことを見ました。それどころか、「アニミズム」理論が背後に持っている「人格」の問題や、「人間中心主義」は、自然崇拝と全く相容れないものであることを見ました。しかし、私たちの反論についてはともかく、西洋のこの理論は、日本人の宗教を一言で見渡す概念として提唱されたのでした。

そして、さらに今、「シャーマニズム」という、もう一つの概念が提唱されています。そこで私たちは、その「シャーマニズム」とは、そもどういう概念であるかを、たとえ簡単にではあっても見ておく必要を感じます。

●シャーマニズム理論の起源は、極東シベリアの宗教観察であった

シャーマニズムという学問的用語の元となったのは、極東シベリアに住む狩猟民族、トゥングースの、「シャーマン」と呼ばれる宗教的な職能者でした。おそらく、私たち日本列島の太古の住民とも、何らかのつながりがあっただろうと考えられている人たちです。

このシャーマンは、何か部族に問題が生じた時や、部族の誰かが深刻な事態に陥った時、体に特異な衣装をまとい、様々の装身具を着けて、鉦《かね》や太鼓に合わせて踊ります。するとやがて、このシャーマンと呼ばれる人は、エクスタティックな状態に陥り、自分が自分であるという意識を失って、様々な言葉を発するようになるのです。周囲でこれを見つめている人たちが、その言葉の中から的確なアドヴァイスを聞きとって、生じた問題に対する解決策を講じることは、言うまでもありません。

これを見る限り、確かにシャーマンは、先ほど見た我が国の「いたこ」や「ノロ」と酷似しています。ただし、極東シベリアのシャーマンを研究した人たちは、シャーマンの場合、その霊魂が彼の体から抜け出て、外をさ迷っていると報告しました。この状態をシャーマン本人が言うには、我れを忘れている状態の時、魂が体を出て、地下の世界や天上の世界など、普通の人間では足を踏み入れることもできないところを経巡り、そしてその途上で、何が災厄の元であるかを目で見るのだ、ということだそうです。傍らで聞いていた研究者は、これをまともに受けとって、シャーマンの魂は体を抜け出していると報告したのでした。

我が国で似たようなことを行なう宗教者たちの場合は、見たところこれと逆です。すなわち、魂が外に出ていくのではなく、反対に、自分とは違う何か他の霊がのりうつるのです。あるいは、他の霊を憑人《よりまし》にのりうつらせるのです。霊がとり憑くという意味の「憑依《ひょうい》」という言葉が、このことを表現しています。これに対し、シャーマンの言うありさまは、魂が抜け出ていくという意味で、「脱魂型」と名付けられました。

「憑依型」か「脱魂型」かの議論は、宗教に関する世界の学会で、大いに議論された問題でした。おそらく、その違いは大変な差異を生むポイントなのでしょう。しかし、その後の研究者たちは、こうした議論はさておいて、この両者とも、それが社会に繰り広げる現象をみれば、ほとんど類似の現象だと考えることに落ち着いたようで、殊更にその差異について問題化することを止めたように見うけられます。

●我が国の俗信を司る宗教者たちに、シャーマンの用語が適用されている

さて今、極東シベリアの民族、トゥングースのシャーマンのことを書いていて、思わず、我が国の「いたこ」や「ノロ」のことを思い浮かべてしまいました。そして、その関連では、陰陽師や山伏のことなども思い浮かべざるを得ません。さらには、その業を取り入れた限りでの仏教の僧たちのことも、思い浮かべざるを得ないと言うべきかもしれません。

そうです。その思い浮かべが、まさに、我が国の名だたる研究者たちの脳裏をも支配したのです。そして、以来、霊に関わる日本の宗教的職能者たちは、十束ひとからげにして「シャーマン」と呼ばれることになったのです。

そう露骨に同じ名前ではなくとも、「シャーマン的な宗教者」とか「シャーマン的な霊能者」などのように、シャーマンの言葉を頭に付けた呼び方が一般化しました。

もし、こういう十束ひとからげの呼び方でいいのだとすると、確かに便利にはなります。我が国に歴史上存在した様々な宗教的職能者を一つの言葉で言い表すのですから、第一に、いろいろな混乱を棄てて、頭がすっきりします。

日本の島に国家らしいものが現れ始めた、いわば歴史の黎明期に、邪馬台国という国があって、そこに卑弥呼と呼ばれる女王がいました。『魏志倭人伝』の記述で、日本人なら誰でも知っているあの女性です。この女王の国家支配は、明らかに宗教的なものでした。本人は建物の中にこもって、ひたすら霊感を得ることに従事し、一人の男性がその建物の戸口に侍って、彼女の口から発せられる言葉を民に仲介したと言われています。なにしろ『魏志倭人伝』にある記述は短いものですから、その時の卑弥呼の様子など、詳しいことは分かりません。が、今私たちが触れているシャーマンに、近いあり方を想像させるものです。

記紀神話の中にも、シャーマンのようなものの存在を指摘することができます。それは、天照大神が弟神スサノ

オノミコトの乱暴狼藉に怒り、天の岩戸に隠れてしまった時に、困り果てた神々が、暗闇の中、岩戸の前で繰り広げた一大パーティーの様子です。記述では、天照大神が賑やかなことを好むので、こうしていればやがて顔を出すだろうと、神々が合議したとあります。そこで賑やかに始めたのですが、ある女神が大いにのって、踊り出し、やがて着ているものまで脱ぎ出して、裸になってしまったといいます。我が国最初のストリップだったと、口さがない人たちは笑い話の種にします。しかしこれは、記述から見て、明らかにシャーマン的な役割を担っていた女神であったと思われます。何ごとかと顔をのぞかせた天照大神に、鏡と勾玉《まがたま》が献上され、それが後世、いわゆる三種の神器の中に組み入れられるようになります。が、これらも、その女神が用いた呪具であったでしょう。記紀神話が、意識しないままに、その当時、各地で実際に行なわれていた宗教的な祭儀のあり方を書き記したということは、ありそうなことです。

記紀神話の中での歴史時代に入っても、そのような宗教的職能者の例に事欠かないようです。記紀神話に登場する神功皇后が斎宮（伊勢神宮や賀茂神社に奉仕した皇女）となって政治を執り行なった例が、顕著です。しかし、祭政が不分離であった古代において、このことはむしろ一般的なあり方だったと推測してよいでしょう。そこで、ただ女帝や女性祭司に限らず、男性の天皇も、元来そのような政治スタイルを有していたはずだという考えが登場しました。そして、天皇シャーマン説を唱える本も出版されたのです（巻末参考文献十二）。

この本は、我が国では女性のみならず男性も、シャーマン的な祭儀を行なったらしいという推測の上に書かれたのです。あるいは、そうだったのかもしれません。

しかし、その後の我が国の社会では、シャーマン的と見られる職能者は女性が多かったようです。沖縄の「ノロ」は女性です。また、神社の巫女も、現在では単に形式的な存在ですが、卑弥呼や神功皇后のような女性祭司の名残だろうと考えられています。

●シャーマン用語の過度の一般化は、宗教の理解に障害となる危険性がある

元来は極東トゥングースの人々に特有の存在であったシャーマンと、それに関する限定的な研究は、すぐさま拡大使用されて、世界の学会に「シャーマニズム」という言葉を生みました。例によって、学問研究がたどる不可避的な一般化の成り行きです。

そして、世界中のあちこちから、同様の宗教的存在が報告されるようになりました。中国東北部や朝鮮半島は、地域的にも、そしておそらく民族的にもトゥングースの人々に近いので、そこにシャーマンと似た存在がいるというのは、ありそうなことに思えます。しかし、そこからはるかに遠い北米先住民諸族の間にも、それが確認されました。インドやアフリカからも、事例が報告されました。それどころか、古代の中国やペルシャにもそれはあった、という研究も現れました。つまり、人類は、古今東西、地球上の至るところで、シャーマンを持っていたと、こういうことになったのです。

あまりの拡大解釈です。ここまで言うのなら、いっそのこと、もっと拡大解釈をしてもらいたいと思います。つまり、もしも、シャーマニズムの中心的特徴を、《ある人間が自分の外にある霊的な存在から言葉を受けとって、それを人間たちに向かって述べ伝える所業》と定義することが許されるならば、歴史上世界にあった創唱宗教は、ほとんどシャーマニズムに入れなければなりません。

預言者というのは、そういう性質の人でした。ユダヤ教のモーゼ、キリスト教のイエス、イスラム教のマホメット、いずれもその例外ではありません。

そしてもし、モーゼもイエスもマホメットも、皆シャーマンだったというのであれば、我が国の、人間の問題に関わる宗教の現象をことごとくシャーマニズム概念で説明することも、大変一貫性があってよろしいということになりそうです。

しかし、このことは最早繰り返す必要はないでしょう。西洋の宗教研究は、モーゼやイエスをシャーマンであるとはしません。キリスト教へブライズムは高級な宗教。シャーマニズムは原始的な民族に所属する低級な宗教。簡

単に言えば、そういうことです。

六　下級宗教としての俗信

●俗信は、軽蔑的な呼称である

神社やお寺にお参りして「現世利益的な」お願いごとをすることを、私たちは悪いことだとは思っていません。ましてや、緊急事態が起こって、ワラにもすがる思いで宗教者のところに救いを求めるのは、当然のことと考えます。仏教の崇高な教義を理解しようとして祈っているのではありませんから、確かに、その点では少々後ろめたいかもしれません。仮に、教会で祈るような場合があっても、キリスト教の説く崇高な理想のことを深くは考えていないのが真実です。

しかし、なにしろ、自分たちが古来行なってきた宗教的な行為の総体ですから、これを悪く考えるはずがありません。自分自身が真性のキリスト教徒だったり仏教の僧侶だったりと、宗教の高級な理想を追求している人たちは別として、シャーマニズム的な「緊急避難型宗教」や、わりあい穏やかな礼拝の「現世利益型宗教」は、言ってみれば、まるで周囲の景色のように、私たちの生活の中に存在してきたのです。

確かに、宗教の高級なあり方からは、やや逸脱しているらしいということは、漠然とながら了解するでしょう。そこで、世界の高等宗教や仏教の深い教理を一応知る立場にある学者や研究者たちは、私たちの生活と密着しているこうした宗教を「俗信」という風に一まとめに呼ぶのです。

「俗信」の中の「俗」という言葉の持っている意味は、大変多義的です。「風俗」、「民俗」という言葉の中に使われていることから分かるように、それ自体で、古くからの習わしや、習慣のことを意味します。その意味から、特に我が国の宗教の分野を見る時には、先に見た「現世利益的な宗教」の様々な風習を意味することができます。また、占い、まじないの類や、様々な霊魂に関わる、もっと切迫した宗教行為をも意味することができるのです。

しかし、「俗」という言葉は、もう一つ価値判断的な側面を持っています。「通俗」という言葉に用いられていることから分かるように、人々のあり方や行動が、洗練されていなくて並みのものだということを意味するのです。いや、それ以上に、「俗悪」というように用いられる場合には、卑しさや低級さを表現します。

そこで、我が国古来の宗教慣行を「俗信」と呼ぶ場合に、そう呼ぶ人たちの姿勢は明らかだと言えます。すなわちそれは、「大衆が行なっている、価値の低い宗教的慣習」といった意味合いであることが明らかなのです。

●我が国では、俗信の軽蔑的呼称性が充分に自覚されていない

特に高等宗教に肩入れしているわけでもない我が国の研究者たちも、日本の宗教慣行を、総じてこの言葉で表現することに抵抗を示してはいません。一部の人たちは、「シャーマニスティックな宗教」という表現も退けません。それらが、現状を表現するのに不都合な言葉だとは、考えていないからです。

ただし、我が国の研究者たちは、その「俗信」の中でも全く不合理な、そして人々に利益をもたらすよりは却って害悪を及ぼすようなものを、「迷信」と呼んで、「俗信」から区別する傾向があります。迷信とは、一例を挙げれば、ペニシリンという特効薬があるのに、それを危険視し、頑迷に昔ながらの病気治療にこだわって、ひたすら「いちこ」の祈禱にすがる、というような場合が考えられます。そういう場合、その宗教的行為は、近代医学を理解できない、無知蒙昧です。非合理的な迷妄です。

しかし、逆に言うと、我が国の研究者たちは、そういう「迷信」を取り去れば、後に残る宗教的行為は、「迷信」の名前で呼ばれるには値しないと考えているように見うけられます。神社でおみくじを引いたり、安産の祈願をしたりするような行為を、迷信であると決めつける研究者はまずいないだろうと考えられます。そしてこの点は、研究者に限らず、広く一般の考えでもあるのです。

しかしながら、「俗信」と「迷信」という、この都合のよい分け方は、西洋的な宗教観からは容認されません。それは、二つとも同じ領域の、同じレベルの宗教行為なのです。第一、西洋語には、この二種類を区別する言葉が

ありません。

辞書で「迷信」にあたる英語を引くと「スーパースティッション」です。それでは、「俗信」にあたる言葉はいったい何かと探してみても、これが見つかりません。単なる辞書の不備、ということもあり得ます。そこで、宗教の専門家である人ない人、相当数の西洋人を相手にこの点を質問してみました。すると、結論として、「俗信」を表現する言葉も「スーパースティッション」以外にないことが分かりました。

つまり、彼らの言葉では、私たちが言う「俗信」もまた「迷信」なのです。私たちが神社に参拝しておみくじを引くことも、安産の祈願をすることも、「迷信」です。ましてや、「いちこ」に依頼しての加治祈禱など、「迷信」以外のものではあり得ないのです。

「俗信」の「俗」という言葉は、学者が宗教一般に関して用いる場合、大変際立った意味を持ちます。すなわち「聖と俗」のように、「聖なるもの」との対比で用いられるのです。

高等宗教が、その祈りと瞑想によって達しようとするものが、「神聖な」境地です。「俗」はその反対概念なのです。仏教の場合も、その本来の教義を強く押し出す時、それに関わるためには「僧」という信仰集団に加わらなくてはいけません。これに対し、それに加わらない立場、すなわち出家をしない「俗人」の立場は、本来的なあり方ではないのです。

先に、人間が人間の為にはかる宗教は日本にも事欠かないと書きました。しかし、それは、キリスト教を代表とする「人間中心主義の宗教」に同列に加えられることがない、もう一つ別種の「人間中心的宗教」であるとも書きました。その意味が今明らかです。

すなわち、西洋にとって日本の宗教は、「現世利益的宗教」と名付けようが、「シャーマニズム的宗教」と一括しようが、あるいは、もっと普通の言葉で「俗信」と名付けようが、すべて価値の低い「迷信的な」習俗であると理解されているのです。

極めて簡単な言葉での表現を繰り返せば、一方は「高級な」人間中心主義の宗教であり、他方は「低級な」あり方をしている人間中心主義の宗教なのです。

●俗信の宗教行為も非人格性の特徴が強い

ところで、話が混乱しては困りますが、私たちの間でまるで百花繚乱の観があるこの俗信、すなわち「低級な」人間中心的宗教も、深くその元をたどれば、決して人格的な存在に拠っていません。

確かに、願いごとをする私たち一般の庶民の立場からすれば、その願いごとは、いちいちが、現実的な生活に関わる事柄です。ですから、その意味で、たとえ低級と呼ばれようが、一種の「人間中心主義の宗教」という呼称がふさわしいと考えても、無理もないところです。

しかし、願いごとと、その願いごとに呼応する構造そのものに目をやれば、それが非人格的な性格のものであることが明白です。

私たちは、山伏および山伏的な能力の人たちを、私たちの伝統宗教の典型的な宗教者と考えました。その山伏および山伏的な能力を示す人たちは、決して、何らかの人格的な対象には拠っていません。むしろ、限りなく非人格的なもの、すなわち自然が、彼らの拠っているものです。このことは、仏教においても顕著です。それは、お釈迦さんという人格に拠るよりも、むしろ宇宙の法というような非人格的な存在に、私たちの存在の根拠を求める姿勢から明らかです。

つまり、私たち一般庶民が願いごとを訴え、叶えて欲しい、聞き届けて欲しいと願う時、それに呼応する宗教性の構造は、人格的な存在よりは、むしろ非人格的な自然に拠っていることが分かるのです。

このように、低級な俗信は二重に自然的です。一つには、それが専ら、私たち庶民の現実的で自然的な欲求にのみ関わるので、その意味で自然的です。さらには、その欲求に呼応する宗教性の構造と特性が、そもそも非人格的で、自然的なのです。

七　補足――キリスト教の俗信

●キリスト教世界に俗信がないということではない

我が国の宗教といえば、先ずは俗信のことである様子を見ました。それは、普通の生活をしている人間の、その生きていく上での具体的な欲求に関わる、人間のための宗教でした。

それでは、キリスト教文明圏において、そのような俗信が全く見られないのかと言うと、決してそうではありません。キリスト教文明圏に生きる人たちといえども、いわば、生身の人間です。生きていく上での悩みや苦しみが、彼らの関心事の中心に位置していないわけがありません。事実、ヨーロッパの各地で行なわれている実際的な宗教的慣行を見ると、それらは俗信と呼ぶ以外にないものであることが分かります。考えてみれば、本職の聖職者たちや、キリスト教に深い関心を寄せている学者たちでもない限り、ひたすら超自然の精神的存在にのみ価値を認めて、世俗のことを軽んじていられるというはずはないのです。

しかし、それではいったい、私たちの考察はどういうことになるのでしょうか。

こちらも百花繚乱のごとく俗信ばかり。あちらも、普通の庶民の信仰といえば、先ずは俗信が優勢。ということになれば、私たちの考察は、結局のところ、あちらもこちらも大差がない、ということにならざるを得ないのでしょうか。

いえ、そうではありません。肝心なことは、私たちの考察がとらえている、彼我の関係の全体的な構図です。そして、その全体的な構図の中における問題の発端となっているのが、「君たちの宗教は何か」と質問を突きつけている側の動きと、その質問に呼応しなければならないという、突きつけられている側の態度決定の必要性なのです。

●ヨーロッパ、カトリック教に見る俗信

またしても、話が抽象的になってしまいました。そこで、ここは、もっと具体的に話を展開する必要がありそうです。そこで私たちは先ず、ヨーロッパのキリスト教文明圏においても、一般の人々の宗教的慣行は俗信と呼ぶ以外にはないという点を、具体的な二、三の実例で見てみたいと思います。

フランス南部マルセイユの町は、地中海の海上交易の拠点として栄えてきた町です。その、海を見晴るかす一段と高い場所に、「ノートルダム・ド・ラ・ギャルド」教会が建っています。そして、この教会で、古くからの宗教的慣行として有名なのが、舟形の絵馬を奉納する習わしです。

「絵馬」という言葉は、わざと用いました。というのも、教会に、自分が所有している船のミニチュアを奉納して、その安全を祈願するというのは、宗教的な意味と構造からして、我が国の「絵馬」と、寸部の違いもないものだからです。もし、我が国の絵馬が俗信なら、あちらも全くの俗信です。

スペインの各地の教会には、肝臓だの腎臓だの、人間の臓器をかたどった木製の奉納物を見ることができます。それは、人体のその部位に病気を持っている普通の信者さんたちが、その病気の平癒を祈り、あるいはそれが平癒したことへのお礼参りのために、奉納したものであることは言うまでもありません。

幼子イエスを肩に負い、木の杖をついた聖クリストフの絵は、旅行者を守るお守りとして、古来信仰を集めています。その絵柄が描かれた車のキーホルダーを持ち歩いている人たちも、少なくありません。

これは、我が国で、あちこちの神社などが出している「交通安全」の小さな御札と、何ら違う意味のものではありません。

また、聖アントワンヌは、失せものの在りかを尋ね、それが出てきますようにとお祈りをする際の対象です。

そもそも、人々はほとんどの教会で、お祈りをする際に、私たちの言う「家内安全　商売繁盛」を祈るのです。あるいは、重い病気や、行き詰まった生活などの、緊急の事態が打開されますようにと祈るのです。

その際、ただでお祈りするのも気が引けます。そこで、フランスなら、(旧貨幣で)三フランを出してローソクを買います。もう少し懐に余裕があれば、一〇フランのものを買うかもしれません。そして、これに火をともし、祭壇に捧げて祈るのです。

我が国の神社仏閣のお賽銭箱と、いったいどこが違うでしょうか。こちらは直接現金を放り込みます。あちらは、同じくお金を上げるにしても、ローソクを購入するというあたり、多少間接的ではあります。まるで、贈答の品に現金を包むのではなく、デパートやなんぞの商品券を包む、というのにも似て、やや上品ではあります。しかし、その持っている意味と、宗教的構造は全く同じだと言うしかありません。

やや上品で、間接的だという表現を用いましたが、そのことは、もっと大掛かりな仕方で案配されています。というのも、生活の細々としたことを祈るのです。もし、神様がいらして、こちらの声がその神様に届くのだとしても、その神様に直接祈るのは気がひけます。第一、キリスト教の偉い人たちが言うには、その神様は、人間の世俗のあり方から超然とした、純粋に精神的な、高邁な存在です。なかなか、こちらの都合のよい願いを、聞き届けてくれるとも言いかねます。

そこで、実際にお祈りするのは、直接に神様に向かってではなく、なるほど偉くはあるが、その神様からは遥かに偉さが見劣りする相手、ということになります。神様に直接願いごとをするのではなく、いわば仲介人たる聖人に向かって祈るのですから、間接的になります。こんな些末な私ごとですから、直接ではなく、仲介人を通して間接にお願いするのですと、恭順の意を表すことにもなりますから、やや慎みが増して上品になります。それが、聖人に対する信仰がかくも栄えた一つの理由です。先に挙げた具体例では、聖クリストフや聖アントワンヌに祈るということになります。

同じ理由から、ヨーロッパでは、聖母マリアに対する信仰が大変盛んです。先に見たマルセイユの教会は、別名を「ラ・ボンヌ・メール」といいます。普通には、こちらの呼び名が用いられています。人々がこの呼び名を用いる時は、もっと、身近さと気安さが増すようです。そして、その呼び名は、すなわち「マリアさま」という意味なのです。有名なパリの「ノートルダム」寺院も、その意味は「私たちの婦人」ということで、つまり「マリアさま」のことです。

●プロテスタントにも俗信は存在する

今簡潔さを心がけて、キリスト教カトリックの宗教圏に見られる具体例のみを取り上げました。同じキリスト教でも、プロテスタントの地域に見られる例を取り上げなかったのは何故かというと、それは、他ならぬ、あの宗教改革にあります。

ルターやカルヴィンといった宗教改革の旗手たちは、いったい、何に対して「抗議」したでしょうか。それは、他ならぬ伝統のカトリックの、世俗にまみれた体質、すなわち「俗信」に対しての抗議でした。ルターは、塵あくたにまみれた教会の伝統全体に対して次第に怒りを増してゆきましたが、最終的には、教会への寄付金によって魂の救済が決められるというようなカトリックの体質を見て、堪忍袋の緒が切れたと言われています。

そこで、「宗教改革」という、歴史教科書の用語をまともに受けとれば、キリスト教新教のプロテスタントは、私たちが今注目している「俗信」を一掃したということになります。

しかし、実際はそうではなかったことが明らかです。確かにプロテスタントは、キリスト教の俗信的なあり方に抗議を唱えました。しかし、その抗議が向けられた対象は、腐敗しきった教会の組織と上層部であって、民衆ではありませんでした。民衆の俗信的宗教慣行を一掃しようという努力が、プロテスタントの指導者や、有力な支持者達によってなされたという形跡はありません。すなわち民衆は、たとえプロテスタントの宗教領域に組み入れられても、千数百年に渡って継続した彼らの宗教慣行を変えなかったと思われるのです。

とはいっても、プロテスタントの指導者たちによる、一種の宗教浄化の動きも無視できないところです。したがって、プロテスタント圏内の俗信の慣行についてては、もう一つひねった考察が要求されると言うべきかもしれません。そこで、この点に関しては、別の書物に解説を譲りたいと思います。別の書物とは、先に触れたフリートリッヒ・ハイラー著『キリスト教と諸宗教』（本書九〇頁）を挙げることもできます。またこのごろでは、他に、このテーマで書かれた書物も少なくはないようです。

●俗信が普遍的に存在するということと本書の問題設定とを混同してはならない

このように、キリスト教圏といえども、人々の普通の宗教慣行は、先ずは俗信と呼ぶべきものです。しかし、それでは結論として、あちらもこちらも宗教として大差がないと言い放って、それで済ませられる性質の問題なのでしょうか。

いいえ、私たちが宗教を、文明との関わりでとらえることが必要だと考える理由は、まさにそこにあります。すなわち、現在私たちは、西洋文明によって、「君は何者か」と問いかけられる状況に住んでいます。私たちのアイデンティティーが問われています。そして、そのアイデンティティーを構成する核心の要素に、宗教があると前提されています。つまり私たちは、「君の宗教は何か」と不断に問われているのです。

そして重要なのは、この問いかけの言葉が、宗教の本質部分から発せられているということです。決して、一般民衆の、俗信の慣行からの照会ではありません。キリスト教文明が世界に向かって、「君の宗教は何か」と問う時、それは、超自然の唯一神を崇拝する、純粋に精神的な宗教としての本質から発せられる問いなのです。

最近、国際政治の分野で、このことを鮮明に示す事件が起きました。アメリカ合衆国政府が、国民の基本的な人権を守らない国として、中国政府を糾弾した事件です。一九八九年、中国政府は、北京の天安門広場で、民主化を求める中国人学生らの若い世代に向かって、武力による弾圧を決行しました。この事件がきっかけとなって、アメリカは、人間の基本的人権を尊重しない国家として、中国政府に対する攻撃姿勢を鮮明にしたのです。そして、その後、同じ主張が中国政府に限らず、世界の他の諸国に向かってもなされるようになりました。この、「人権」を盾にしての外交を、一時期世界のマスコミは「人権外交」と呼びました。その可否がどうであれ、正しい国家のあり方は唯一つしかないというアメリカ政府の主張、そして、自分たちこそ、その唯一の正しい国家を体現するものであるというアメリカ政府の主張が、彼らの外交の根底にあったことは否定できません。そしてまた、自分たちには、それによって世界を教導していく義務と責任がある、という自負が背景にあったことも、否定できないと思われます。

四千年以上に渡って、ひとまとまりの意味と形態を継続させてきた中国という社会に対して、建国後まだ二百年そこそこというアメリカ社会が、「我々こそ、君たちに正しい国家のあり方を教える」と発言するのを見るのは、どうにも、奇異の観を免れないものがあります。が、そのことはさておいて、アメリカ政府のこうした主張の土台と背景が、今まさに私たちが言う、文明から文明への問いかけに他なりません。

正しいものは唯一つしかない、という確信。他の文明は、たとえどれほど長い歴史を持つものであっても、その唯一つしかない真理を受け入れなければならない、という原理の自明さ。これらは、実のところ、政治自身が作り出した単なる政治的主張にすぎない、と言うことはできないでしょう。むしろ、不寛容なキリスト教へブライズムの根本的特性だと言うべきものです。

その後に、中国政府は逆襲を試みました。アメリカ合衆国のあり方を、逆に非難する行動に出たのです。たとえば、「基本的人権」の中では、社会の構成員間の「平等」が最も重要で、最も基本的なものの一つです。それならば、と、中国政府は何か事あるごとに反論します。それならば、君たちの社会こそ人種間に多くの不平等を抱えている国家ではないか、君たちこそ基本的な人権を擁護できないで、右往左往している不完全な国家ではないかと反論するのです。

しかしこのことは、マスコミの好奇心を一時的にとらえたとしても、大変不充分な議論です。

問題は、二つの社会に起こる「不平等な事件」の多寡ではありません。ある社会に向かってなされる攻撃の「由来」と「本性」を探ること、それが重要です。

そこで、今、宗教固有の問題で、多少安易にアナロジカルな表現をするとすれば、あちらとこちらの宗教現象を比べて、あちらも俗信、こちらも俗信、あまり大した違いがないから宗教の違いはない、などといった類の議論は、いただけないことになります。

八　世界的宗教交流

●現在は、キリスト教と仏教も相互交流が進んでいる

洋の東西を問わず、新たに紹介された宗教は、紹介された側に新鮮な驚きを与えます。そこで、その宗教が長い歴史を刻んできた社会におけるよりも、はるかに強い力で人々を引き付けるのが常です。

我が国においては、明治にキリスト教が再輸入されて以来、この宗教が大変大きな驚きをもって迎えられました。そのため、西洋社会に見られる以上に、真摯な信仰心を生み出すケースが少なくありませんでした。そのことは、明治以来の我が国において、キリスト教に改宗した人たちの言行を見れば明らかです。その人たちが我が国の社会のあり方に与えた影響も、実に計り知れないものがあります。

一方、キリスト教圏に新たに紹介されるキリスト教以外の宗教が、何らの驚きも新鮮さも与えないかというと、決してそのようなことはありません。

たとえば、南方仏教は、戦後ヨーロッパにおいて、大々的な対抗宣教を繰り広げ、各地で少なからぬ信者を得ています。また我が国の、ある新興の仏教宗派は、フランス国内で熱心に布教に努めました。その努力は、大変激烈で、深い影響を人々の心にもたらすように観察されました。フランス政府は、これを見て、この宗派を「危険な宗教」に分類して、事実上の弾圧に乗り出したほどです。

しかし、またしても私たちは、洋の東西の現象の表面的な類似性にとらわれてはいけません。宗教の影響は、もっと深い土台の構図から見ておかなければならないと思われます。

●我が国では、見かけ以上にキリスト教の影響が大であると言うべきである

我が国にとって、新たに紹介されたキリスト教は、単に、伝統の宗教では満たされないという個人的な信仰心の問題にとどまりません。私たちは、西洋の文明を丸ごと受け入れたし、また、そうせざるを得なかったのです。その際、科学技術など、キリスト教文明圏の表面的な成果のみを受け入れることとして、受け入れ自体に或る種の限定条件を付けたつもりです。しかし、それは実行不可能です。私たちは、いくら科学技術のみを受け入れるつもりでいたにしても、少しずつ理解を深めていくにつれて、それを作り上げてきた文明の思想に触れないわけにはいかなかったのです。

第二次世界大戦後は、この作業が一層進行したと思われます。民主主義といえ、自由・平等の社会思想といえ、キリスト教という宗教の土台がなかったとしたら、この世界に社会思想として定着したはずもない思想です。ですから、その思想のみを受け入れておいて、その土台の宗教は見ない、ということは成立しません。

むしろ私たちは、西洋文明の成果をもらい受けながら、知らず知らずのうちに、それを可能にしてきた思想を理解し、そうすることでキリスト教文明と呼ばれるものを丸ごと体内に吸収してきたのです。つまり、キリスト教という土台の上に成立したキリスト教文明を受け入れることによって、キリスト教そのものを身に引きうけてきたと言わなければなりません。これは、個人的にクリスチャンに改宗するという場合とは、別のあり方です。

単に書物等によって、頭で理解できたということではありません。キリスト教文明圏の思想原理は、すでに私たちの血肉の一部になっており、人々は、あたかも、誰からも教えられたのでもない自分自身の体の中から発せられた言葉ででもあるように、キリスト教文明圏の思想を口にし始めたのです。それが一つの社会現象にまでなった一例として、一九七〇年前後の学生運動を挙げることもできると思われます。

●西洋に対する他文明、他宗教の影響は、現状では限定的であると言える

我が国における西洋文明の、こうした全体的な影響と比較して、西洋における異宗教の影響は何ら根の深いものではありません。

たとえば、仏教を取り上げると、その影響は極めて限定的であると言うべきです。ヨーロッパにおいて、仏教に関心を持って修行に励んでいる人を見ると、その「改宗」の理由は、伝統的キリスト教のあり方に、ある種のマンネリズムを感じていたところに見出されるようです。つまり、その人の信仰心が、周囲のありふれた宗教慣行に満足せず、もっと際立ったものに乗り出していく必要を感じたためだと言えそうです。

しかし、そうした人たちも、ほとんどの場合、表面的には仏教への「改宗」が言われていながら、その信仰心自体は、極めてキリスト教的な地盤に根差していることが観察されます。

また仮に、ある人の宗教心が真実キリスト教を離れ、仏教の真髄に迫る例が見られるとしても、その場合、その人は、例外的な存在にとどまる運命にあります。何故なら、西洋キリスト教社会は、私たちの場合と違って、自分たちと異質の文明を全的に受け入れなければならない状況にありません。そこで、仮に異文明の真髄に達する人が現れても、それは個別性の中にとどまることになる。それが、彼我の文明間にある構図です。

キリスト教文明圏が異文化を全然吸収しない、と言っているのではありません。逆に、異文化が大きな流行となることもあります。しかし、異文化が、たとえ大きな広がりを見せているように観察されるとしても、それが、キリスト教へブライズムの核心に触れていくといった気配は、ないようです。

我が国との関係で具体例を求めると、十九世紀において、浮世絵を中心とする我が国の絵画が、ヨーロッパにおいて大いに持てはやされました。いわゆる印象派の画家たちは、そこから大きなインスピレーションを得たと言われています。しかし、それが、ヨーロッパの絵画的な視覚自体を変えたようには思われません。

また、現代では、「禅」という言葉が大流行りです。禅は紛れもない仏教の一派ですから、キリスト教とは異質な宗教が流行していると言いたいところです。しかし、こうした異宗教の影響も、キリスト教の核心に触れていません。ヨーロッパで流行の「禅」とは、ただ単に、簡素な生活のスタイルであるとか、簡素な部屋の飾り付けとか、極めて表面的な理解のされ方であると言わなければならないようです。

文明間の関係の構図という問題に関して、大変平凡な叙述になってしまいました。それは認めます。しかし、居直った物の言い方をするのではありませんが、時としては、極めて平凡な現実を、極めて平凡な観察の目で、しかし全体を見通すやり方で、見渡してみることが必要だと思われるのです。

第10章

宗教の定義は可能か

前章まで私たちは、私たちに身近な宗教性を提示することによって、西洋式宗教学理論の妥当性を問題としてきた。しかし、その西洋式宗教学理論の母体であるキリスト教自体は、その本質を、誰にでも分かる言葉では定義しない伝統を確立している。このことは、宗教をテコとする文明間の対話が滞る大きな原因の一つである。本章では、我が国ではよく理解されていない、その非定義の由来と成立経過について解説を行なう。

一　文明間の交流のために、キリスト教とは何かの定義を知る必要がある

「君の宗教は何か」。

私たちは、西洋キリスト教文明によって、そのように問われている気がしました。それは同時に、「君たちのアイデンティティーは何か」、と問われていることでもありました。

問われても、答えたくなければ、黙っていればよさそうです。しかし、西洋世界との連動がこれほどの密度で行なわれる時代となれば、最早、質問が聞こえないふりをして済ますこともできなくなっています。

そこで、私たちは、「私たちの宗教はいったい何か」、「そもそも、宗教とは何か」という問題に、正面から取り組まなくてはならなくなったと感じています。

これまでのところ、宗教と呼ばれる現象を前にして、どうにかその姿を明らかにしようと、本書なりに努力してきました。しかし、精一杯切り込んでみても、宗教とは何かの定義には至らない気がします。いや、今後とも、やってみればみるほど、ますます混乱の状態に陥っていくのではないかという、漠然たる予感さえするのです。なんとも、情けなくもあり、残念でもあります。

そもそも、宗教とは何かの問題に悩まなければならなくなったのは、いったい、どうしてだったでしょう。

それは、ヨーロッパ世界が、外へ向かって進出していった歴史的な状況から生まれたことでした。彼ら西洋人が、外の世界に「発見」した人々の異様な習俗に驚き、これに対する探求の好奇心を持った。そのことが、宗教とは何

かという問題を世界中に引き起こしたのです。

もし、西洋社会によって喚起された、そのような歴史的要因がなかったと仮定すれば、世界の民族は、その問題を、問題として、意識の上にのぼらせる必要さえなかったかもしれません。

もし西洋の目が、とりわけ西洋式の文明が、ある民族に接した時、その民族の人々自身からも支持されるような宗教解釈とその説明に到達していれば、あるいは、それで問題は解決したかもしれません。アフリカ大陸に住む人々、アメリカ大陸やアジア太平洋地域に住む人々が、充分納得できる説明であれば、よかったのです。

ところが、現実はそうなっていません。その後ようやく、世界の人々が、西洋の側からする一辺倒な解釈に拠らず、自分自身の口で語り出した時、西洋の目の歪みを指摘しないではいませんでした。私たち、極東の一島国に暮らす者も、西洋からする理解に、なんだか、しっくりこないものを感じるのです。

私たちは本書で、私たち自身に最も近い宗教や、習俗を取り上げました。もしも、西洋の目とは無関係に、それらがどういう風なもので、歴史上どういう風に展開されてきたかという、好奇心から出発して、それを研究し、叙述するということが許されるのであれば、それは一種の風俗史ということになります。しかし、もしも、それらの本質は何であるのかという問題に少しでも踏み込むとすれば、私たちのその考察は、すぐさま、宗教の定義という学問的な地平に立たざるを得ません。そして、西洋の視点との対峙関係に、立たざるを得ないのです。私たち自身の宗教や風俗を前にして、これはいったい何かと問う突き放したやり方自体、私たち自身を外側から見るという点で、すでに通常とは違う視点です。そして、私たちにとっての外の視点とは、十九世紀後半以来、一貫して、他でもないこの西洋文明からの視点でした。

そこで、問題が明らかになります。果たして、キリスト教の定義の方は、私たちに対して一点の曇りもないほど明確に示されているのか、というその問題です。

もしも、それが明確に示されているのならば、それを知ることによって、私たちは、世界中の他の民族、他の部族の人々とともに、自分たちの宗教が、その定義と対峙させてみて、いったいどういうものであるのかを、おそらくは説明できるようになります。もしも、同じものだと見えれば、そうも言うでしょう。同じものだが程度において劣ると認めれば、そうも言うでしょう。反対に、違うものだと感じるなら、その根拠を示すことができるでしょう。いやそれどころか、あちらが、自分のものは宗教であると言うなら、それに比して、こちらは、宗教という名前を冠しない方がいい、という主張すら可能になるはずです。

そうです。世界の宗教一般の探求や研究に入る前に、最初にはっきりと知っておくべきこと、それは、キリスト教の定義の方だったのです。そこで、順序は後先になってしまったかもしれませんが、私たちは、今後の考察のためにも、「キリスト教とは何か」という定義を是非とも知りたいのです。

回り道をした挙句、どうやら話は、最初の出発点に立ち戻った観があります。けれども、最初の出発点こそがすべての基礎だと言えなくもありません。仮に、幾何学に喩えて言うことが許されるとすれば、最初の公理がはっきりしていさえすれば、その後の発展は、確かなものとして、その土台の上に構築されます。

二　キリスト教自身にとって、キリスト教を定義するとはどういうことか

最初の出発点として、「キリスト教とは何か」という、その定義を是非とも知りたいと切望します。その定義はいったい、どこにどのように与えられているのでしょうか。どこかに、これぞという本があるのに、私たちはその存在を知らされていない。そういうことなのでしょうか。もしそうなら、何としても、それを目にしたいと熱望します。

しかし、またしても、話の出鼻をくじくようなことを言わなければなりません。というのも、実は、キリスト教の定義は、ない。仮にあるとしても、それが言葉によってもたらされるということを、それを知る人たちは断固として拒んでいる。このような事実があるのです。

●無限定なものの定義不可能性

キリスト教のみが、自身の定義を拒んでいる極めて頑迷な宗教だと言うのではありません。公平を期すために言えば、「宗教の本質は言葉によって限定されない」とする主張は、ただキリスト教だけが見せる頑迷さではないのです。宗教は、一般的に言ってどんな宗教も、何らかのし方で、ある無限定的な存在に関わっています。ですから、言葉による定義との間には、軋轢が生じるのです。

無限定的なものとは何でしょうか。それは、無限定的なものですから、言葉で言うことができません。言葉では言えませんが、その反対の、限定的なものを考えてみれば、それと対称をなすものとして、おぼろげながらも理解することができます。今、限定的なものの代表として、私たち自身、つまり人間存在のことを考えましょう。人間存在は、生まれては必ず死にます。そこで、この世に存在する時間という点で、すでに有限です。生存のためには、食物に依存します。空気のないところでは、ほんのつかの間も生存することができません。形態上、特性上も、はっきりとした制限があります。

そこで、このような人間存在との関連から、何か無限定的な存在を考えるとすれば、その存在は、生まれて死ぬというような時間的有限さを持たない、ある無限のもの、ということになります。食べたり呼吸したりという必要に迫られない、絶対自由のもの、運動能力や知的能力に制限のない、ある万能のもの、となります。

こう見てくると、なんだか、無限定なものも、結構、その姿がはっきりしてくるような錯覚を覚えます。けれども、それは、やはり私たちの錯覚でしかありません。何故なら、その無限定的存在の特徴付けは、ただ単に、有限で、他のものに依存しなければ存立し得なくて、あらゆる意味で自由を制限されている私たち人間存在の特徴を、そっくりひっくり返して言っただけのことにすぎないのだからです。それは、まっとうな定義とは言えません。ただ単に「……ではない」「……でもない」と言っただけでは、その何かの本質を言ったことにはならないのです。

そこで、宗教がある無限定的なものに関わっているという一般的な特徴付けは、もしそれを鵜呑みにして了解するならば、その或るものは、言葉によって表現されないということを同義的にその根底に秘めている、ということになります。何故なら、言葉によって表現されるということは、これこれしかじかのものとして限定される、あるいは制限される、ということだからです。ある言葉によって表現されたものは、その言葉以外のものであることはできなくなります。

宗教が、その関わっている存在に対する定義を、言葉によってはよしとしない、いやそれどころか、そうされることに全力で抵抗を示す、その隠れた事情がここにあります。

●宗教の実践は、言語による表現ではとらえきれない

宗教は、それが関わるものを、言葉によって定義しないばかりではなく、その中にいる人々の状態も、言葉にしたがりません。それは、宗教の関心の中核が、言葉ではなく実践だからです。言うことではなく、行なっていることだからです。

落ち着いて考えてみると、この世界に実際に存在しているものは、極めて多くの現象において、言葉ではないものです。

何か、ある物の臭いを例に見てみましょう。臭いは、全然言葉ではありません。言葉によって表現してはならない、ということではありません。しかし、今ここでこの私が嗅いでいる臭いを、たとえばテレビの映像と誰かのナレーションによって伝えようとする場合のように、言葉のみによって相手に伝えるということは原理上不可能です。「カレーの臭いに似ている」とか「まるで硫黄のように強烈な臭いだ」とか、伝えることはできます。しかし、それは、すでに知っている臭いとの類比に訴えたり、形容語句の力に訴えたりしているのであって、その臭いそのものは、終いには伝えられません。

人間が行なっていることも、そのほとんどが言葉を拒絶しています。たとえば、水の中を泳ぐという実際的な行動を思い浮かべてみましょう。もしも、一度も泳いだことのない人に向かって、どうやったら泳げるようになるかという説明を、言葉によって、たとえ千回、万回繰り返しても、それだけで、その人が実際に泳げるようになると

は思われません。また、今現に海の中を泳いでいる人が、知っている限りの言葉を尽くして、その有様を説明しても、それが相手に実感されないのは、先の臭いの場合と同じことです。

宗教は言葉ではなく、実践だと言われる時、これと似たようなことが主張されています。つまり、宗教は、嗅ぎとられた臭いのように、そこに感じとられてあるもの、そのものなのです。言葉ではありません。また、泳ぐことに類して、そこで現に行なわれている実践そのもの、「生きられているもの」そのものなのです。それについて語られた言葉ではありません。座禅によって得られる境地は、終いに言葉にならないのです。

●宗教研究者にとっては言葉による表現が必須である

これとは反対に、宗教を研究する側の者たちは、言葉に信頼を置かなければなりません。研究するということ自体、言葉による構築物を、最終の目標とする一つの行為です。そこで、研究者たちは、まるで弱い立場に立たされます。聖職者や信者といった、今実際に宗教に携わっている人たちからは、次のような罵声を浴びせかけられるのが常です。

君たちは、私たちのことを理解できない。何故なら、君たちは私たちの居るところではなく、その外に立っているからだ。プールの外に立って傍観している君たちに、プールの中でもがき苦しんでいる私たちのことは、分からない。だから、君たちが、どれほどの言葉を尽くして私たちのことを語ろうとも、それは私たちではない。それは単なる言葉にすぎないのだ。しかも、君たちの都合からする、君たちの言葉にすぎないのだ、と。

宗教の外に立って、それに関心を持ち、それを知りたいと望む者は、こういうやり取りを、どれほど多く聞かなければならなかったことでしょうか。しかし、反面、宗教者たち自身の言うことは、いちいちもっともです。

●キリスト教においては、定義拒否性が神学へと昇華している

宗教は、ただキリスト教に限らず一般的に言って、言葉による表現とピッタリ重なり合いません。それは、仏教

にも見られることでしょう。特に禅宗は、言葉に対する強い不信感を示し、それが元で、普通には理解されないような、禅宗独自の言葉表現を作り上げてきました。

ただ、キリスト教は、宗教の一般的特徴である言葉への不信を、あらゆる機会に、あらゆるし方で強調し、「神とそれへの人間の信仰は、定義されない」という「神学」を作り上げたのです。

さて、この言い方は、まことに矛盾した言い方であるということは、すぐさま気付かれることです。神は定義されない。神に対する人間の信仰も定義されない。ここまでは、一応理解できるとしましょう。宗教は、言葉によって定義されないと主張するものだからです。けれども、その主張を軸として、そこから「神学」を作り上げたという部分は、何とも解せません。何故なら、「神学」とは、言葉を用い、言葉の要求する論理に従って構築された、言葉の体系のことを言うのだからです。まるで、石は無い、木の柱も無ければ漆喰も無い、と言いながら、その、何も無いところから、一つの巨大な城を構築してしまった、とでも言うに等しい気がします。

なんだか、またしても混乱してきました。そこで、話を抽象的にしないで、実際の姿を見ることによって、この点を理解することと致しましょう。「実際の姿を見る」とは、キリスト教が、それこそ何も持っていなかったその発端から、「神学」と呼べるものの基礎を作り上げることに成功した、キリスト教発生初期の数世紀の歴史を、あらすじで振り返ってみようということです。

三　パウロの論理拒否

●初期キリスト教は、激しい社会政治批判の姿勢を崩さなかった

キリスト教が、言葉に対する不信という宗教一般が持っている特徴を超えて、「キリスト教は言葉による定義を受け入れない」という主張を核心に据えた「神学」を作り上げるまでになった大本の原因は、おそらく、現世に対する批判と反逆を徹底させたというところにあったろうと考えられます。

このことは、先にパウロという人物を紹介したところで、すでにその一部を見ました（第3章第三節）。キリスト教は、その発生時、膠着的なユダヤ教の律法を批判しました。いくら社会を構成する基本であっても、ユダヤの律法は、すでに古くなってしまっており、人間を自由に生かさないという感情が付きまとっていました。

さらにキリスト教は、その反逆的な姿勢から、ローマの政治権力とも対立し、何があっても妥協するということをしませんでした。妥協するどころか、弾圧が強くなればなるほど、キリスト教は反抗を強めていきました。政治権力が、捕えた者を残虐な刑罰に処しても、信者たちは、それにひるむということがありませんでした。それどころか、信者たちは、神への信仰のために処刑されるということに、大いに喜び、進んで殉教を受け入れる始末。弾圧は、まるで、燃える火に油を注ぐような逆効果を生みました。

●パウロは、ローマの文化的土壌だった古代ギリシャ思想を退けた

キリスト教の歴史で、初めて言葉による統一的文献を作ったのがパウロでした。そして、その姿勢が、やはり当時の文化に対して、批判的、反逆的なものだったのです。他の宗教の礼拝行為を「偶像崇拝」と呼んで蔑みました。信者たちに向かって、「あなたがたは、むなしいだましごとの哲学にふけって、人の虜となってはならない」と戒めました。ところで、その言う「むなしいだましごとの哲学」とは、当時の世界に主流をなしていた古代ギリシャの思想を、丸ごと言い表した言葉だったのです。

パウロが、かくも簡単に、古代ギリシャ思想を丸ごと一つのものと見なし、一挙に捨て去ることができるとした根拠は、古代ギリシャの思想はどれ一つを取ってみても、単なる人間が単なる理性によって考え出したものにすぎない、としたところにあります。それに比して、キリスト教の教えは、神から与えられた直接の光に基づくものだから、全く比較にならない別種の存在だ、と言うのです。

古代ギリシャの思想が宗教的霊感と全く無縁なものであるという主張は、当の古代ギリシャ人に限らず、現代の私たちにも納得されないものがあります。しかし、それは脇に置いておくとして、パウロのこのような主張から、

古代ギリシャの思想は退けられました。そして、古代ギリシャ思想の、キリスト教の側から想定された根拠も、排斥される結果を生んだのです。その根拠とは、人間の理性による思想の構築、ということです。

ヨーロッパ語では、人間の「理性」と、その人間理性が持つ「論理」あるいは理性による言葉が語る「理由」は、同じ一つの言葉です（英語でreason、ラテン語でratio）。私たち日本人の言葉感覚では、「理性」と言えば、それは、人間の内面的な働きのことです。これに対し、ある行為を起こした「理由」だの、言葉が当然内蔵していなければならない「論理」だのというものは、人間の内面の働きではなく、人間の外にあるものの属性です。しかし、今述べたように、ヨーロッパ語では、こうした内と外の区別はなく、したがって、理性による働きは、すなわち論理に他なりません。

パウロは、古代ギリシャの思想を、人間が単なる理性で作ったものであるとし、その文化全般を、論理性が通っているだけの無味乾燥なものであると断じたことになります。そして、古代ギリシャに対するこの性格付けは、二千年を経た現在も継承されており、学者たちは、それを一気に表現するものとして、ヘレニズムという命名を用いることが多いようです。

●パウロは、ギリシャ的な論理よりも非合理性を重視した

これに対して、キリスト教や、キリスト教を生んだ母体のユダヤ教は、論理では割りきれないものです。一つの単語で言えば「非合理」のあり方です。

この点は、あまり詳しくは触れませんが、キリスト教およびキリスト教が培った文明において、肝心なのは理性ではなく感情であるという風潮が強いのは、おそらくここに起因するでしょう。感情は、理性に対立するという意味で、「非合理のもの」だからです。

たとえば、社会を変革する左翼運動も、理性と論理によって、着実に計画され遂行されるべきものではなく、あくまでも、不正に対する怒りと、理想を思い描くパトス（情念）が重要です。パトスをともなわないで成就した作

品は、芸術作品とすら認められない傾向があります。また、このことに関連して言えば、確実な計算のもとに、論理的に将来のあり方を構築してゆくよりも、たとえ多少盲目的な要素があっても、何がなんでも理想を実現するのだという確固たる意志の方が、高く評価されます。

理性と論理が支配する合理的な世界とされた古代ギリシャをヘレニズムと呼ぶ時、キリスト教やユダヤ教の、それに対比したあり方の呼び名は、ヘブライズムです。そこでヘブライズムの一大特徴は、一言で言えば、「非合理性」である、ということができるのです。

●キリスト教は、何よりも人格性を重視する

もし、「非合理性」という言葉が、単に、「合理性」に「非」を付けただけの消極的な否定概念にすぎず、特徴付けとしては不充分だということであれば、もう一つの際立った特徴として、「人格性」という言葉を挙げたいと思います。そうです。前にも触れた、あの「人格」です。キリスト教は、二千年という長い時間を経ているにもかかわらず、あれほども強烈にイエスという創設者にこだわっており、そのイエスを介して関わりを持つ神の「人格」が、信仰の中心に置かれているのです。

この点を繰り返し触れることは避けますが、やはり、このことと関連して、キリスト教文明圏全般に見られる、「人格」偏重の癖を見ておきたいと考えます。モナリザの絵は、単にキャンバスに描かれたその人物像のことではありません。どこまで行っても、それは、レオナルド・ダ・ヴィンチが描いたモナリザ、でなければなりません。仮に、誰か優秀な画学生がモナリザを模写して、それがモナリザ以上にモナリザであっても、それはモナリザではありません。現代の進んだ科学技術をもってすれば、全く同じコピーを作ることも不可能ではないでしょう。けれども、たとえ、一万人の目利きが鑑定しても分からないほど精巧なものが出来ても、それはモナリザではありません。何故なら、そこには、それを作成した主体であるレオナルド・ダ・ヴィンチの人格がないからです。

同じことですが、ベートーベンの第九は、ベートーベンという人間を外して、単なる器楽曲として考えられるこ

とはありません。その連続で、今日「知的所有権」という法律上の概念が出来上がりました。そして、電子時代の到来で、その概念が必ずしも実情にそぐわない時代になりましたが、西欧世界は、それを棄てることができないでいます。

付け加えると、キリスト教へブライズムが、「人格性」を特徴とすると言うならば、それと対峙するヘレニズムの方は、「非人格性」の特徴を与えられることになります。

さて、へブライズムとヘレニズムに関して、その特徴を可能な限り列挙するとなれば、それも一大事業になるかもしれません。ざっと思いつく限りでも、片や、一神教、信仰、終末的歴史観などの言葉が思い浮かびます。他方では、多神教、慣習、円環的時間観念などという言葉が思い浮かぶかもしれません。けれども、ここでは、先の「非合理性」と「合理性」、そして、「人格性」と「非人格性」の二対の対立概念のみで、この両者の区別を見ておくにとどめたいと思います。

今関心を向けるべきことは、このように対立するヘブライズム、ヘレニズムの二つのあり方が、キリスト教初期の神学形成の歴史を展開する二つのモメントとなったという点なのです。

四　キリスト教内部に、グノーシス派による論理偏重主義の反動が起こった

パウロが、どれほどの力を込めてヘレニズム的合理性を拒絶しても、そこには限界がありました。信者の一人一人が、直接に創設者イエスの声を聞き、その顔を見るという状態が長く続くわけがありません。イエスはゴルゴタの丘で処刑されたのです。たとえ、深い信仰の目には彼の顔が常に見え、耳にはその声が聞こえていたとしても、それは、現実の宗教教団からは次第に失われてゆく道理です。

そもそもキリスト教の教団は、信者同士がお互いの意志を確認し合えるという初期の頃の小集団的親密さを失い、世界中に千差万別の人々を抱える一大集団に成長していきました。そこで、たとえどこに居住していようとも、ま

た歴史上のどの時代に生きようとも、同じ質の情報が、信仰を根本において支える共通のものとして確保される必要が生じたのです。

その必要に応えることが、教団中枢にいた一部の人たちには、何をさておいても実行されなくてはならない急務と感じられるようになりました。そして、そのために、持てる知力の総力を挙げて努力したのが、一世紀末頃からキリスト教内部で勢力を強めた、グノーシス派と呼ばれた人たちであったと思われます。彼らの努力は、信仰と救済の問題を、理性で考えれば誰にでも理解できるものとすること、その一点に注がれました。すなわち、論理的な神学を作ること、それが彼らの目標だったのです。その論理体系がどういうものかを、今ここで具体的に見る必要はありません。ただ、彼らのこの努力は、キリスト教の根幹を揺るがす危険性を孕んでいたという点が、今問題です。

そもそもグノーシスという、彼らに与えられた呼び名は、ギリシャ語で「知識」を意味しました。知識とは、人間が、知性の論理的な能力を駆使して構築したり、獲得したりするものに他なりません。論理偏重のヘレニズムに荷担する印象を与えます。しかし、知性や論理を取り入れようとする彼らのこの側面は、グノーシス派以外の多くの人々にも支持され得る性質のものだったと言えるかもしれません。説明のためには、論理性が欠かせないからです。

しかし、知識に偏ることは、キリスト教の宗教としてのもう一つの特徴に、著しく逆らうものでした。もう一つの特徴とは、言うまでもありません、イエスという創始者の「人格」に関わることでした。イエスを通じての「人間中心主義の宗教」の根幹である、ペルソナ（人格）に関わることでした。つまり、もしも、知識だの論理的な体系だのが前面に押し出され、キリスト教の理解には、これが主要をなすということになれば、丁度、自転車を最初に考案した人が、後には忘れられて構わない存在であるように、やがて、イエスという人物は不要になっていきます。当座はその記憶が確保されるとしても、時間が経てば、人々の記憶の中で薄れていくのが必定なのです。

五　エイレナイオスは、グノーシス派を攻撃して軌道修正を試みた

●エイレナイオスは、グノーシス派の論理主義を異端として攻撃した

この危険をいち早く見抜いて、グノーシス派や、教団内部のその他の知識偏重論者たちに、真っ向から反対を唱えた人たちの代表が、二世紀のエイレナイオスでした。

グノーシス派に代表される知識偏重主義者たちは、知識を前面に出してくる人たちですから、自身も大変な教養の持ち主たちでした。宗教的な素養に満ちあふれているばかりでなく、一般の人文学にも秀でていた人たちでした。『旧約聖書』や『新約聖書』の隅々にまで精通していたのは当然で、今日発掘された彼らの文献を見ると、古代ギリシャの思想や文学にも精通していた人たちだったことが分かります。もちろん、当時の国際語であったギリシャ語を、自由に駆使できる人たちでした。今日で言えば、英語とフランス語とドイツ語を、いずれも完璧に用いることができるのに匹敵します。

エイレナイオスは、こういう人たちを敵に回して、論陣を張ったのです。その努力は並大抵のことではなかったでしょう。しかし、何ごとにもひるまず、彼は『異端反駁論』を書き上げました。ここで言う「異端」とは、グノーシス派の論理的体系論者たちを指していることは、当然です。

●エイレナイオスは、『聖書』のみを重視する思想を唱えた

ところで、これもまた当然のことながら、エイレナイオスは、それでは文字と文章によって信者たちに説明を与える必要はないのか、という返し打ちの反駁に出会うことになります。書物というものは全然必要ないのか、という反駁です。その時エイレナイオスが展開した主張は、自分たちには『聖書』がある、そして書物として保持すべきはこの『聖書』一つで充分だ、というものでした。このような主張を、キリスト教内部では「聖書主義」と呼ん

でいます。

『聖書』は、いくら聖なる物語が記されているキリスト教最高の本だとは言っても、それが成立した時代背景を抜きにしては、当然、理解することができない書物です。つまり、はるか後の時代の、はるか遠い土地の信者たちにとって、見慣れない光景と出来事が、そこには繰り広げられています。一言で言えば、それは、時代の流れとともに、何か理解できない、摩訶不思議な物語に変貌してゆく危険性を、必然的に内蔵します。一般的に言って、形ある物とはそういうものでしょう。

そこで、そういう成り行きを百も承知していたにもかかわらず、エイレナイオスが『聖書』一つで充分だと主張した背景には、『聖書』が、一見したところ、いくら古くなって、いくら奇妙奇天烈な物語に成り果てても、信者はいわばその行間を読むようにして真実の物語に到達できる、という確信があったのだと見るべきです。その行間を読みとらせ、終いには真理へと信者を導くもの、それが信仰の力に他ならない。そもそも、そういう信仰がなければ、いかなる真理の書物であれ、何一つ語り出すものではないのだ。そういう信念が、「聖書主義」の主張には内蔵されています。

そして実際、この主張は、それから一四〇〇年もの長い時間を経た後に、マルティン・ルターによっても支持されました。キリスト教は堕落してしまったと断じて、宗教改革に身を投じた、あの人物です。この意味からすれば、ルターの宗教改革は、一八〇度の転換ではなく、宗教の最初にあった姿への、回帰運動だったとも言うことができます。

また、「聖書主義」は、キリスト教文明圏の外にいる、私たち怠け者にも都合のよい主張です。なにしろ、キリスト教の本質を知るには『聖書』一冊でよい、他には何もいらない、と言ってもらっているのですから、大変な時間の節約になります。もちろん、これは冗談です。けれども、経、論、釈と、書かれた文献のことごとくを聖なるものとして認める伝統を作り上げた仏教は、私たちには大変な重荷に感じられていることも、また事実です。こうして蓄積されるに至った山のような文献を、すべて読破し、しかも然るべきレベルで理解するなどということは、一個人の限りある人生の中で、果たせるわけがないのです。最初から諦めムードです。それに比べれば、たとえ誤解から出発して誤解に終わるとしても、『聖書』一つで足りるとするキリスト教の伝統は、宗教として、反面の成功をおさめていると、言えなくもない気がするのです。

●エイレナイオスは、「無からの創造」の思想を提起した

エイレナイオスは、知識の論理性によってキリスト教を護持していこうとするグノーシス派などの主張に、真っ向から反対しました。その反対姿勢を貫くことによって、ほぼ必然的に至らざるを得なかった考えが、「無からの創造」ということでした。このことも、グノーシス派との対立というモメントを考えに入れれば、その核心的な意味合いを理解することができます。

グノーシス派の書物は、必然的に、古代ギリシャ人たちが残した思想を、大きく体系の中に取り入れるものになりました。その古代ギリシャ思想は、世界や宇宙の説明と、人間社会や人間個人のあり方とを、不可分に一つのものとして説明します。特に、キリスト教がローマ世界へと進出した時代に支配的な思想の一つとなっていたストア派は、プラトンやアリストテレスの遺産を受け継ぎながら、極めて精緻な宇宙論を展開していました。つまり、個人の生き方や性格、社会のあり方やその運命といった人間世界の出来事が、大地や天空の自然的諸現象と密接に関連するものと考えられていたわけです。自然現象や、宇宙の大元の原因を突き止めるという研究は、とりもなおさず、人間の本質への探求でもあったのです。

「無からの創造」というエイレナイオスの主張は、このような自然学による原因探求の努力に対して、そういうものは全然いらないと、一言で引導を渡すことでした。人間存在が持っている限られた知性で、どれほどの努力を重ねても、宇宙を成立させている第一番目の原因にたどり着くことはできない。たとえたどり着いたと思い込んでも、それによって神の創造の技を解明することはできない。何故なら、神の創造は、全くもって、神の自由な意志に拠ったものであるからして、雨の原因をたどれば水蒸気の蒸発という原因に至り着くなどといった、必然の運動

の原因探求とは比べるべくもないものだからだ。「無からの創造」という言葉は、概略このようなことを言っていると考えられます。それは、人間的知性による知識の積み重ねによって宇宙を説明できるとする合理主義者たちのあらゆる意見を、一挙に打ち砕く問答無用の議論でした。

このように、エイレナイオスは、ギリシャ、ローマの合理主義に徹底的に反抗するパウロの路線を復活させ、それを継承したのでした。

しかし、初期のキリスト教団は、あくまで二つの極で揺れ動いていたことに変わりはありませんでした。二つの極とは、一方はヘブライズムの宗教的な非合理性であって、その極に近付こうとする努力は、必然的に、理性の働きを中核とする（とキリスト教が考えた）ギリシャ的な合理性を否定し、そこから限りなく遠ざかる結果を生みました。また他方の極は、ギリシャ的な合理性であって、それへと傾斜していく姿勢は、常に疑いの目で見られました。

後者の傾向を強く示したグノーシス派は、そのため異端として追放されることになりました。とはいえ、エイレナイオスがグノーシス派の知識偏重主義を弾劾し、「無からの創造」という非合理的な主張をしたにもかかわらず、教団が一つの共通した知識を有する必要性自体は、消えるはずもありません。まるで、モグラ叩きのゲームのように、叩いても叩いても、ヘレニズムへ傾斜する動きが起こりました。

六　キリスト教護教論者たちの折衷案

●キリスト教の拡大にともなって、ユスティノスはローマとの妥協姿勢を打ち出した

先にも見たことですが、もう一方では、ローマ政治権力に対して、ただ闇雲に反抗的な姿勢ばかりを示すことが、もはや似合わないほどに、キリスト教団のプレゼンスが高まっていったという事情もありました。ユスティノスなどカッパドキアの教父たちを中心に、ローマとの妥協を探る動きが出てきました。

ユスティノスは、二世紀の半ば頃、二つの『キリスト教弁証論』を書きました。ローマに対し、自分たちは、ただいたずらにローマに反抗する者ではない、むしろ、ギリシャ、ローマの文化的伝統を引き継ぐのがキリスト教の任務なのだ、と主張したのでした。それは、まるで手のひらを返すような変わりようだと評したいところのものです。が、そういう変わり身を見せてでも、キリスト教の教えを護らなければならないと彼らが感じるほど、教団の勢力が大きくなっていた。そういう事情が窺れます。

●ユスティノスの本心は、決して本質的な部分での妥協ではなかった

もっとも、ユスティノスは、そのようにギリシャ文化にすり寄った姿を見せる一方で、中身では全く変わらないのだという信号を、教団内部に送ることも忘れませんでした。まるで、体は売っても心は売らぬという、ゲスな表現が頭に思い浮かびます。どうしたのかというと、なるほど、古代ギリシャ文化を継承するとは、公言しました。しかし、そうは公言したものの、それでは、自分たちは、そのギリシャ文化の恩恵を蒙ってはじめて成立可能なのだと認めたのかというと、全然そうではありません。そうではないどころか、それと全く反対に、ギリシャの文化こそ、キリスト教の恩恵を蒙ることで、はじめて成立可能だったのだと主張したのです。

あんまりトンチンカンな物言いなので、ここは、ゆっくり落ち着いて聞いてもらわなくてはいけません。いったいどうやったら、歴史時間的に、キリスト教より五〜六百年も古い起源を有する古代ギリシャ文化が、キリスト教のお陰で成立したなどと言えるのでしょうか。

それに対するユスティノスの回答は、ソクラテス、プラトン等、古代ギリシャの思想家たちは他ならぬキリスト教『旧約聖書』の記述を盗作したからである、というものでした。これを「旧約聖書盗作論」といいます。盗作したものですから、一般的に言っても、盗作された原本の方が、高い価値があります。しかし、『旧約聖書』が、価値が上であるのは、もっと深い理由がありました。というのも、『旧約聖書』は、神から遣わされた直接の真理であるのに対し、古代ギリシャの思想家たちの言葉は、それを盗作した上に、彼らの、単なる人間的知性の範囲内で

こねくり回した代物にすぎないものだからです。

七　東方教会の姿勢

異端とはされなかったものの、ギリシャ、ヘレニズムのあり方に傾きすぎたのではないかと、古来囁かれ続けているのがアレクサンドリア学派のオリゲネスです。ここでは余分なことですが、話の成り行き上、付け加えておくことにします。

三世紀当時、彼は、その頃すでに多くの言葉に翻訳されていた『聖書』を比較研究して、異同を調整する仕事に打ち込みました。勢い彼の『聖書』研究が、学問的な研究になっていった所以です。それは、実に膨大な努力と時間を要する仕事でした。彼は、文字通り寝食を忘れてその仕事に没頭しました。寝食どころか、男性としての自然な欲望も仕事の邪魔だと言って、自分で自分の性器を切り取ってしまいました。彼の名前が記憶に刻まれて、今日でも時折人々の口にのぼることとなった、もう一つの理由です。

彼の神学は、キリスト教正統の一神教の神学です。それなのに古来、彼の神学の中に異端的用語を指摘する動きが止みません。しかし、実際のところは、そうした用語の一つ一つが問題視されているのではないと考えられます。一つ一つの用語よりも、言葉や知識に重きを置く姿勢そのものが、正統のヘブライズムから離れて異端的であるという印象を与える、大元であると考えられるのです。

ギリシャ的な雰囲気があったためか、オリゲネスの神学は、これも中心的な教会の一つだったアテネのキリスト教教会に受け入れられました。そのアテネの教会は、やがて大ローマ帝国が東西二つに分裂したことにともなって、実質上東西に分裂することになったキリスト教の「東方教会」となり、東側の一大中心教会となります。さらに、東ローマ帝国が滅んで、この地がイスラムによって脅かされるようになると、足場を失った東方教会はロシアへと受け継がれ、今日のロシア正教となったことはよく知られています。その歴史的変遷の中で、オリゲネスの神学は一貫して継承され、さらに発展して、「オリゲネス主義」と呼ばれています。彼の思想に対して、異端的用語を指摘する傾向が一貫して続いていたにもかかわらず、実際に異端審問にかけようとする動きが起こらなかったのも、西方教会から見れば、今や別の地域に属して、次第に縁遠いものに感じられるものになっていたからかもしれません。

八　キリスト教神学の原理を確立したテルトゥリアヌスの非合理の合理

キリスト教の初期は、片や非合理のヘブライズムと、こなた合理的ヘレニズムの両極を、様々な形で揺れ動いた歴史だったと見ることもできます。しかし、どちらにしようかと決めかねるような、その揺れ動きに対して、最後の決定的な一打となったのが、三世紀に入って発言力を強め始めたアフリカ教会でした。彼ら教父たちは、一般大衆には理解できないギリシャ語を止めて、(当時は)誰にでも分かるものだったラテン語を用いようと主張したため、「ラテン教父」と呼ばれました。

●「不合理なるが故に我信ず」

さて、その代表格のテルトゥリアヌスの主張が、その後のキリスト教神学の性格を決定付けたように思われるのです。

彼の主張は、古来、「不合理なるが故に我信ず」という表現に要約されてきました。不合理である、つまり理屈に合わないことである、だから、そのことを私は信ずるのである、というのです。例によって、初めて聞くと何のことだか理解できない、まるで判じ物みたいです。そこで、分かりやすい例を引いて、このことを見てみましょう。

その当時の一般のキリスト教信者たちに、「理屈に合わない」こととして、しきりに疑問を出された事柄が、キリスト教の『聖書』自体の中にいくつかありました。たとえば、嬰児イエスをもったのは処女マリアであった、という記述がそうでした。処女とは、まだ一度も男性と性的な関係を持ったことのない女性のことです。処女の価値も意味も薄れてきた現代社会では、すでに理解しがたいことですが、この点が、当時の一般の信者たちには大きな問題だったのです。また、イエスが、ゴルゴタの丘で処刑されてから三日後に蘇ったということも、大いに信者たちの理解力を悩ませることでした。一旦死んだ人間がまた生き返ったとは、いったいどういうことなのか。もし、そのことが本当だとすると、イエスは、実際には、人間ではなかったということなのか。そういう疑問でした。

こうした疑問に対して、テルトゥリアヌスは、持って回ったような説明を一切しませんでした。そういう説明は止めて、いわば発想の一大転換を行なったのです。それは、ほぼ次のような主張でした。

マリアが処女のままで子どもを産んだということ、あるいは、イエスが処刑後三日にして生き返ったということ、こういうことは、確かに不合理だ。つまり、理屈に合わないことだ。

しかし、理屈に合うことならば、説明さえしてもらえば誰にでも分かる。それはちょうど、二プラス三はイコール五であるというような理屈であり、たとえそれを知らなかった人でも、説明さえしてもらえば誰にでも分かるようなものだ。もしも、二プラス三イコール五を、いくら説明しても分からないという人がいるとすれば、それは、その人の頭脳が壊れているか、あるいは人間の頭脳を持たない、何か他の動物なのだ。

だから、「信じる」という行為があるのは、他でもない、それが理屈に合わないことだからだ。「理屈に合うことは、説明されさえすれば誰にでも分かる。理屈に合わないことだから、信じるという行為が成り立つ」。このようにテルトゥリアヌスは語りました。

今日の用語で彼の主張をパラフレーズすると、こうなります。「処女マリアの懐妊だの、イエスの蘇りだのということは、非科学的で理屈に合わない。しかし、科学的な論理のものなら、説明されれば誰にも理解できる。非科学的で非合理的なことだから、信じるということが成り立つのだ」。

●「非論理の論理」の確立

彼の主張をできるだけ分かりやすく解説しようとしていて、うっかりこちらまで、なるほどなるほどと、すっかりその気になってしまいました。それほど強烈に人を引きつける論理です。いや、今うっかり「論理」という言葉を使ってしまいました。が、果たしてそれでいいのでしょうか。

彼の主張は、主張というものがすべてそうであるように、言葉を用いて語られています。そして、その語りかけが、聞いている者の心を動かし、なるほどそうだと納得させる場合、私たちは、その主張のひとまとりを論理と呼びます。そうでないとは言えません。

ところが、後から落ち着いて考え直してみると、その物言いは全然論理ではないのです。何故かというと、彼はその中で、「自分の言っていることは論理ではないぞ」と、ただもう、一方的に言っているのだからです。まるで、ある男が「自分は今嘘をついている」と発言した場合に、その発言を丸ごと見てみると、実際には嘘をついていない正直な発言だ、というのにも似ています。奇妙奇天烈な物言いです。

ところが驚いたことに、テルトゥリアヌスによる、この分かったような分からないような主張が、この後の西方キリスト教会、すなわちローマ・カトリック教会の基本となっていくのです。キリスト教世界初の体系的な神学を作ったと言われる聖アウグスティヌスは、この、北アフリカ、ヌミディア地方で活躍したラテン教父たちの系列に連なり、テルトゥリアヌスの直接の後継者でした。

それは、言ってみれば、「非論理の論理」とでも呼びたくなるような、あるいは「非合理を根底に有する合理性」とでも名付けたくなるような「論理」です。この後キリスト教は、大変詳細で精緻な理論や体系を生み出していくことになります。が、こうしたわけで、大変に論理的で合理的だと表面的には見えるものでも、根底には、常に非論理と非合理的なものを内包することになりました。

先にも触れたように、十三世紀になって聖トマス・アクィナスは、イスラム神学の勢いに気圧されたキリスト教神学の立て直しを図るために、新たな体系的神学を築き上げました。古代ギリシャの哲学者、アリストテレスの体系を模したために、表面上はこの上ない論理性を備えたものでした。しかし、いざその肝心要のことである神の定義ということになると、突然それまでの言を翻して、神は定義できない、何故ならそれは、あらゆるものを超えてあまりにも単純なものだからだ、と主張したのでした。つまり、神は、言葉や論理で説明されてはじめて分かるというようなものではない、ということです。ただ単純に、何の理屈もなく、極めて直接的に心に理解される存在、それが神だというのです。

キリスト教初期の歴史を、何ら深い内容に立ち入らないで、ただ表面的に見てきました。しかし、「非論理の論理」が形成されていった過程は、このように、初期の歴史をざっとなぞらえて見るだけで、大体のことを知ることができると思われます。

九　キリスト教は、自身の定義を与えないように見える

私たち、キリスト教の外側に立っている者の目からは、キリスト教の神学に、結局は理解できないものが残るような気がします。もちろん、それを理解するための個人的な努力や資質が欠けているという場合も、あるとは思います。しかし、どうやら、その理解のいかなさの根本には、今見た事情が大きく影響していると言っていいのではないでしょうか。

この理解困難さは、ただ神学の領域に限定しないで、その後のキリスト教世界が生み出した哲学その他の思想に関しても、言えることではないかと思います。哲学の分野では、『論理学』に二重性をもたらしました。すなわち、古代にアリストテレスがまとめたのとは異なる、もう一つ別の種類の『論理学』を生み出したのです。

アリストテレスの論理学を、間違いだとして退けたのではありません。それは、人間的知性が働くためには、絶対必要なものだと、相変わらず認められています。しかし、それだけでは不充分だ、それだけでは、単なる動物としての人間の頭脳が働く規則でしかない、という気持ちが強烈です。単なる頭脳、単なる知性の規則だけではなく、

その上に何か、もっと、人間が人間らしく思考することを可能にする規則が必要だ、という気持ちが濃厚なのです。

そういう濃厚な気持ちから生み出されたものが、あの大哲カントの論理学であり、ヘーゲルの論理学です。これは、キリスト教という宗教がなければ生み出されない類の論理学です。ですから、「論理学」という名前が付いているとしても、それはキリスト教文明の外側にいる人間にとって、無条件に理解される一般論理学ではありません。つまりそれは、アリストテレスの論理学と違って、キリスト教徒以外であっても、誰にでも当てはまるという種類の論理学ではないのです。

十　「キリスト教とは何か」という定義は、言葉によっては与えられない

宗教の定義は可能なのかという、本章の最初のテーマに戻ってみましょう。すると、キリスト教という宗教の定義として、今私たちの得たいものは、残念ながら手に入らない、と言わなくてはならないのです。

私たちが外から見て、どうもこういうことであるらしい、と推測することは可能です。それどころか、キリスト教の信者で、しかもそれに深く関わっている当の人たちも、大体こういうことだと、心得ているものがあるのかもしれません。その限りで言えば、キリスト教の定義が得られないという断言は、できないことになります。

しかし、今見たことから明らかなのは、問題は、そういう風に簡単に片付けられるものではない、ということです。つまり、キリスト教に深く関わっている人たちによれば、また、キリスト教の公認の神学によれば、あくまで、「神は定義できないものだ」となっている。したがって、「宗教というものも定義はできないものだ」とならざるを得ない。それが障害なのです。

いやはや、とんでもないどん詰まりです。いくら時間をかけ、努力をおしまない覚悟でも、これでは最初から絶望だという気がします。まるで、想像上の美女に恋するようなもので、その恋は成就することがありません。

しかし、そうであって、どうにも動かしようがないというのならば、ここは、思いきって開き直ってみましょう。開き直りとは、外から見て、キリスト教というものは、どうやらこういうものらしいと、大体の見当がついたら、もうそれで分かったということにして、後は放ったらかしてしまいましょう、ということです。

そうは開き直ってみても、自分の理解が、あるいは完全に的を外してしまっているかもしれない。そういう不安が、胸中をよぎることがあるかもしれません。もしもそういう不安が心を横切るとしたら、そういう場合にお勧めできることは、キリスト教に深く関わっている複数の人たちと、実際に議論してみることです。門外漢のお前たちに分かるはずがないとばかりに、どうせ腹の内は見せないと思われます。そういう時には、わざと嫌みなことや、皮肉を交えて議論してみましょう。そうすると、議論が煮詰まって、突然向こうが怒り出すことがあります。そうなれば、しめたものです。何故なら、怒ったということは、何か痛いポイントを突かれたと認めたことだからです。

たとえ、全面的に相手に認めさせなくとも、いいではありませんか。おや、やはりこの辺のところなのだなと、察しがつけば、それでいいと思います。そして、お別れの時に、どうかあなたがたの考えで、お幸せが続きますようにと、礼儀正しく帰ってくればいいのです。

私たちの方は、自由だ平等だ博愛だと、彼らが長い歴史をかけて作ったものの、よいところはしっかりといただいているのです。なにも、相手の思想の、芯の芯まで知ったと言えなくとも、構わないのではないでしょうか。

第11章

類比的共感的文明理解

日本的「自然崇拝」を明るみに出そうとする本書の試みは、西洋との対比から宗教の本質を探る道を照らし、併せて、宗教学理論の妥当性を検証することに資するが、他方では、別の方向にも光を投ずる。それは、「自然性」をテコとして、非西洋的世界の宗教と社会を私たちにも身近な存在として感じさせる効果である。本章では、南太平洋ティコピア島を例にとって、他者と距離をおく理解ではなく、「類比的共感的理解」という、他者を身近に感じとる理解の可能性を探る。

一　他文明に接する際の西洋的理解のし方は、不可視性によって彩られている

●他文明に接する際の基調的な感情は、驚愕である

大航海時代以来西洋人は、この地球上のあらゆる地域へと進出しました。そして、その地域で、自分たちと全く異なる風俗や習慣、そして宗教を持っている人たちと出くわすことになりました。

その際、こうした異文明、異文化に接して、彼らが最初に、そして最も強く抱いた感情は何か。と言えば、それは驚きの感情であったと言えるようです。しかも当初は、尋常並大抵の驚きではなかったようで、自分が自分の目で見たことを、事実として認識することすらできなくなってしまうような、激しいショックをともなう驚きでした。

それから数世紀という時間を経過しましたが、異文明、異文化に接しての彼らの驚きは、多少その質を変えながらも、依然として続いていると言っていいようです。

我が日本列島にやって来る西洋人たちにも、その驚きを見てとることができます。私たちは、私たちの側の主観で、日本も随分と西洋化したものだと、思っています。しかし、来訪の西洋人たちの目には、そうは映らないということが明らかです。西洋化の表面をしている分だけ、その表面の薄皮を破って、少し内側を見る機会を得た人たちには、もっと驚きが増すようです。

おそらく、そういうことの結果でしょうが、日本に在住する西洋人の間で、日本人と日本の社会に対して抱く感情は、極端です。特にこれといった感想もなく、いわば中立的な気持ちで、自国にいるのと同じ感覚で生活できるという人を見出すことは、大変稀なことです。

彼らは、ほぼ判然と二つの派に分裂しています。一つの派は、日本を大嫌いになって、終いには、焼き魚の臭いやタクワンの臭いにすら嫌悪感を覚え、いたたまれなくなってしまうグループです。そしてもう一つの派は、日本の不思議に心酔して、日本のことを探求し、日本人以上に、日本のことを深く知るようになるグループです。いずれの派もかなり極端で、その中間に位置する人々がいないのです。

西洋人には比較的住みやすいと思われる我が国においてすら、この通りです。ましてや、全く近代化（西洋化）されていない地域へ足を踏み入れた時の彼らの驚きは、推測するに余りあります。そして、そういう驚きは、今眼前に繰り広げられているその地の人間の営みの意味が、彼らには見えていないという一種の不可視性とでも呼ぶべき状態と、表裏をなしてもいるとも考えられます。

虚心坦懐に自然の目で見ればそれほど奇妙ではない行為も、彼らにはショックです。それは、裏返して言えば、彼ら西洋の文明と文化が、地球上の他の地域のものと比べて、あまりに異質なものとして発達を遂げてきたという事情を物語ります。

●西洋式理解にとっては、学問的理論を構築することが必要不可欠である

意味を見通せない文明に接した西洋人が、それを理解しようとして積み重ねてきた努力、それが、十九世紀以来、次から次と提出された数々の宗教学理論でした。私たちは本書を通して、それを、その全部ではありませんが、私たちの考察に必要な範囲で可能な限り見てきました。

西洋人たちが異文明を見通すために使った手段は、この他にも様々なものがありました。人間を一個一個見るのではなく、集団として見た場合に、どういうことが見えてくるかという「社会学」の手法も、異文化に対して試みられました。それとは正反対に、人間一人の内部に的を絞り、その人の精神の働きや心の動きに注目する「心理学」の手法、あるいは「精神分析学」の手法も試みられました。

宗教を研究する立場で、こうしたやり方の実効性を信頼する人々は、頭に「宗教」の文字をくっ付けて、「宗教

社会学」や「宗教心理学」という研究方法を作り上げました。

こうした西洋の学問成果は、ひとり西洋人ばかりではなく、世界中どこの文明に住む人にも開かれています。ですから、私たちも、それを参考にして構わないのです。けれども、本書で見てきたように、そうした成果は、なんだか、どこまで行っても真相にたどり着かないような気にさせてしまうものなのです。

私たち極東の島国に住んでいる者に限らず、世界中で、ヨーロッパから観察の対象として見られ、話題にされている人たち自身も、西洋人によるこの説明のし方はなんだか少し変だ、まるで私たちのことを言っているのではない感じがすると、しっくりこないものを感じています。まるで、靴の上から足のかゆいところを掻かれているような、もどかしい気持ちにさせられているのです。

二　「類比的共感的理解」の基盤となるのは「自然性」である

そこでこの章では、「宗教社会学」や「宗教心理学」に頼りきるのではなく、異文化に対する、もっと違う理解のし方はないものかどうか、という点について探ってみたいと考えます。その「もっと違う理解のし方」とは、どういう性質のものであり得るのでしょうか。


結論から先に言えば、それは、「類比的共感的な理解のし方」ということなのです。

ヨーロッパ文明は、現在、世界のあり方を規定し、支配している文明です。しかし、たとえそうではあっても、世界中の人類から見れば、大変異質な発展を遂げた文明です。大変異質であるからこそ、他の者を支配する特異な力を身につけたのだと言うこともできます。それと比べれば、世界中の各民族、各部族の文明は、総じて、発展がゆるやかであったのみではなく、自然を土台として、自然的な成り行きによって突き動かされてきたものである、と言うことが可能です。

私たちは、私たちのアイデンティティーを構成する主要な要素と思われるものを、自然の中に見ました。それは、木だの岩だのという、いわゆる自然のみに限りません。私たちの内面的なあり方も、私たちが構成している社会の特徴も、自然的なものです。

私たちの宗教が、専ら人間的、現実的な欲求に関わるように見える場合も、煎じ詰めればそれは、自然の欲求に関わり、非人格的な自然性に拠って、それらを解決しようとする傾向を示します。

私たちの文明は、ヘブライズム・キリスト教文明圏以外の、世界の民族や世界の文明と同じように、自然を土台にして、自然的な成り行きで発展してきました。ですから私たちは、多くの点で、こうした他の「自然的」文明と「類似」するものを持っていると感じ、こうした異文明や異文化を前にした時には、自分たちの文明にも、全く同じとは言わないまでも、何か似たものがあるように感じるのです。

世界の民族や文明が、私たちと全く同質のものだと主張するのではありません。それらが、それぞれに異なった地理的条件、気候条件等々の上に成立ってきたものである限り、全く同じなどということは、言えようはずもありません。

しかし、今、私たち諸文明の間には、ヘブライズム・キリスト教という第三者が介入しています。私たちの相互理解は、多くの場合、その第三者を経由しないで行なわれた経緯を持っていません。

ところで、その仲介項でも媒介項でもあるキリスト教文明が超自然の絶対性を片時も忘れることができない存在である、という一点が問題です。そして、その超自然性を外してみれば、世界の他の諸文明は、人間の自然的要求から出発して、自然的な拠り所を求めるという点で、大変類似しています。たとえ、地理的な条件の相違、気候上の条件の相違は著しいものがあるとしても、それは言えます。

たとえば、アフリカの各部族や各文明は、私たちとは大変異なった条件の上に成立していると言っていいでしょう。けれども、おそらく、今後彼我の交流がもっと頻繁になれば、彼らアフリカの人々にとって、私たちおよび私たちの社会は、キリスト教文明圏の人々の社会よりも、はるかに分かりやすいものだ、という証言を、数多く得ることになると思われます。彼らにとって、キリスト教文明圏との交流は、決して歴史の短いものではなく、片や、極東の島国の私たちとの間の交流の方は、やっと始まったばかり、いや、まだ始まりのスタートラインにすら付いていないと言われかねない短さであるのに、このことは、おそらく断言さえしてよいと思われます。彼らがここに来れば、私たちのやっていることは、何ら驚異ではなく、私たちの社会のあり方も、何ら見通しの悪いものではないはずです。

彼らと私たちは、地理や気候の自然的な条件がいかに異なっていても、もっと深い意味で、自然的と呼べる、ある共通の土台の上に立っています。

異文化を理解するために、西洋人のように、何から何まで学問の枠に押し込めたり、自分で作った宗教学的概念を押し付けたりするのではなく、何か「共感的な」理解が可能になるのではないか。このように期待されます。

もちろん、ここに言う「類比的共感的理解」なるものが、西洋の学問に、すっかり取って代わる学問的方法だなどと大言壮語するのではありません。学問的方法であるどころか、ほんの思いつきの、言ってみれば、異文化を前にした時の、ほんの心構えのようなものにすぎません。しかも、その心構えというものも、ほとんど実効性がなく、かりそめの旅行者が心の準備をする時の助けにすらならないと、お叱りを受けてしまいそうな代物です。

しかし、後から無駄だったと分かるようなことでも、時にはやってみる価値があります。

三　レイモンド・ファースが報告した南太平洋ティコピア島の習俗

書き出しが、大変抽象的なことになってしまいました。ひたすら分かりやすくという、本書の目的に反します。そこで、今述べたことを、少し具体的な例を挙げて、試行錯誤的に考えてみたいと思います。

●ファースの業績

具体的な例というのは、またしても、ヨーロッパ人が訪れて、本国に報告をした異文化の具体例ということです。今回は、レイモンド・ファースという人が訪れて、その見聞を書物にしたティコピア島の風俗習慣、そして宗教のことです。

ティコピア島は、南太平洋ソロモン群島の小島です。この地域は、歴史上大きな文明から遠く、二〇世紀に入っても、西洋文明の影響が薄かった地域です。そこで、人類の原初の姿を知り、宗教の原型を探ろうとする研究者たちが、群がるようにこの地域に入って行きました。その中でもティコピア島は、ファースが書いた『ティコピアの人々』および『ティコピアにおける神々の業』(巻末参考文献1)で、研究者の間で特に有名になりました。有名な宗教学者であるW・R・コムストックも、その著書『宗教、原始形態と理論』(巻末参考文献二)の中で大きく取り上げました。

そこで、私たちは、このファースとコムストックの著書に注目し、必要があれば、その他の研究者によるその他の地域の事例も参考にしたいと思います。ただ事例を参考にするというばかりでなく、そこに見られる「宗教社会学的」手法や、「宗教心理学的」手法にも、目をやりたいと考えます。そのわけは、彼ら西洋の研究者たちがそのような手法を駆使して理解しようとしている、まさにそれと同じ事例について、私たちの「類比的共感的理解のし方」を試みることが可能になる、と考えるからです。

●ファースが伝えた「略奪婚」の奇習

ファースの名誉のためにも言えば、彼は決して、ティコピアの人々やその社会を、傍観者的な目で突き放して見ていたということではありません。

折しも、現地へ出かけて、積極的にそこに居住する人々の生活に参加し、いわば内部から研究すべきだ、とする研究姿勢が提唱された時期でした。二〇世紀初頭のことです。彼も、実際ティコピア島に住み、まるで昨今のテレビ報道のレポーターのように、果敢に取材を行なっています。それでも、ヨーロッパ人としての彼の目には、まことに信じられないような習慣をこの島の人々は持っていたのです。

その「驚くべき」生活習慣の代表的なものとして、「略奪婚」を見てみましょう。そうです、この島の人々は、息子が年頃になってお嫁さんを必要とする時期になると、一族の者たちが集まり、隣村のあそこの娘が一番だと決すると、それを「略奪」しに出かけるのです。男どもが打ち揃い、手に手に槍や刀を携えると、まさに獲物を略奪に行く山賊の体で、意気揚揚と隣村へと繰り出して行きます。片や、攻め込んで来られる娘さんの家族も、手をこまねいて、なすがままにさせておくというのではありません。村外れまでやって来たぞと報せが入ると、全員家の中に閉じこもり、娘の防衛にかかるのです。略奪者たちは、それをものともせず、膝をついて家の中に侵入すると（ティコピア島では、他人の家に入る者は、膝をついた姿勢をとらなければならないそうです）、そこに激しい争いが起こるのです。ファースが報告している事例の中では、相当な手傷を負った人もいたとされています。

なんと恐ろしいことでしょうか。今まさに略奪されんとしている女性の心中や、いったい、いかなるものなのでしょうか。そしてまた、それを傍らで観察していたファースの驚愕たるや、まことに察するに余りあります。そういう言葉こそ使ってはいませんが、できることなら、なんと「野蛮」で「原始的」な風俗であることかと、軽蔑の言葉すら使いたいところではなかったでしょうか。

しかし、私たちにはこれが、何ら野蛮でも原始的でもない習慣であることが、すぐさま推測できるのです。これは、この人たちの間で、嫁取りのために行なわれてきた「儀式」なのです。第一、真実山賊のように略奪をしに来たのならば、相手方の家に侵入するのに、膝をついて家に入り込むというような、来客の礼を踏むはずがありません。それが行なわれているということが、この一連の行為は習慣的な儀式として行なわれているのだということを暗示します。たとえ、ケガ人まで出るとしても、儀式は儀式なのです。

事実、これが社会一般に承認された儀式であるということは、翌日になるとはっきりするのです。というのも、翌朝になると、さらわれた花嫁方の母や叔母など、女性が、数人連れ立って、嫁の身の回りのもの、当座入用なものなどを携えて現れるのです。嫁は、彼女たちの姿を見ると、懐かしさと、略奪の憂き目に遭った我が身の辛さから、よよと泣き崩れ、母親たちも悲しみのもらい泣きをして、一大嘆きの場面が現出します。これも、これだけを表面から見れば、何とも残酷なシーンです。国際人権保護団体にでも駈け込み、訴えたくなるところです。しかし、ここも落ち着いて、事態を見てみることにしましょう。

略奪された娘の母親たちが、事の成り行きをすっかり承知してやって来ているのだということは明らかです。何故ならば、彼女たちが携えてきたものは、よく見ると、一朝一夕に、昨日の夕方から今日の早朝までの、わずかな時間の間に準備できるようなものではないからです。前々から、時間をかけて準備されていたものであることが明らかです。

「略奪婚」の儀式性は、この辺から、にわかにはっきりとし出します。というのも、略奪した側が、その行為の不当さを認め、嫁を返す気はないが、相手方にそれ相当の贈り物はしなければならない、と言い出すのです。そのようにして揃えられる贈り物は、その量においても質においても、並大抵のものではありません。質の面というのは、ただ単に品物が良質だというにとどまりません。あちらの長老にはこれこれの物、父親と母親にはこれこれと決められます。また、実際にはあそこの家族は母方の伯父が強い発言力を持っているのだから、見劣りのしない物を持参しなくてはならない、などと、その決定に関わる規則が大変に微妙で、細部に渡って注意が払われているということなのです。

こうした成り行きを見れば、ティコピアの略奪婚は、何ら「略奪婚」ではなく、社会に伝統的に継承された慣例の儀式であるということができるのです。

伝統や慣例に、例外的な事例が混じることも当然です。ファースの記述によれば、相手の娘さんが、本当に何も知らず、畑で農作業をしていた最中に、いきなりさらわれたと見られる場合もあったそうです。

また、いかに、前もって、花婿と花嫁が言い交わしてあった場合でも、さらわれる恐怖からか、連れて来られる途中の村で、親戚の家に逃げ込んだ娘もいたということです。略奪する側としては、そこでもう一戦構えて、何が何でも連れて来たことは言うまでもありません。

こうも一方的に負けた体の花嫁側としては、無様な格好で引き下がる気になれません。その夕刻に、親戚一同打ち揃って逆襲してきました。そして、花嫁を取り戻して行ってしまったのです。しかし、このケースでは、翌朝娘さん自身が花婿側のところへ舞い戻って来て、「あなたたちはなんて弱いのですか。こんなことでは先が思いやられるわ」と毒づいて、一件落着しました。このように、例外的な事例や突発的なハプニングはありますが、それらは慣例となっている行事に付きもののことだと理解することができます。

●我が国の習俗とティコピアの習俗との間には、いかなる「類比的共感的理解」が生まれ得るか

ファース自身が、「略奪婚」が慣例の儀式であるということに気付かなかったというのではありません。そこまで目が鈍い研究者ではありませんでした。けれども、こうした風俗は、彼にとっては何としても、異質のものであり、どう考えてみても、計り知れない奇妙さを最後まで抱えるものであったでしょう。

しかし、ファースと違って、私たちにとっては、ティコピアの「略奪婚」はそれほどの驚愕ではありません。最初聞くと、驚きは覚えるでしょうが、翻って我が国のことに思いを致せば、「似たようなこと」があるということに、すぐさま思い至るのです。

我が国の婚姻形態は、ついこの間まで「見合い婚」が圧倒的でした。結婚を成立させる要素が、ただ単に男女両性の合意のみで、他のものは一切いらないという思想は、大変最近のことにすぎないと言うべきです。「見合い婚」のあり方も少しずつ実態を変えてきているようですが、つい最近まで、結婚式当日になるまで花婿と花嫁が一度も顔を見合わせたことがなかった、という事例は全く頻繁に起こっていました。男女両性の合意に基づく結婚に慣れている西洋人には、尋常ならざる行為と評されそうな事柄です。

結婚に際して、細々と贈り物に気を配らなければいけないという事情も、我が国とティコピアに共通する点でしょう。結納など、結婚に至るまでの一連の儀式を、もしも、その手のマニュアル本の通り実行するとなると、これは大変なことです。そもそも、結納にともなって持参する品々の滑稽さは、自分でも耳目を疑いたくなります。

スルメだの干したワカメだの、いったいこれは何でしょうか。昔こそは、何ごとかの意味があった。それは、そうでしょう。しかし、少し突き放して、まるで西洋人になった気分で見てみれば、これは陳腐です。

さらに、ものの本によれば、結納に際しては、結納金が欠かせないとあります。五十万円だの百万円だのと、普通は人の相場まで書いてあります。これはいったい何でしょうか。それだけのお金を出して、花嫁を買えと言っているのでしょうか。そのように現金まで持ち出したとしても、それは花嫁を買うという行為にはあたらないのだと、私たち自身は知っています。しかし、私たちの習慣のコンテクストの中で、それがどういう意味を占めるか心得ない西洋の人たちにも、それを分かることができるでしょうか。

●非西洋的地域における贈り物の儀礼

事実、西洋の研究者たちは、花嫁を娶るのに現金百万円を相手の両親に渡さなければならないというような習慣を前にして、大いに当惑しました。アフリカなどでは、現金ではなく、ウシ五十頭とかウシ百頭とかいう相場だそうです。そこで例によって、彼らヨーロッパ人たちは、世界中で行なわれている「贈り物」の習慣を体系的に調べ上げました。体系的に調べ上げて、それに対して、自分たち西洋人に納得がいくような説明を試みました。モースの『贈与論』は、このような経緯で生まれた書物で、部分訳で日本語にも翻訳されています（巻末参考文献七）。

この本が、結婚に関係する贈り物のことだけを取り上げたものでないことは明らかです。他にも、生活全般に渡る贈り物のことが問題とされています。そのことは書いてありませんが、たとえば我が国の習慣で言えば、お中元やお歳暮、出産祝いや火事見舞いというような、人生諸般の贈り物が取り上げられています。

出産祝いなどなら、欧米各国も行なっているのではないか。特に原始的な社会に限ったことではなかろう。こういう反論がありそうです。それは確かにそうです。しかし、西洋人が出産祝いを贈る時には、その意味合いが違います。一口で言うと、それは、社会的ルールと考えられていないし、贈り物の選び方もタイミングも、極めて個人的趣味が前面に出ます。

我が国に滞在しているあるヨーロッパ人が、子どもが生まれたばかりの日本人若夫婦とたまさか知り合いになりました。都内某デパートで、赤ん坊用の洋服一揃いを買って贈りました。するとそれから三日とあけずに、相手方からお返しの小包が郵送されてきたのです。お返しが欲しくてあげたのじゃないのに、これじゃまるで「ブーメラン・ギフト」だわと、そのヨーロッパ人夫人は言いました。贈ったら、間髪を入れず、お返しが来た。そのありさまを、うまく喩えたのでしょう。しかし、思いもかけずお返しがピシッと返ってきて、体のどこかに当たって痛かった。そういう意味合いもあるように、見うけられました。

●ファン・ジュネップが名付けた「通過儀礼」

ティコピアの社会的な伝統儀礼を問題にするのであれば、ティコピアに限らず、世界中の各民族、各部族が行なっている様々な儀礼についても、触れないで済ますわけにはいかない気がします。ファン・ジュネップが、そうした儀礼を総称して、「通過儀礼」と呼びました。人生の節目節目を、無事「通過」できるようにと願って行なわれる儀礼の意味です。

数ある通過儀礼の中でも、西洋人の目に特に強い印象を与えたものが、「成人式の儀礼」であったようです。この点は、ティコピア島よりも、ニューギニアに住む各部族のものが、大変特徴的で、外来者の目を引きました。ティコピアから、そう遠くもない、現在インドネシア領になっている地域です。ここに居住する六十余りの部族は、それぞれに特異で、成人する若者たちにとって苛酷な試練となる儀礼を発達させました。

現在先進国で、バンジージャンプとして冒険的なスポーツになったものも、元はこの部族の一つで行なわれていた成人式儀礼です。もちろん、ジャンプで使うロープの素材には、生活保護団体が行なう商品テストに合格したゴムが使用されているわけではありません。その辺の野山に生えているツタの類を編んだものです。それで編んだロープの先を足首にくくりつけて、十メートルはあろうかという櫓の上から、真っさかさまに飛び降りるのです。時折事故が発生します。青年たちもそのことを知っています。しかし、これをクリアーしなければ、一人前の大人として認めてもらえないというのですから、これは大変厳しい関門です。

またある部族にとっては、部族の崇める動物がワニです。そこで、できるだけワニに似ることが人間の理想となります。大人になろうとする若者は、背中に傷を付けて、ワニの甲羅のようなゴツゴツの背中にしなければなりません。これは、数週間にも及ぶ大変な苦痛を耐え忍んで、はじめて達成される苦行なのです。

しかし、これに類した苦痛をともなう習慣は、特に成人式と関連するのではありませんが、イレズミとして、南太平洋地域や東南アジア、あるいは東アジアや南米、そして我が国など、世界の各地に残っています。そこで、苦痛を耐え忍んでも体に文様を刻み込むことが、一方的に無意味なことではなく、社会的な習慣のコンテクストの中で何らかの意味を持っているものとして、理解し得るのです。

ニューギニアに残る成人式の「通過儀礼」を、すべて見る余裕はありません。が、それらのどれ一つを取り上げてみても、子どもの世界から大人の世界への移行が、これらの部族において、大変厳粛なものと受けとめられているということが分かります。

先に見た部族とは違うある部族は、長老の男性たちが中心となって、まだ母親のそばでほとんど乳房にすがりつくような近さで暮らしている子どもたちを強引にさらって、舟でどこかへ連れて行ってしまうという儀礼を行ないます。

またある部族は、子どもたちを大きな小屋の中に数週間閉じ込め、外の世界から遮断して、その間に、恐ろしい物語を聞かせ続けます。そればかりか、すでに成人した若者たちが、怪物のふりをして、夜な夜な脅かしに来ます。このようにして、子どもたちの精神状態がすっかり尋常ではなくなった頃を見計らって、長老たちが成人式を行なうのです。

これらの儀礼ではいずれも、子どもを引き離される当の母親をはじめとして、大人たちは皆、それが儀礼であることを百も承知でやっているのです。それをやられる子どもたちは、たまりません。それまで何一つ聞かされていない子どもたちの感情的パニック状態は、推察して余りあります。しかし、こうした儀礼が厳しいものであればあるほど、それを経た後の子どもたちの変化には、目をみはるものがあるそうです。今ではそういう機会も減ったでしょうが、命を落とすかもしれない恐ろしい敵との戦いにも、昨日成人式を終えたばかりの若者が、何の躊躇もなく、勇んで出かけてゆく変わりようだと言います。

●先進国における通過儀礼の衰退

これにひきかえ、我が国の成人式は、全く形骸化しました。この点では我が国も西洋先進国の仲間入りをしつつあります。ただの一日限り、市の公会堂などに参集させられて、偉い来賓のお話を聞かされたりします。たったこれだけの儀式で、さあ今日から君たちは大人だと言われても、何ら実感をともなうわけがありません。公会堂の外で待ちうけているテレビの報道レポーターに、大人になった気構えを一言述べてください、とうながされて、取って付けたような決意の言葉を言っている若者の姿など、哀れで見たくもありません。

婚礼に関する様々の儀式や、成人式などの「通過儀礼」を、ヨーロッパ社会はどんどん失ってきました。少し前、我が国では一組の夫婦が成立するまでの結婚費用に、平均五百万円だの六百万円だののお金がかかると、ある銀行が試算したものを目にしたことがあります。このことを、あるスウェーデン人に話したところ、彼はその話を疑って、決して信じようとしませんでした。それほども費用をかけられる人たちならば、結婚の後で、あんなみすぼらしいアパートになど住むわけがない、と言うのです。いやはや、国際的な会話というものは、難しいものです。事実、スウェーデンに限らず、ヨーロッパ全体が、この種の儀礼をどんどん失ってきました。人生の節目の儀礼という大掛かりなものばかりではなく、年中行事も失われてきています。名だたるニースのカーニバルなど、お祭りとしては、あまりにみすぼらしくて見ていられません。

お祭りばかりか、普段の生活で行なう、一般的な意味での儀式も失われています。たとえば、小学生が夏休みを迎えるための終業式も、休みが終わって、さあこれからまた学校だぞという時の始業式も、ありません。いきなり学校が始まるというのは、子どもたちには大変辛いことです。昨日まで、時間に何ら拘束されないで自由に遊んでいられたのに、突然またしても、厳格な学校生活に引き戻されるからです。事実、ヨーロッパでは、夏休み後に、精神に不安定をきたす子どもたちの割合が高いといいます。

家庭内の日常の儀式も、極限にまで切り詰められました。朝出かけて行く時の「行って参ります」も、帰宅した時の「ただいま」も、ありません。食事の時の「いただきます」も「ごちそうさま」もないのです。

四　ティコピア島の宗教

さて、レイモンド・ファースが報告したティコピア人の生活の中で、これこそは紛れもなく「宗教」と呼べるというものを、彼は、先に紹介した『ティコピアにおける神々の業』の中に書き記しました。その中には、実に様々な宗教的儀礼が報告されています。実に多様で、数が多く、まるでティコピア島では、毎日何らかの宗教儀礼が執り行なわれているのかと思われてくるほどです。

●ファースが見たティコピアの宗教、ヤム芋儀礼

その中でもファースは、冬の季節を迎える四月頃と、季節が春に変わろうとする時期の十月に行なわれる一連の宗教儀礼に、多くのページ数を割いています。最初に行なわれるのが松明行列で、これを皮切りに、多くの儀礼が数週間に渡って繰り広げられます。そして、その中でも特にファースの興味を引いたらしい儀礼が、主だった男たちが一堂に参集して執り行なう「ヤム芋を食べる会」です。

実は、ティコピア島の住民は、単一の部族ではありません。四つの部族が一つの島に居住しています。そしてその昔、これらの部族は、お互いに争った歴史を持っているらしいのです。周りを海に囲まれた小さな島で、四つもの部族が争っていたというのも不思議な感じですが、我が国の戦国時代も、小さな山一つを隔てて、ヤレ甲斐の国だの信濃だのと争っていたことと類比すれば、納得がいきます。さて、その四つの部族の中で、結局覇権を握った

のがカフィカ族で、「ヤム芋を食べる会」はこのカフィカ族の主導の下に行なわれます。

その朝、カフィカ族の部族の男どもが打ち揃い、あらかじめ定められてある特別の畑から、芋を掘って持ち帰ります。芋を煮るのは、部族の長の奥さんを中心とした女たちの役割で、最初にカマドに火を付けるのは長男の役割です。こうして、芋の支度が調えられている間に、他の部族の主だった男たちも、集会用の大きな小屋へと参集してきます。その小屋の中には、神様を祀る祭壇がしつらえてあり、そこに坐り込んでいるのがカフィカ族の部族長なのです。全員が打ち揃うと、静粛にして厳かな雰囲気となり、いよいよ儀式の始まりです。

儀式が始まって、いったい何が起きるのかというと、女たちが、蒸したばかりの芋を持って登場するのです。並居る男たちは、これを、手に持った葉っぱに受けとり、いっせいに食べ始めます。これを周りの誰よりも早く食べ終えなければなりません。一番に食べ終えた者が、その年の年男になれるのです。年男になりたいのはやまやまですが、なにしろ、下手をすると火傷しそうなほどに熱い芋です。全員が、猛烈な音を立ててむさぼり、首尾よく食べ終わった者は、ズーズーと、これもまた強烈な音を立ててアピールするのです。次いで、部族の長が神々に酒を捧げ、これを飲み干すという儀礼が続き、それが無事終了すると、後は無礼講です。先ほどのヤム芋早食い競争のことで、ひとしきり話に花が咲くことは言うまでもありません。

●ファースの驚き

この宗教儀礼を見て、ファースが、そのどういうところに驚いたのか、文面から正確に判断することは難しいことです。もしかすると、食べ物を食べる時に、できるだけ音を立てないことが身についているヨーロッパ人のことです。しいて、大きな音を立て、しかも食べ終わったところで、ズーズーだのブーブーだのと口をならす。こういう光景が、驚きだったのかもしれません。

音を立てて食べるということは、熱い食べ物を好む私たち日本人には、日常のことです。落語で、実際には食べていないのに、ズーズーとソバをすするしぐさをされると、それだけでこっちもお腹がすいてきます。アメリカの映画俳優のアーノルド・シュワルツェネッガーが、日本のカップラーメンの宣伝に抜擢された時、小さなプラスティック製のスプーンにヌードルだけを巻き付けて、まるでスパゲッティーのように口の中に押し込んでいる様子が放映されましたが、あれは全くいただけませんでした。

こんなことは、まことに小さなことです。ファースがこんなことに驚いたと推測するのも、彼には気の毒な気がします。しかし、実際に異文化に触れる時は、こうした些細なことへの驚きが、案外ものを言います。そういう些細な違いに驚くことによって、目の前に繰り広げられている事態に対する注意力が、全開となるからです。あるいはそれと正反対に、拒絶反応が起こって、すっかり嫌になってしまうからです。

個人的な体験で恐縮ですが、かなり前に、あるカナダ人ビジネスマンから、日本での商談の進め方について相談を受けたことがあります。ところが、和食の昼食を一緒に食べながら、このカナダ人が、ジャケットを脱ごうとしておハシの置き場に困り、やおら茶碗のご飯の中に、それを垂直に突き立てました。今でも田舎では残っている習慣の、仏前にご飯を供える作法です。それをこのカナダ人は、それと知らずにやってしまったのです。それを見たこちらとしては、なんだか、やる気が失せてしまいました。助言などどうせ無意味だろうと、何となく思ってしまったのです。

ヤム芋および酒の儀礼の厳粛さと、その後の手のひらを返したようなバカ騒ぎとの間にある、あまりのコントラストに、ファースは明らかに戸惑っています。そこでファースは、儀礼の中で厳粛に執り行なわれた部分に対して、キリスト教の秘蹟にあたるような、宗教的雰囲気を認めることになりました。

●我が国の儀礼との間に「類比的共感的理解」の可能性を探る

しかし、これは少々読み込みすぎではないかと感じられます。特に宗教的なものではなくとも、儀礼的な集会では、一般に、こうした厳粛さが付き物です。我が国では、結婚式のような華やいだお祝いの席でも、先ずもっての雰囲気は、限りなく厳粛です。初めて日本人の結婚式の披露宴に招待されたあるフランス人が、あまりの厳粛さに、これはお葬式なのかしらと思ったそうです。結婚式のみならず、入社の歓迎会だの転勤祝いの会だの、我が国で開かれる会合は、すべてこの流れを持っています。最初は極めて厳かですが、やがて誰かの音頭で乾杯となり、その後は無礼講です。ひどい時には、乱痴気騒ぎにまで発展します。

人々が集まっての会合とは、大体そうしたものだということを、私たちなら知っています。ですから、もし私たちがティコピアのヤム芋の会に参加させてもらえたとしても、厳粛さと、それに続く破天荒さとの対称には、ファースほどは驚かないであろうと思うのです。

しかし、残念です。このことは、最初に書いておくべきことだったかもしれませんが、ティコピア島のヤム芋の会に参加させてもらうことは、もはやできません。第二次世界大戦後まもなく、カフィカ族の長が、自らキリスト教に改宗して、伝統の宗教儀礼を一切禁止してしまったからです。こういうわけで、ティコピア島の宗教儀礼を全的な形で知るには、今やレイモンド・ファースが残した記録に頼るしかなくなってしまったのです。

五　西洋式学問的理解と「類比的共感的理解」との対比

●西洋式学問がファースの調査内容を解釈する際の基本的姿勢

レイモンド・ファースの著作は、今は失われてしまったティコピア島の宗教のありさまを、私たちに報告してくれています。コムストックは、この報告を元にして、ヨーロッパにおいて開発された社会学的な手法を用い、その宗教を理解しようとしています。特にロバート・マートンの考え方を踏襲し、それによってティコピアの宗教の意味を理解できるとしているのです。

そこで私たちは、そのコムストックの記述を概略見てみたいと思います。そして、その上で、ティコピア島で見られたのと同じような事例が私たち自身の社会にもないかと、考えを巡らしてみたいのです。

異文化に対して社会学的手法を適用するという学問操作は、ややもすると、その異文化を、他人事として、突き放してしまう見方に陥る傾向を持ちます。そのような手段による理解は、その対象となっている宗教そのものの理解には終いにはたどり着かないで、かえって、西洋人自身による、西洋人自身のための理解に終始してしまう傾向があります。

しかし、それとは一線を画して、私たちは、ティコピアの宗教に見られるのと同じようなことが、自分たちの社会にもあるのではないかと考えを巡らせることによって、「類比的で共感的な」理解に、少しでも近付けないものかと考えるのです。

ロバート・マートンが提唱した社会学の視点は、時として実に見事な解析を見せますが、見事であればあるだけ、他文化を突き放しているという様子が見てとれます。つまり、ティコピアの人たち自身の「内面に生起していること」や「生の現実の経過」の背後に別のあり方を見ようとしていること、あるいは、それらを一応棚上げにして、そこに、ある種の目に見えないシステムを読みとろうとしていることです。

●ファースによって聞き取りをされたティコピアの宗教儀礼の意味

ティコピアの人たち自身の内面に生起していることを、ファースの証言で見てみましょう。先ほど見た「ヤム芋儀礼」で見ると、おそらく、ファースに質問されたから答えたのでしょうが、この会を取り仕切った部族長は、ほぼ次のようなことをファースに語りました。

「小屋の中の祭壇の前に坐っていた時、私は神になっていたのだ。私はあそこでは神だったのだ。何故神が私のところにやって来たかというと、それは、私が重要な部族長だからなのだ。カフィカ族の長は、ずっと昔に神が定めた、最も重要な部族長なのである」と。

ファースはまた、他のティコピア人たちからも聞き取りをして、何故あのような儀式を行なうのかということに関して、彼ら自身が語った理由をほぼ次のようにまとめました。

「何故儀式を執り行なうのかというと、その儀式を行なうことによって、力強い霊的な存在に触れ、その霊が私たちに好意を持って、食べ物と健康を与えてくれるようにするためなのだ。その霊的存在と関係を持つことができるのは、決まった家系の者たちに限られている。人間であっても力のある者に対しては贈り物をし、へりくだった態度を示すのだから、霊的な存在に対する時は、できる限りの礼儀と供物を捧げなければならない。言葉で語りかける時も、特別な言葉を使わなければならないのだ」と。

ティコピアの人々がそのような話をしてくれたのは、ファースに質問されたからでしょう。伝統的宗教儀礼で、それを行なっている人たちが、それについて自ら、ああだこうだと語ることはありません。ですから、質問に対して答えた話と、彼らの内面に現実に生起することとは、同一のものとして見ることはできません。

それは、喩えれば、無我夢中の内にしでかしてしまった犯罪行為のことを、後から検事に聞き取り調査される場合と似ています。検事調書に書き込まれた内容と、現実にその犯罪者の内に生起したこととは、どこかで決定的な亀裂があると思います。ですから、いつでも、その点に注意を向けることを忘れるべきではないのです。しかし、翻って言うと、たとえ聞かれたからそれに応じざるを得なかった結果だとはしても、それが彼ら自身の口から出たものであるという事実は、変えようもありません。その限りで、ファースの記述は、一方ではティコピア人自身の考えだと主張する権利を有していることも、また、否定できないところです。

●他宗教の儀礼を理解する際に用いられる西洋式「宗教社会学的方法」

ファースは、儀式に参加させてもらうことによって、そこに繰り広げられる生の現実の経過を目撃し証言しました。また現地の人たちからの聞き取りによって、現地の人たち自身の考えを報告しました。宗教社会学の手法を用いる人たちは、そういう生の現実の経過や、現地人自身の考えの背後に、目には見えないある種の別のシステムが働いていると見るのです。

どういうことでしょうか。

コムストックが援用しているロバート・マートンの考え方を見てみましょう。彼は、原始的な社会で、ある宗教的な儀礼が行なわれる時、その儀礼は、当の現地人たち自身が考えてもいない、また意識さえもしていない、ある「社会的機能」を果たしているのだと言います。どういう機能かというと、宗教儀礼は、先ずは「社会の型と社会関係を象徴的に明確化する」機能を果たすと言います。

先に見た「ヤム芋儀礼」で言えば、ティコピア社会の型は、有力な四つの部族が拮抗する関係を維持することから成り立っており、しかも、その中で、カフィカ族が指導的な地位にあることを、一緒の席に着いてヤム芋を食べる一連の儀式によって「象徴的に」明確化している、ということです。

確かに、春と秋の一大宗教行事は、松明行列の隊列の組み方から始まって、ヤム芋会の席次に至るまで、このことをはっきりとさせています。席次ばかりではなく、ヤム芋を掘り出しに行くのは、カフィカ族の決まった家族の男たちであり、そのヤム芋を蒸すのは、その部族の女たち、さらにカマドに最初に火を投じるのは、部族長の長男でした。このことは、おそらく、次の部族長はこの長男であるということを人々に認識させるでしょう。

なにしろ、地球上の他のほとんどの部族の人たちと同様、彼らは文字によって書かれた法律も規則も持たない人々です。彼らがもし、こうした社会の型と社会関係を常に維持し、衆目に知らしめようとするならば、何か実際的な行為を、衆目の前で示して見せなければなりません。

しかもその時、この示威行為が果たす機能は、社会の型と社会関係をただ単にはっきりさせるというにとどまりません。もっと進んで、そうした社会の組成と仕組みを、正しいあり方であると教え伝える機能も果たしています。単に人間の言葉で「正しい」というレベルではありません。この社会の組成を支持し、盛り立ててくれているのは、人間ならぬ神様だからです。誰か、それを否定する反逆者がいれば、その彼は、神様に逆らう勇気を持たなければならない、ということになります。そこで、儀礼による社会的価値の示威は、現在のあり方が正当なものであるということを、可能な限りの強力な力で示す行為となるのです。マートンが、「儀礼は社会の組成と価値観を正統化する」と言っているのは、そういうことだと思われます。

もしこのように、宗教儀礼には目に見えない社会のシステムを顕在化させる社会的機能が備わっている、といった突き放した見方が許されるとすれば、それは、儀礼というものが、ある種の「演技的な行為」であると言うことにも通じます。すなわち、ティコピアの人々は、手に持てないほど熱いヤム芋をできるだけ急いで食べたり、わざとズーズーと音を立てたり、神様にお酒を捧げるのだといって厳粛な顔をしてみせたり、はたまた乾杯後の乱痴気騒ぎをしたりしていますが、そうしたことはすべて、いわば、お芝居でやっているのである、ということです。そして、そういうお芝居をすることによって達成されるもの、それは神々への供犠でもなければ、霊の降臨の祈りでもなく、真実には、こうしてお互いの立場を確認し合い、さらには一層の「結合力、集合力」を高めるという効果なのだ、ということです。確かに、一旦このように集合して大いに盛り上がれば、たとえそれまで対立し合っていた間柄でも、お互いに意気投合して、たちどころに「対立解消」ともなるでしょう。また、一年の間の節目節目に決まった儀礼を執り行なうということが、社会全体の生活リズムをスムーズにするものであることは、言うまでもありません。

●他宗教の儀礼を「類比的共感的理解」の姿勢で理解する試み

マートンに代表される西洋人の、社会学的手法を用いたこうした見方が、間違っているというのではありません。そう見れば、確かにそう見えるのでしょうし、そのような観察結果が、何かの役に立つということがあることも、認めます。しかし、それにしても、これは、あまりに突き放した見方で、なんだかしっくりこないものがある、というのも真実の感想です。

そこで私たちは、この社会学的な視点を、一応は受け入れることにしましょう。ただし、一応は受け入れておいて、その上で、ティコピア島の宗教儀礼と似ているものが、何か私たちの国にもないだろうか、ということに注意を注いでみましょう。すると、これに似ている儀式は、私たちのところでも、平素普通に行なわれているということに思い当たるのです。

このような作業をやってみて、私たちは「類比的共感的理解」の可能性を探ってみようというのです。

私たちが折に触れて行なう会合は、そのほとんどのものが、ティコピア島の人々のヤム芋の宗教儀礼に似ています。

会社の営業部の歓送迎会を、日本間の料理屋さんで行なう場合を考えてみましょう。通常こうしたお店では、一番重要な席が決められています。それは座敷の床柱を背にする席です。ですから、そこに席を占めるのは、今日の会合で最も偉い人です。また、その他の人たちも、この最上席を基準に、それ相応の席が割り当てられます。勝手にどこに坐ってもよいというのではありません。会合が始まると、偉い人のお言葉があります。さらに数人の人が、それに続いてお話をすることもあります。それに要する時間は実に長いもので、全体の雰囲気も大変厳粛なものです。こういう場でのアメリカ人のスピーチのように、出だしのところで冗談を入れて、一同がどっと沸くなどということは通常あり得ません。スピーチの途中で、出席者の誰かが茶々を入れて、掛け合い漫才のようになるなどということもありません。

このような厳粛な気分から無礼講の酒宴に移り変わるのは、誰かの乾杯の音頭によります。しかも、この乾杯の音頭を誰がするのかという人選も、時として大変微妙で難しい問題になることがあります。

いや、難しい問題になるというよりも、逆に、私たち日本人は、そういう場合に、微妙で困難な問題が生じることの方を好むのです。誰に何をしてもらうかという人選などが、微妙で困難であればあるほど、この会合が細部に渡って微塵も揺るがせにできない、重要なものだという感情が高まるのです。

我が国に見られるこうした会合は、ある集団メンバーによる単なる集合にすぎないのであって、何ら宗教的なものではないではないか、というご指摘がありそうです。もっともなご指摘です。しかし、その会社の一つの部という小集団のことではあれ、先の宗教社会学者、ロバート・マートンの視点を完結する要因としては、何一つとして欠けているものはありません。このことは、強調してよいと思われます。

今話題にしているこの会社の社員は、この会合の席次や、誰が何を行なうかの人選によって、その集団の型と構成員相互の関係を「象徴的に明確化」しています。その「組成」と集団の持っている「価値観」を「正統化している」ことは言うまでもありません。

そして、そこに繰り広げられるスピーチや、乾杯の音頭を誰にとってもらうかといった小競り合いが、「演技的行為」にすぎないと感じない人はいないでしょう。一番偉い人の、何度も聞かされたお定まりのスピーチなど、半分の耳でしか聞いていないで、頭では何か他のことを考えているという経験は、私たち日本人にはごく普通のことです。大きいパーティーともなると、来賓の話など全く聞いておらず、時たま拍手が起こると、自分もそれに合わせているだけの人をよく見かけます。ある時、そのようなパーティーで、いったい何故今、皆が拍手をしているのかと、真顔であるイギリス人に尋ねられて、こちらがビックリした経験があります。

演技的な行為だから、それを取り止めても、社会生活のスムーズさに変わりはない、ということにはなりません。逆に、私たちの生活は、こうした会合や集会などの時折催されるイヴェントに限らず、大変多くの演技的な行為に助けられて成り立っています。

たとえば、一家揃って食事をするとは、いったい何でしょうか。演技的な行為以外の何物でもないのではないでしょうか。家族の構成員が全員揃って、いつも同じ時間に同じ食卓を囲むという習慣は、社会の中でのそれぞれの活動が複雑になった現代生活では、大変維持しにくいものになっています。かえって、それぞれがバラバラに食べる方が都合がよいし、その便も整っています。外食したり出来合いのものを買って来たりする方が、安上がりのこともあります。しかし、もしも、家族一緒の食事を全然一回もしたことがないというような家族が存在すると仮定すると、そういう家族が一つのまとまりとして存続し得るとは考えられません。

話が少々横道に外れたようです。もう一度、会社の会合の話に戻りましょう。こういう会合が、部内の対立を和らげることに役立っていることは、言うまでもありません。たとえ、人事異同の際に多少のいざこざがあっても、一緒に会合を持つことによって、その仲たがいを「解消」することができます。スピーチをする人が、手に贈られた花束なぞを持って、懐かしい昔のエピソードを語り、感情が高まって一瞬声を詰まらせたりすると、突然こちらも懐かしい気持ちになり、わだかまりの心情が消え失せます。その後の無礼講の酒宴で、肩を組んで一緒に高歌放吟などに及ぶと、最早一心同体の気分です。

私たちは、自分の意識では、こうした日本式の会合を宗教的なものだとは全然考えていません。しかし、ロバート・マートンの宗教社会学的な視点を容認するなら、それは、全くのところ、宗教だと言わなければならないのです。確かに、ティコピアの人たちのように、神様だの、霊的な存在だのとの関連はないかもしれません。しかし、そういう言葉を使うかどうかということは、それほど大きな差異ではないと思います。

逆に、もしも、日本人の会合で、本社の社長が臨席して、「このところの景気で我が社も苦しい経営を強いられている。やがては明るい光が見えてくるように、経済の神様にお願いすることは当然です。が、我々も、ここを乗りきるべく、社員一丸となって、最大の努力をしようではありませんか」というようなスピーチでもしようものなら、これは紛れもなく宗教です。何故かといって、彼は「経済の神様」の名前を言ったのだからです。

これは、冗談で言っているのではありません。宗教社会学的な観点から言えば、宗教とはそういうもので、その点で、ティコピアの部族長がファースに語った「神様」も、それほど違ったものだと見ることはできないのです。

私たち自身は、様々な会合や集会を開く時、それを特に宗教的なものだとは考えていません。集会をスムーズに進行する上で、単に伝統的なやり方に従っているだけだからです。しかし、そういう伝統のことを全く知らない西洋人がこれらを目撃すると仮定すると、私たちが行なう集会や会合のほとんどのものが、彼の目には宗教と映ると思います。

たとえば、厳粛な卒業式を見てみましょう。一段高い祭壇めいたものがあって、背後に奇妙な文様の旗が、そして両脇には花を生けた巨大な花瓶が据え付けてあります。今しも中央の大テーブルの前で、中心的とおぼしき人物の厳かなお話があったかと思うと、黒ずくめの衣服に身を包んだ構成員たちが、一人一人壇上に進み出て、うやうやしくお辞儀をし、何か秘密めいたペーパーを受け取って、静々と自分の席に戻ります。それが一通り終わると、今度は全員が立ち上がって、これまた、この上はないというほど荘厳な歌を合唱します。その時構成員たちの顔には、何か修行を成し遂げて、神の聖餐を受けたばかりの人のような、神々しさが浮かんでいるのです。

卒業式に関するこの話は、もちろん冗談です。しかし、徹頭徹尾冗談なのかというと、そうとも言いきれません。何故なら、大航海時代以来、世界中に出かけて行って、各地で行なわれている様々の集会や会合を目撃した西洋人たちは、それら一切合財をまとめて、「通過儀礼」と呼んだからです。そして、その「通過儀礼」という言葉が、その地の民族や部族の人々の宗教と、密接な関連で提出された言葉であるということを、否定することができないからです。我が国の卒業式などは、まさにその「通過儀礼」以外のものではないのです。私たちの卒業式も、単に外からの目で見れば、何かある新興宗教教団の入社式と、そんなに際立った違いを見出せるものではないのです。

●補足――比較のためにどの文明を選ぶか

今日、文明間の関係が取り沙汰されるのは、主としてキリスト教文明圏とイスラム教文明圏に関してでしょう。その関係の緊張は、大きな危険もはらんでおり、「文明の衝突」という言葉も、よく用いられるようになりました。このため、もし、比較のために選びとる文明としてはイスラム教こそ第一のものだ、という意見があるとすれば、それも、もっともな意見です。

しかし、イスラム教、キリスト教の二文明間の問題は、すでに触れたように、同じヘブライズムの原理の上にあります。両者とも、宗教として同じ出自を持ち、同じ神をめぐる信仰を有しています。ですから、比喩的な言い方で概略を理解することが許されるとすれば、それは、同じ親から生まれた兄弟の争いです。兄弟ですから、お互いの優れた点を知っていると同時に、お互いの悪い点も肌で知っていると考えることができます。

私たちが、そのいわば兄弟喧嘩に介入することは、大変微妙な問題だと言わなければなりません。

私たちは、第三者ですから、両者に対して、客観的な指摘をすることができます。それは、ある場合には役に立つこともあるでしょう。しかし、もし本当に衝突が生じてしまったら、そういう場面に、第三者の助言ほど苛立たしいものはありません。お前たちにいったい何が分かるというのだと、逆に噛み付かれる結果に終わらないとも限らないのです。

政治的な理由から、あるいは単に経済的な理由から、この両者の間に立たざるを得ないという場合、あるいはそのどちらかに味方せざるを得ないという場合、両者の間に生じている軋轢の本質が、私たちには充分には体得されないという事実を忘れるべきではないのです。

両者間の軋轢の本質を可能な限り理解しようとする場合は、その前提作業として、その宗教の核心部分を理解しようとする努力が要請されます。つまり、ヘブライズムの宗教性を、その深部で理解する努力です。私たちの場合には、歴史的な経過で、キリスト教よりもイスラム教の理解が不足ですから、最近では、イスラム研究の緊急性が言われてもきています。

本書は、宗教を、文明という言葉との強い関連で考察しようとするものです。しかし、その際、その言う「文明」が、キリスト教文明圏とイスラム教文明圏との対立を連想させる際に用いられるニュアンスでの「文明」ではないことは、明らかです。

むしろ、キリスト教が、イスラム教でもなければユダヤ教でもない、それ以外の、世界の非ヘブライズムの宗教と対峙している局面、それが私たちの第一の関心事です。何故第一なのかといえば、その対峙の構図の中に、私たち自身が組み入れられているからです。そして、そこから生み出される学問的な観点は、私たち自身が見られている視線であり、そこに生ずる問題は、他ならぬ私たち自身の問題であるからです。

そのため、感じられるその視線と、生じるその問題を抱えながら、私たちは、第一に、自分自身を研究することになります。

そして第二には、この研究の結果として得られる結論の成果を用いて、キリスト教文明圏からの視線に、同じようなし方で晒されている他の文明、およびその宗教を見ることになります。それを見ることは、自分自身に対する研究で得られたその結論の姿を、もっと明確にすることにもつながるのです。

そのため、本書ではティコピア島の宗教を取り上げました。それは、世界中に無数と言えるほど存在する社会と宗教の中から、ただの一例を取り上げて、私たちの「類比的共感的理解のし方」を試すにすぎません。

しかし、ここまで述べてきたように、この限られた作業は、「自然」という概念をテコとする時、単なる一例にすぎないという限定を飛び越えて、ある大きな普遍性を得るものと思われるのです。

第 12 章

共感と自己の再発見

他文明を身近なものとして共感的に理解しようとする試みは、自己の中に他者と同様のものを見出そうとする過程でもあるから、自己の内面を深く掘り下げてみる作業を喚起する。西洋式宗教学の方法も、無批判にではなく、よく検証しながら活用すれば、連携してこの作業の遂行に資する。本章ではそれを試みとして展開するが、最近の西洋的「宗教現象学」が、押しつけ的なやり方を一層強化しているという事情も、心得ておく必要がある。

ティコピア島の人々の宗教を見て、これは何も、彼らの社会にばかりあるものではないぞ、私たち自身の社会にもごく似たようなものがあるぞ、という気持ちになった時、それは、私たちの理解が両方向へ向かって深化していくことができるという、その可能性を暗示するものです。すなわち、両方向の一方では、ティコピアの宗教と、その宗教が彼らの社会において果たしていることが、何か実感できるものとして私たちに理解されてきます。また、もう一方向では、こうすることを通じて、他ならぬ私たち自身の社会のあり方が、今までは意識の上に上っていなかったものが再認識されるようなし方で、私たちの目に映じてきます。

特に私たちは、明治の文明開化以来、西洋諸国にばかり目を向け、そこの文物思想ばかりを吸収しようと努力してきました。いきおい、東南アジアや南太平洋地域に目をやることが、少なくなりました。第二次世界大戦後には、それまでの膨張政策が批判されて、ますます、これらの地域が縁遠いものになりました。そして、なんだか、自分ではすっかり、欧米諸国と仲間になったような気がしていたのです。しかし、私たちの意識がどうであれ、私たちは、これらの地域の中にあります。頭は欧米流でも、実際にはこれらの地域から出てきたもので、今でも、頭から下の部分がこれらの地域に、どっぷりと漬かっているのです。

そしてまた、このような目で見る時、私たちには、もう一つ実感されることがあるのではないでしょうか。

私たちは、自分の意識では、さっぱり宗教的ではない日本の社会は全くもって脱宗教的、非宗教的なものになっている、と思い込んでいます。しかし、今こうしてティコピア島の人々の宗教を見る時、翻って、私たちは、我が国の社会が何とそれと似ていることかと、「類比的共感的」な視点を持つことができます。すると、それは同時に、私たちの社会が、思っていたほど脱宗教的でも非宗教的でもないのだと、思い知らされることでもあるのです。もし、ティコピア島の人々の「ヤム芋を食べる会」が宗教儀礼だと言うのなら、私たち日本人の日本式会合も、宗教以外のものではありません。両者の間に際立った相違を言うことは、難しいと思われます。

一　他宗教理解の宗教心理学的方法と「類比的共感的理解」とを連携させる試み

類似性に対する共感を通じて、自身のあり方を再発見するという作業は、原始的な民族の宗教に関する一人一人の内面の働きに注目する時、さらなる鮮明さを呈するようです。一人一人の内面の働きに注目するとは、すなわち、「宗教心理学」的な観点に立つということです。

ティコピア島にばかり目を奪われているのも、一種の視野狭さく症です。そこで、もっと広く世界に目を向けて、報告されているいくつかの事例を取り上げてみましょう。すでに触れたように、世界を見渡すと、私たちの社会と似て、自然を土台として自然的な成り行きによって発展してきた人間社会の方が、数の上では圧倒的にまさります。事例を拾い集めるのに苦労することがありません。

●ディンカ族の不思議な習慣

コムストックの著作に、ダグラスという人が報告したアフリカ、ディンカ族の事例が載っています（巻末参考文献二）。このアフリカの部族は、伝統的に、狩猟によって生活を営んできました。さて、若者たちは、日中のほとんどの時間、獲物を追って生活します。いきおい、遠くまで足を運んでしまうことがあります。気が付くと、すでに太陽が傾き始めています。若者は、できるだけ急いで帰宅しなければなりません。夕食を家族で一緒にとるのが、彼らの伝統の中の不文律なのです。若者は、たとえ、いい狩猟のチャンスが目の前にあるとしても、それを追うことすら、ただちに取り止めなければならないのです。

しかし、ここでまことに奇妙なことが起こります。というのも、若者は、取る物もとりあえず、急いで帰宅の途に着くかというと、そうではないからです。彼は、やおらヤブの中に分け入るかと思うと、ある特別な草を捜し求めるのです。そして、その草を見つけると、それをある特別なし方で編み上げます。こうすることによって、早く家に帰り着けると信じられているのです。

ダグラスは、明らかに、これを一種の「迷信的宗教」として紹介しました。普通の理性で考えれば、これは明らかに矛盾する行為でしょう。急いで帰宅しなければならない時刻になってしまったのなら、特別の草を探して、しかも特別なし方でそれを編み上げるというのは、明らかに時間の浪費です。そんなバカなことをやっていないで、さっさと足を運べばいいのです。それなのに、わざわざそういう行為に及ぶというのは、宗教的おまじないとしか考えられません。おそらく、狩猟の神様かなんぞがいて、若者は、早く帰れますようにと、それに向かってお祈りしたのだ。このようにも推測できるからです。

●不思議な習慣を「宗教心理学」的方法によって理解する

しかし、この事例を「宗教心理学」の手法で見ると、事態はがらりと変わったものになります。どう変わるかというと、宗教心理学では、ディンカ族の若者が行なうこの行為は、全く時間の無駄にならない。それどころか、逆に、この行為は大いに時間を節約させる行為なのだ、というのです。何故なら、この若者は、この行為をすることによって、今自分は帰宅しようとしているのだという一点に、自分の意識を集中させることができる。もし、途中で、この上もないような狩猟のチャンスに恵まれようと、もし、この頃思いあぐねることがあって、それが頭から離れない状態が続いていようと、そういうことはすべて二の次にして、とにかく今は帰宅するのだという意識を第一のものにすることができる、というのです。

こう聞かされても、今一つ分かったような分からないような説明ではないでしょうか。そこで、その説明の意味を理解するためにも、アフリカ、ディンカ族ではなく、他ならぬ私たち自身の中に、それと同様な心的働きがあるという事例を探してみましょう。

●不思議な習慣を「類比的共感的理解」の姿勢で理解する

数年前、ある特別な石鹸が売り出されて話題になったことがあります。その石鹸は、体を洗うだけで見事に痩せられる、という宣伝付きで発売されました。そんじょそこらにある材料で作ったものでは、この宣伝も信憑性がない、ということなのでしょう。なんでも、材料は、中国産の特殊な薬草を含んでおり、しかも中国人の手で作られている、ということでした。

たかが石鹸、こんなもので、果たして本当に痩せられるものでしょうか。科学的な根拠がありません。あまり信じないという風潮もありました。ある新聞に、次のような笑い話のエピソードが載ったのを目にしました。そのエピソードはというと、あるサラリーマンが中国へ出張した折、現地でこの石鹸を入手することができました。それを求めて、奥さんへのお土産にしたのです。最近太りぎみだと、奥さんがこぼしていたのでしょう。それから数週間して、お風呂場を覗いたこのご主人が、台所にいる奥さんに、大きな声で次にように呼びかけました。「おおい、お前は痩せないが、石鹸の方はずいぶん痩せたなァ」と。

たかが石鹸、こんなもので痩せるはずがないと、その笑い話は揶揄しています。しかし、本当に痩せないでしょうか。いいえ、それは、立派に痩せるための便宜になり得るのです。

どういうことでしょうか。

それは、こういうことです。もし、今の笑い話に出てきた奥さんが、これを使えば痩せると思えば、痩せるのです。何故なら彼女は、毎日入浴の際、その石鹸で体を洗いながら、痩せるためにこの石鹸を使っているのだと考えると、自分は今痩せる努力をしているのだという一点に意識が集中されます。すると、その意識が、彼女の一日の生活の中で持続することができるのです。そこで、田舎から送ってきた名物の甘いものがあるとしても、その意識が、ふと食べ過ぎの邪魔をします。駅前のスーパーマーケットで買い物の折、いつもより買い物の量が増えました。

普段ならタクシーを奮発するところです。けれども、せっかく痩せる努力をしているのだという意識が、今日は天気もいいから歩いてみようという決意を喚起するのです。痩せる石鹸は、大いに役立ちます。

似たようなことを、私たちは、日常生活の中に数えきれないほど行なっています。お札を財布に入れる時は、肖像になっている人物の足の方が上にくるように揃えて入れると、お金がたまるといって、これを実行している女子学生を知っています。このように足を上に、逆立ち状態で入れると、出て行くことができないからだそうです。「おアシが逃げて行かないから」と、駄洒落まで披露してくれました。これは、ほんの軽い程度の迷信、あるいは単なるゲンかつぎの類にすぎません。誰も、こういう行為が真実お金を蓄えるのに有効だ、などと肯定しないだろうと思います。

●宗教心理学と「類比的共感的理解」は、連携することが可能である

しかし、これを先の宗教心理学的手法で見ると、この行為は有効です。第一に、この女子学生は、いちいちお札を揃えることによって、自分の財布の中にどれだけの種類のお金が何枚ずつ入っているかを、その都度確認することになります。その際、無意識にも、これを減らしたくないという意識が生じます。むやみやたらな出費を控えるはずです。たとえば、昼ご飯の出費でも、もし小銭だけで済ませて、お札をくずさないで済むものなら、きっとそうするのです。

このように考えてみると、私たちは日常生活において、それほど、宗教から遠いところで生活しているわけではないということが、実感されてくるのではないでしょうか。

同様の心理学的経過が、他ならぬ、宗教的な外観をともなって現れることがあるのも当然です。あるソバ屋のご主人が、自分の家屋を兼ねているビルの屋上に小さなお社を作りました。毎朝捧げ物をして、入念に拝んでいることは言うまでもありません。これは、紛れもない宗教的行為です。しかし、心理的効果としては、財布にお札を揃えて入れる先の女子学生の場合と大差ないのです。

もしも、家族の者たちや従業員が、残ったソバ粉をぞんざいに扱っていたり、店の掃除がゆきとどいていなかったりすると、このご主人は叱りつけるでしょう。ただきつい言葉で叱りつけるだけではありません。そんなことをすると、屋上の神様がこのソバ屋はダメだといって見捨てるぞ。そうなったら、我々は全員路頭に迷うはめに陥るのだ、と言って叱るのです。そんなことは迷信だと、お腹の中で考えるくらいの科学性は、従業員も持っています。しかし、それでも、年間を通してみると、必ずやソバ粉の無駄は減っているでしょう。店の清潔さが好感を持たれて、客足が増え、売上が増えること必定です。そうなると、屋上の神様のご利益は、証明されたも同然です。お店はますます繁盛して、やがて支店を出せるほどになるかもしれません。支店どころか、チェーン店を作れるほどまでになれるかもしれません。もしそうなれば、支店を出すたびに、この神様を祀る祭壇が増えていくだろうと予想されます。

二　発達心理学や深層心理学の宗教研究への応用と「類比的共感的理解」との連携の模索

●トリックスター伝説

人間が生まれてから成長していく過程でも、宗教は大きな役割を果たします。コムストックが取り上げている「トリックスター伝説」を見てみましょう。

「トリックスター伝説」は、北米先住民の間に伝えられてきた話で、あまりに奇妙な内容であるため、いったい何の意味があるのかと、研究者たちの間で取り沙汰されてきたものです。

トリックスターという名前の先住民の若者が狩りに出かけました。さんざん苦労した挙句に、ようやく獲物を手にすることができました。ようやく手にしたものの、トリックスターは、疲れてしまったために、焚き火をして、しばらくそこで休むことにしました。しかし、居眠りをしてしまっては、せっかくの獲物を誰かに奪われてしまうかもしれません。そこでトリックスターは、自分の「肛門」に命じて、番をさせることにしました。獲物の番を命じられた「肛門」が注意を凝らしていますと、そこへ、ずる賢いコヨーテが近付いてきて、獲物を奪い取ろうとします。そこで「肛門」は、ありったけの力で大きなオナラをします。コヨーテはビックリして退却します。ところが退却もしばしのことで、まもなくコヨーテは戻って来て、再びスキを狙います。肛門は、またもや大きなオナラで退けます。しかし、何度かこんなことを繰り返しているうちに、コヨーテの方が事態を悟りました。つまり、この番人は、ただ大きい音を出せるのみで、実害はないと分かったのです。肛門が騒ぐのを尻目に、まんまと獲物を横取りしていったことは、言うまでもありません。しばらくして、昼寝から眼をさましたトリックスターは、肛門が自分の言い付けを守らなかったので、大いに腹を立て、罰として、焚き火の中から火のついた枝を取り出すと、役立たずの肛門に、ギューとばかりに押し付けました。肛門は火傷をし、あまりの痛さに泣いたのでした。

●宗教心理学的解釈と「類比的共感的理解」との連携の模索

これは、なんて奇妙な話なのでしょうか。こんな話を代々伝えているという北米先住民の真の意図はどこにあるのでしょうか。こういう疑問が生じても仕方のないところです。

これに対し、宗教心理学が与える説明は、明快です。すなわち、人間が成長していく上で習得されなければならない事柄が、こうした神話の形で言い伝えられているのだ、というのです。事実、私たち人間は、その成長において、排泄というような動物的な行為一つも、全くの自然状態では覚えられないと言われています。猿は教えられなくとも木に登るようになるでしょうか。それは知りません。しかし、人間の場合は、後からの教育なしに、DNAのみの指示によって達成されることは、大変少ないと言われています。

「トリックスター伝説」の中には、トリックスターの右腕と左腕が、獲った獲物の手柄を争い、左腕が怪我を負ってしまう、というものもあります。確かに、右と左を認識することも、後天的な学習による部分が多いのだそうです。我が国ではあまり聞きませんが、ヨーロッパでは、左右を区別できない子どもの話をよく耳にします。

さて、人間が成長する過程で、様々の物語が大きな役割を果たしているということは、特に我が国で例を求めるまでもないことかもしれません。「物語」と、ひとまとまりになっていないものでも、たとえば祖父からの言い伝えや、一般的に伝えられているコトワザなどが、私たちに大きな力を及ぼしていることは否定できません。このことは、人生に関して大きな決断をするというような、意識的に行なわれる場合よりも、むしろ、今手に持っているものを右に置こうか、それとも左にしようか、というような、どちらでも大した違いを生じないようなことを無意識的に行なう場合に、より顕著に現れるようです。たとえば日本人のうち、ある年代以上の人にとって、お米は他の何よりも大事なものです。神様が与えてくれたもの、とまで意識的に考えなくても、他の食べ物以上の神聖さを帯びています。トースト用のパンは、少し固くなったら、それほど躊躇せずにゴミ箱に棄ててしまいます。同じくお百姓さんが作ったものでも、野菜のクズや残り物は、割合抵抗なく棄ててしまいます。ところが、ご飯の余りものは、ゴミ箱に放り込むのに、大変気が引けるのです。

●絶対的不幸に対する、宗教心理学と「類比的共感的理解」との連携の模索

事故や自然災害など、不慮の出来事に襲われた場合は、人間心理に宗教が侵入する機会です。これもコムストックの書に取り上げられているものですが、エヴァンズ・プリチャードは、アフリカのアザンデ族の「迷信」を報告しました。アザンデ族に事故が発生しました。人々が穀物倉庫の日陰で涼んでいた時、突然その倉庫が崩れ、多くの人々が下敷きになって亡くなったのです。シロアリによって柱という柱が食い荒らされていた。それが事故の原因であることは明らかでした。しかし、アザンデの人々は、こうした科学的説明が明らかであるのに、これは、常日頃対立している隣の部族の妖術使いが仕掛けた呪いのせいだと言い張ったのでした。

ヨーロッパから出かけていった初期の研究者たちは、こういうアフリカ人の言葉をとらえて、彼らの間で、理性的な判断よりも迷信が力を持っていることの証左としたものでした。

しかし、現在は改められているように、これは明らかな誤解でした。アフリカの人たちは、穀物倉庫が倒壊したのがシロアリのせいだということを、よく知っていたのです。それほど実証的な考えに欠けているわけではありま

せん。ただ、そういう実証的な原因や理性的な思考では、大切な肉親を亡くしてしまった人たちには納得がいかないのです。シロアリごときで、自分を慰めることができないのです。妖術でもいいし、運命といったようなものでもいいが、自分たちにはどうにも変えることができないような、何か超自然のものが欲しいのです。

我が国でも、地震その他の自然災害で、家族をすべて失ってしまったという人たちがいます。当然のことながら、そういう人の気持ちは、他人では分かりません。しかし、地震が起きたメカニズムを専門家に解説してもらって、それだけで気持ちが晴れるという人はいないと思います。悩みぬく過程で、自然災害の科学理論以外のものが必要だと思われます。

同じことを繰り返して書くようですが、私たちは、常日頃、昔ならいざ知らず、自分たちは最早、宗教によって生活しているのではないと考えがちです。しかし、宗教ではないと思って行なっていることにも、実際は宗教的な意味付けを必要としています。

またしても、原始的な生活をしている人々の中に例を見つけてみましょう。

●宗教的人間行為の深層心理を解釈する学問と「類比的共感的理解」との連携の模索

我が国にも紹介されて有名な文化人類学者、レヴィ゠ストロースが、南米クナ族の女性の出産の模様を報告しています。出産は、まともな医療が導入されていない原始的な生活の女性にとっては、未だに命がけの作業です。特に初産の女性の苦しみは大変なものです。クナ族間では、女性が出産で苦しんでいる場合に、長老が傍らで、長々と伝説を語って聞かせる習慣があるそうです。伝説と肉体的な苦痛の間には、一見したところ何の関係もなさそうです。しかし、その伝説の内容を聞かされると、そうではないということが分かるのです。

長老の語る物語は、太古における一族の生誕物語です。一族をこの世界にもたらした英雄は、地下の世界を冒険しました。暗い地底の道を経巡る苦難の旅です。数々の危険に遭遇し、危うく命を落としそうになったことも、一度や二度ではありません。しかし、この先祖の英雄は、これらの苦難にもくじけることなく、苦難があるたびごとに一層の勇気を振りしぼって、やがて輝く太陽の下へと踊り出ることができたのでした。

昔の伝説と出産に苦しんでいる一女性との間に、一見したところ、何の関係もありません。しかし、実際にはこれが大ありなのです。部族生誕の物語を聞きながら、この女性は、自分の苦しみが、ただ単に、自分一人の肉体の苦痛にとどまるものではないことを知るからです。苦痛は耐えがたいほどではあっても、その苦痛は、無益なものではありません。次の世代を産むための、実に偉大な仕事に付きまとう苦痛です。それは、太古における産みの苦しみに共に参加するための苦痛であり、その太古から営々と営まれてきた民族の歴史を作っていくことに参加するための苦痛なのです。このように、ひとたび、ある種宇宙的な展望の中に自分の身を据えると、何と不思議なことでしょう。出産の苦しみにのたうち回っていた女性は、突如その苦しみに耐えることができるようになるのです。いや、おそらくは、苦痛が現実的に半減しているのではないでしょうか。

肉体の苦痛は、肉体だけによってもたらされるわけではないということを、私たちも経験から知っています。「心頭滅却すれば火もまた涼し」と言うではありませんか。もし、意識を、何か別のものに向けることができれば、突然苦痛は和らぎます。ましてや、自分一個の命をはるかに超えた大きな価値の中に、自分を位置させることができるなら、おそらく、苦痛は完全に消えてしまうものなのかもしれません。

科学的な現代に生きる私たちは、意味や価値などなくとも、今自分が行なっているような毎日の活動を続けていくことに、何ら差し障りがないと考えがちです。本当にそうでしょうか。第二次世界大戦後、破壊され尽くした我が国には「復興」の意味がありました。アメリカに追いつき追い越せということが、モットーのように言われました。しかし、そのことを一応達成して、かえって行き過ぎ、バブルの時期を経てみると、私たちは自分たちの活動の意味を失っていることに気付きました。自分はいったい何のためにこうして頑張っているのだろうかという疑問が、心のどこかに巣くうようになりました。もし今後、誰もが一致して認めるような意味や価値が提供されずに進んでゆくならば、今までのレベルにおいてすら、全体の活動が維持されていくかどうか疑問です。

少し話題の領分を広げすぎたかもしれません。ここではただ、異文化や異文明の宗教の事例を見る時、突き放した見方のみでは理解が不充分になるということを、強調するにとどめたいと思います。

むしろ、自分のところにも類比的なものがあるのではないかと、探し求める努力をしたいと思います。すると、そういう努力の過程で、異文化に対して、ある種の共感を覚えることができます。

そしてさらに、その努力は、ただ相手のことを知るだけにとどまらないで、翻って、自分自身の宗教的なあり方を再認識することにも通じるようなのです。そのことを、今まで深くも考えないで見過ごしてきたために、私たちは気付かないでいたのです。もっともこれは、結論というよりは、異文化を見る際の、一つの提案のようなものかもしれません。

三　比較宗教学とその問題点

ある種の提案をした後ですが、一つ補足しておかなければならないことがあります。それは、「比較」という方法のことです。

「類比的共感的理解」とか、翻っての「自己のあり方の再認識」とか述べましたが、それは、複数の文化や文明を「比較する」というやり方によって、すでに実行されてきたことではないのか、といった感想を持たれる人もいるのではないかと思われるのです。そこで、今までに行なわれてきた「比較の方法論」がどういうものであったかを、ほんの少しばかり反省して、それでは不充分なのだということを明らかにしたいと思います。

●十九世紀ヨーロッパでは、「比較」への拒否反応と過度の期待があった

比較するということ、これは、ヨーロッパが世界の宗教に目を向けるようになった頃の、一つの難問でした。難問だったというのは、それが、キリスト教のヨーロッパでは、禁じ手の一つだったということです。

キリスト教は絶対の宗教です。真理は一つ、正しいと言われ得る価値判断の基準も一つでした。そこに比較という視点を持ち込むことは、大変困難なことでした。他のものと比べるという作業自体が、絶対ではなく、相対性を受け入れることだったからです。そこで、世界中の宗教を、できるだけ価値判断抜きに客観的に見ようとした初期の研究者たちは、出だしの一歩から困難な問題を背負うことになったのです。

この状態は、十九世紀の後半においても根強いものがありました。すでに、言語学が諸国の言語を相互に比較して、大きな成果を挙げていました。社会学も同様でした。そこで、宗教学者たちは、比較言語学や比較社会学が大きな成果を挙げたことを模範として提示し、何故同じことが宗教の研究で許されないのか、もし比較宗教学が普及すれば、もっと大きな実りが人間の認識にもたらされるはずだと、ひたすら力説しなければならなかったのです。

こうした障害があったせいでしょうか。その頃の研究者たちの中には、「比較」という作業が何の抵抗もなく受け入れられるようになりさえすれば、世界の宗教研究を妨げる障害は霧散し、行き詰まっている現状はたちどころに打開されるであろうという、一方の思い込みがあったように思います。比較が、何か万能の方法論でもあるかのような誤解が生じたのです。このため、その頃のイギリスなどでは、「比較宗教学」という命名が宗教に関する研究の代名詞となった観がありました。宗教学イコール「比較宗教学」というわけです。この事情は、イギリスとアメリカで未だに残っています。

西洋が抱えていたこういう事情は分かります。また、そういう事情で、「比較」の方法が過大評価されたという経緯も分かります。しかし、「比較宗教学」がたどったその後の研究史を見れば、それが完全に有効な方法であったとは言えないことが明白です。

●比較作業が根本的に持っている困難性

そもそも「比較」するということは、まるでプリズムを介して光を通すような、大変不安定な作業です。ストレートに見えることもありますが、光が幾つにも分散したり、いっこうに落ち着かないで、一つの安定的な像を結ばなかったりします。

十六世紀に、ヨーロッパは、彼らのキリスト教の最も重要なシンボルである十字架が、はるか海を隔てたメキシコにも存在するということを発見して驚きました。それどころか、その後さらに、太平洋の島にもあるということが報告されました。しかし、これらの十字架を比較して、「同じである」と言ったり、いや「違うものである」と言ったりすることは、あまり意味がないことです。単なる形態であるシンボルを、その形態だけを見て同じだと言っても、宗教としての意味合いが違うからです。

また、世界中の宗教には、祈るという行為があります。祈る対象に捧げものをするという習慣があります。それらは、外から見る限りでは、同じだと言いたいところです。しかしそういう行為は、もしも、そういう行為が行なわれる内面的な意味との関連で見ることができるとしたら、それでも果たして、同じものだと言えるのでしょうか。目に見えない事柄こそが重要な意味を持つ、それが宗教というものであるだけに、外見の形態上の異同を見るのではなく、その外見が象徴となっている内面をこそ探求して、そこでの異同を見るべきだという意見がこうして出されました。大変もっともなことです。しかし、これが、言うには簡単で、実際にはなかなか達成されないことだということは明らかです。研究者たちは、その言う内面の意味や価値を探るべく、大変な労力を費やしてきました。その努力には頭が下がります。しかし、こうした努力の結果得られたものが、果たして適切な比較の土俵にのるものだったでしょうか。疑問です。むしろ、努力が進めば進むほど、反面で、事態が混乱していったようにさえ思われるのです。

そうした研究の失敗事例を、いちいち取り上げる余裕はありません。ただここでは、我が国に関連するケースを一つだけ見ることによって、その混乱の様を想像するにとどめたいと考えます。

江戸時代、諸外国から孤立する政策をとった我が国は、それでも長崎の出島を設け、この小さな窓口を通じて、わずかに西洋の模様をのぞいていました。ある時、新井白石が、将軍の命を受け、出島から来たオランダ人にキリスト教について問いただしたことがあったそうです。その時、白石が会見から得た結論が象徴的です。簡略に言えば、彼は、彼の地のキリスト教といえども、我が方の仏教と比べて何ら違うものではないと断じたからです。その理由を彼は次のように言うのでした。あちらにはイエスだのデウスだのという崇拝の対象があるが、こちらにも仏陀があるから、その点で同じだ。善行をなしたものには天国があり、そうでないものには地獄があるという、この点も、こちらの極楽や地獄と比べて、何ら違うものとは言えない、と。

西洋諸国から限りなく遠い国の、鎖国時代です。キリスト教文明圏と直接に接することなど、夢にも考えていなかった時代のことです。そういう時代における理解としては、これで充分だったのかもしれません。しかし、今日においては、どれほど無学の人でも、白石と同じことは言わないでしょう。

すると、このことは私たちに一つの教訓を与えます。すなわち、比較は、まるで二つの文化をお盆の上にでも載せて、冷静にあるがままを比べるという、いわゆる客観的な作業ではあり得ないということです。特にこれは、他の文化を私たち自身のものと比較する場合に、言えることとです。他の文化との比較は、比較の目を持つという以外に、あまりに多くの他の要因に依存しています。その文化は私たちと交流があるのかないのか、もしあるとしても、どのくらいの程度でそれがあるのか、交流の必要はどういう種類のものだと言えるのか。そういった様々な要因が、理解の様相に付いて回ります。

そこにおいて私たちは、客観的であることはできません。私たち自身がそこに巻き込まれており、私たち自身が二つの文化の比較に関わる、一つの、しかも大きな要因なのです。つまり、私たちがその異文化に目を向ける時、あるいはそれを、私たち自身の文化との比較の場という関係に持ち込む時、その私たちの視線そのものが、気付かれないうちにその関係を変化させ、その異文化を変質させるのです。

まさにこのことが、キリスト教絶対主義を核心に持つ西洋において、私たち以上の難点となっていることは言うまでもないことです。

●「比較すること」は本質的な欠陥を有している

そもそも「比較」とは何でしょうか。二つのものを並べて比べてみることだと、極めて単純に言ってみましょう。しかし、そうした極めて単純な規定を考えるだけでも、早くも言葉の矛盾を感じます。そもそも、比較が成り立つには、その二つのものが最初からすっかり理解できているのでなくてはいけません。本質という言葉を用いていいのであれば、その二つのものが、本質から理解されているのでなくてはいけません。

もしそうでなく、両方とも生半可にしか理解できていないのに、その状態で二つを比較するとなると、全然同じではないものを同じだと見たり、本来違っていないはずのものを違っていると言ったりすることになります。実は、両方ともに関して、本当のことを知らないのだからです。

そこでまた、理解の程度に差がある二人の人が、同じ事態を見て、一人は同じことだと言い、他の一人は全く違うものだと言うことが生じます。しかし、そのどちらの人の発言が正しいという判断もできません。もしも、一方の人が他方の人よりも、長い観察経験を持っているとしても、そうです。長い経験の人とて、もう一歩理解が進むと、そのもう一歩進んだ所で、結局、一歩手前では食い違っていたはずの相手に、字句の上では同意しなければならないということが起こり得るからです。

話が大変抽象的、複雑になって困ります。しかし、ここはたとえ抽象的で分かりにくい表現ではあっても、このような一般的な言い方にしておきたいと思います。何故なら、いくら抽象的でも、このことは、私たちと私たち以外の文化の人々との間に、極めて具体的なありさまで、毎日毎日、生じていることであるからです。

しかしまた、少し落ち着いて考えてみると、もしも、二つのものを、そのあるがままの姿で認識できているという状態が現出し得るとすると、その時には最早、その二つを比較するということ自体が無用になるのではないか。そのようにも思われてきます。

四　比較宗教学の現状、「宗教現象学」

●「比較すること」に新たな意味付けがなされ始めている

二〇世紀に入ると、宗教の研究者たちの間では、宗教の表面を調べて、それを記述するのみでは不充分だとする意見が強まりました。その究極の本質まで極めて、そこではじめて、同じだの、違うだのということを言うことが可能になるというのです。まことにもっともといえば、もっともなことです。が、そもそも記述的で客観的な学問を目指したはずの宗教研究が、再び、抽象的で形而上学的な領域に迷い込みやすい主張に回帰したと言えるかもしれません。

宗教の表面に見えることではなく、内面に分け入って、その本質を摑みとろうという態度です。そこには、宗教の本質がどのようなものであれ、それを摑んで、他人にも理解できるし方で表現することが可能だ、という前提があることは、もちろんです。

多くの学者が、それぞれの違った立場から、いろいろなことを発言しています。けれども、その研究の領域はどういうものなのか、その研究の方法はどうすればいいのか、といった基本的な問題に関して、必ずしも統一性があるわけではありません。ただ、宗教は、外見ではなく、その内的な意味から理解されなければならないという、一般的な雰囲気のみが一人歩きをしている感じがあります。この一般的な傾向に立脚する学問を「宗教現象学」と呼んでいます。

●西洋の伝統で一般に「現象」という言葉は、両義性を持っている

「宗教現象学」の「現象」という言葉自体、曲者です。私たちの国語の普通の理解では、「現象」とは、目に映るものの総体を言い表す言葉です。もし、目に見えないものの方を、内面的な本質とでも呼ぶことができるとすれば、それと対立する概念ということになります。仮に、そういう目に見えない本質というようなものは、本当は存在していないのだ、存在しているのは目に見えるものに限るのだ、という意見の人があるとしても、目に映るもの

の総体を指す現象という言葉の持つ意味には変わりがないと言えます。

ところが、例によって、ひねくれた思考の歴史を持っている西洋においては、この現象という言葉が、私たちのこの理解とそっくり逆で、ひっくり返って用いられる場合があります。

すなわち、現象という言葉が、外に現れていて目に見えるものを指し示すのではなく、逆に、内的なもので、通常の感受能力によってはとらえられないものを意味する場合があるのです。カントやヘーゲルの哲学にも、その傾向を指摘することができます。が、この逆転が全く鮮明になったのが、フッサールの「現象学」においてでした。すなわちフッサールでは、「現象」とは、他の何ものにも依存しないで生じる思考の働きが、これまた外面的な存在には何一つ左右されることなく、いわば純粋な形で展開していくことを意味しました。それは、外面ではなく内面、目に見えるものではなく、目には見えないものです。

そこで、大雑把に言えば、「宗教現象学」の「現象」は、フッサールの例にならって、この内面の、目には見えないものを指し示すと考えていいものです。

さて、「内面的で端的な意味で目には見えないもの」に関わるということになると、またしても、抽象的で形而上学的な議論に戻ってしまう危険があります。そして、結局は、黒とも白とも決められないような状況に陥る危険があります。そのことは、今後充分に気を付けていかなければならない点だと思われます。

私たち東洋の離れ小島に住む者も、この作業に参加していくことになるかもしれません。志のある人たちには、大いに頑張ってもらいたいものだと思います。

●「宗教現象学」にはヘブライズム的宗教性が容易に滑り込む――ルドルフ・オットー

ところで、この作業が西洋の研究者たちによって遂行される場合に、またしても難点を生じることは、最早、繰り返して言うまでもないと思われます。

その難点とは、キリスト教へブライズムが持っている宗教的エッセンスを、一元的に世界中のあらゆる宗教に及ぼして考える傾向のことです。もしそれが実現すると、今度こそ、目に見えません。なにしろ、最初から、目に見えない宗教の内面を取り扱うのだと言っているのですから、目に見えません。すると、このようにして提出される議論に、どう対処してよいものか、大変困ったことになるのではないかと危惧されるのです。

今現在進行中の研究姿勢です。進行途中のものですから、そのあり方を、はっきりとした形で示すことが困難です。これぞその成果を盛り込んだ代表的な著作だ、と言えるものも見当たりません。けれども、宗教現象学の方法を提唱する数ある研究者たちが、一致してその価値を認めていると見える著作があります。それはルドルフ・オットーの『聖なるもの』（巻末参考文献十四）です。

二十世紀初頭に書かれたこの著作は、新しい研究スタイルとして紹介するにしては、時代が古すぎると言うこともできます。しかし、今日の宗教現象学の推奨者たちが、一致してその価値を認めている作品であることも事実です。ただ、時代が早かったために、オットー本人は、宗教現象学的方法であることを、明確に意識しなかったが、事実上そのような方法に立脚した、言ってみれば、先駆者的な成功作であると見なされているものです。我が国でも翻訳され、多数の読者を得ました。

この著作に直接、全面的にあたってみるのが得策です。が、今ここでは、必要な範囲に限定して、概略その内容を見てみましょう。

オットーは、宗教の本質として、ある非合理的なものの存在を言います。そして、私たち人間は、この非合理的なものに対して、限りない畏怖の感情を抱くのだ、と言います。不安や恐れを抱くと言ってもよいかもしれません。しかし、それは通常の人間的心理で言われる、不安や恐れではないのです。

通常の心理で言う不安や恐れは、それが何故起こるのかという、原因を言うことができます。何となく激しい不安に駆られるとしても、その不安は多分、近付いている入学試験のせいなのです。果たして合格できるかどうか分からない。もし合格できなかったら、自分の人生はどうなるのだろうか。自分自身どうなってしまうのだろうか、というような場合の不安です。また、恐れの感情も、通常、その理由に考え及ぶことができます。立て続けに起こる地震を恐れたり、会社の倒産を恐れたりします。

ところが、オットーの言う恐れの気持ちは、いくらその原因を探ってみても探り当てられません。なんだか、原因も分からず、わけも分からないが、ある気味の悪い戦慄に、全身全霊を囚われてしまいます。無視しようと思っても、それが全身を包み込み、果ては、周囲のすべてを包み込んでしまう気がします。いや、真実のところを言えば、無視するどころか、自分は、積極的に、この得体の知れないものに引きつけられていくのを覚えるのです。

オットーの説明は、最初このように、得体の知れないもの、理屈では説明できないものという、否定的な規定です。ところが、否定的な規定のままでもよくないと思ったのでしょう。彼は、この、理屈に合わない、得体の知れないものに、「ヌミノーゼ」という積極的な名前を与えたのでした。

彼が言う「ヌミノーゼ」とは、真実どのようなものであるのか。それは分かりません。人間に直接感じとられるものだと言いますから、自分でもそういうものを感じとった経験があるという人は、分かるのかもしれません。しかし、それとて、「自分が感じとったもの」と「オットーがその著書の中で言っているもの」とが、正真正銘ピッタリと同じものであるという主張を保証する手段がないのです。ですから、彼の言う「ヌミノーゼ」は、本当のところ何なのか分からないという他はないのです。

しかし、その正体は分からないと言わざるを得ないとしても、西洋のヘブライズム・キリスト教文明の外に立っている私たちの目からは、唯一つの点が分かります。すなわち、オットーが、彼の言う「ヌミノーゼ」を、細部と深部に渡ってどのように規定しようとも、それは、キリスト教ヘブライズムが与える宗教性のエッセンス以外のものではあり得ない、ということです。

オットーは、その「ヌミノーゼ」を、ただヘブライズムにのみ特徴的な「或るもの」とはしないで、世界中でおよそ宗教と呼べるすべてのものに共通する宗教のエッセンスとして、提出しました。言い換えれば、世界中の宗教は、その表面的な形態がどう多様であれ、この原理によって一元的に貫かれている、としたのです。

一元的にとは言っても、そこには濃さ薄さに程度の差があるのです。つまり、世界の全宗教は、濃密にその「ヌミノーゼ」を持っている頂点のものから、次第次第に濃さを失い、すっかり薄くなった状態の最下層の宗教へと、連続的につながっているのです。そして、最も濃密にその「ヌミノーゼ」を持っている宗教、それがキリスト教に他ならないことは言うまでもありません。

●「宗教現象学」の曖昧性は、否定できない

二〇世紀に入ると、宗教を知るためには、ただ目に見える表面的な事柄を客観的に記述していればよいというものではない、ということが声高に言われるようになってきました。宗教をその本質から理解しようとする、「宗教現象学」が台頭してきたのです。

けれども、その研究の領域に関して、研究者の間では統一性がありません。世界中に存在する、宗教と思われる事象のすべてが目を向けるべき領域だと、そう言いたいところです。しかし、そう言うことができるためには、今目の前に展開している事象が紛れもなく「宗教」であるということが、最初に、保障されているのでなければならないことになります。つまり、研究が始まる前から、それは宗教であるということが分かっていなければなりません。これは矛盾です。何故なら、宗教とは何かということが、まだ、統一的な理解として、結論が得られていないからです。当初十九世紀の実証的宗教研究では、その結論は、そういう目前の事項を研究し、そうした積み重ねの後に、ようやく手に入るものだと、期待されていたのです。

「宗教現象学」の持つ方法に関しても、これだという決定的なものがありません。フッサールの「現象学」と無縁ではありませんが、同じであることはできません。というのも、フッサールの「現象学」は、哲学的な思弁です。そのため、徹頭徹尾、抽象的に議論を展開することができます。これに対して、宗教の方は、あくまでも、実際に、この目の前で繰り広げられている具体的な事象を出発点としないわけにはいきません。この点ですでに、両者が同じ歩みをすることが困難です。

事実、現象学的な方法を用いて宗教研究をしていると自覚している学者たちの間でも、その方法に統一性が見ら

れません。世界的な名声を得た優れた学者たちの著作は数多く世に出されました。しかしその中には、果たして、この学者の研究姿勢を現象学的と呼んでいいのかどうか、ということ自体が、周囲の人たちの間でひとしきり問題にされるというものもあります。

そのような学者の例を一人だけ挙げるとすれば、二十世紀後半に我が国にも紹介されて一大ブームとなった、ミルチャ・エリアーデと、その著作を挙げることができるかもしれません（巻末参考文献十五）。彼の仕事を、果たして「宗教現象学」的業績と呼んでいいものかどうか、また、もしそう呼んでいいとすると、それはどういう根拠から か、といったようなことが、しきりに議論されています。こうした議論がなされなければならないということ自体、宗教現象学という方法がとても曖昧なままであるという事情を反映しているのです。

このように、今後の世界の宗教研究をリードしていくであろうと言われる「宗教現象学」の正体は、極めて曖昧なものだということが分かります。

●「宗教現象学」は特異な独断性を有する

ただ、今日、宗教現象学的な研究姿勢であると一般に認められている、優れた学者たちの著作を見ると、そこには、ある一つの共通点が見出されるように感じられます。

その一つの共通点とは、何でしょうか。

それは、こうした研究姿勢を打ち出している学者たちが、いずれも、宗教の本質を、ほとんど何の準備も、何の前提条件もないままに、一度に直観することができると考えているらしく思われるということなのです。

何の準備もなくとは、世界中のあちこちに展開する宗教的事象を実証主義的なやり方によって調べ尽くすという、そういう準備を大して重要なものだとは考えていない、ということです。必要な実証主義的な調査は、その事象の宗教的本質が直観される程度のものでよいとする姿勢です。

また、何の前提条件もなくとは、過去および同時代の学者の研究を徹底的に検討するという、そういう必要を、それほど認めてはいないということです。つまり、宗教の本質は、多くの勉強を重ね、多くの研究書に精通して、その後に、いわば自然醸成的に得られる一つの結論であるとは考えられていない、ということです。

そこでは、宗教の本質は、優れた理解力を持つ人によって一度に直観される「或るもの」だと考えられているように推察されます。

このことは、今、「推察される」と書いたように、あくまでこちらが受ける印象です。優れた学者本人たちが、著書の中に、そうだと書いているわけではありません。「そうなのではありませんか」と、聞いてみたいところです。しかし、私たちが共通のテキストとして手にすることができるような著書の筆者は、先ずは一人の例外もなく、すでに過去の人となっています。もし、著名で、しかも未だ存命の人であれば、そのうちにどうにかして、直接会って、その質問をしてみたいものだと考えています。

しかし、とりあえず今のところは、宗教の本質直観に関する私たちの推察が当たっているという仮定の上で、話しを進めてみましょう。

●「宗教現象学」の直観的、独断的理解を生んだ地盤について再度確認する

宗教の本質を、ほとんど無前提、無条件に直観することができる優れた能力の持ち主たち。そういう人たちは存在し得ない、と断言することはできません。こと宗教の分野に限らず、芸術の分野でもスポーツの分野でも、ほとんどあらゆる分野で、常人には想像もできないような優れた能力を示す人たちがいることを、私たちは見ています。そうだとすると、宗教の理解において、他の多くの人々には真似のできないほど優れた直観を身につけている人たちというのも、いないとは断言できないことになるでしょう。

そこで、そういう優れた宗教的直観の持ち主たちがいると、とりあえず仮定してみましょう。そしてさらに、そういう優れた直観の持ち主たちが、今日、宗教の本質を一度に把握する「宗教現象学」を担っているのだと、仮に認めることにしましょう。丁度、あのルドルフ・オットーが、「ヌミノーゼ」と自ら名付けた宗教の本質を、ほと

んど無前提、無条件で直観したように、です。

もし、このように仮定し、このように認めると、再び私たちは、世界の宗教を理解するという点で、そこに大きな問題が隠されているということに気付かないわけにはいかないのです。

その問題とは、そもそも「本質の直観力」というものは、ある文明によって培われてきた能力なのではないか、という疑問です。今、西洋文明圏における学者たちに限っていえば、彼らの中に優れた「本質直観」を持つ者がいるとしても、その直観は、それ自体、キリスト教へブライズムによって培われたもので、その直観の持ち主は、キリスト教へブライズムの中心にいる直系の末裔なのではないのか、ということなのです。

西洋の「宗教現象学」は、その目を世界の文明とその宗教とに向ける時、先ずその宗教の内的な本質を直観します。そして、それを一つの原理として言説化し、その原理によって世界の宗教を一元的に理解できると主張します。しかし、その原理は、世界の他宗教に内在するものというよりは、むしろ、キリスト教へブライズムの中にあったものを、外に投影してみせたものだと言うべきです。

私たち人間存在にとって、直観は、無前提のものであることはできないと思われます。無前提のものと考えられがちですが、それは真実ではありません。むしろ、無前提のものであると見えれば見えるほど、真実は、ある文明に生まれ落ちた人間を極めて深いところで規定している、絶対の条件なのです。

私たちは、西洋人が「本質直観」によって把握し、広く世界に向かって提示している「宗教と文明の原理」を、いつか受け入れることになるでしょうか。受け入れて、世界に存在する多様なものをすっかり一元的に理解する、そんな道を選ぶでしょうか。

それとも、こちらの方から、何らか別の一元的原理を提案するでしょうか。

あるいはまた、これらとは異なる第三の道があり得るでしょうか。

今のところ未だ、はっきりとした予想を行なえるだけの材料を、私たちは持ち合わせていないように思われます。

おしまいに

「宗教と文明」というテーマで、できるだけ視野を広げて見てみました。いきおい、一つ一つの問題に関する突っ込み方が、浅くなってしまったうらみがあります。けれども、これは、ますますグローバル化していくであろうと言われる時代の中で、私たちが置かれている位置を確認するために、一度はやってみる必要がある仕事だと思われます。

読者の皆さんは、ここに描かれた略図に、ご自分の詳しい分野を重ねてみることによって、諸問題をもっと立体的に認識することができるかもしれません。本書を構成している一つ一つの内容の、その大部分が、すでに人口に膾炙した事柄であるのに、敢えて本書を世に問う意味を感じたのは、そこにあります。西洋文明から私たちの文明に対して投げかけられている質問は、ただ宗教の分野に限定されているのではなかろう、必ずや、読者一人一人の活動分野にも及んでいるに違いない。このように確信するからです。

また、本書では、一人一人が持っている「個人的な問題としての宗教」を掘り下げるということにもなりませんでした。そこで、できれば、これもご自分の宗教体験から光を発して、拙著を照らしてみてもらいたいと思います。そうすることによって、その個人的な宗教体験が、単に個人の思考範囲に限定されているものではなく、実は、世界的な宗教と文明の問題を理解するための核心を形成するものだということが、見えてくるのではないかと思います。

「宗教とは何か」という宗教の定義に関しても、終いに、はっきりしたものを提示することはできませんでした。とはいっても、第1章で「マインドコントロール」ということに触れましたので、この点に関してのみ、少し触れておく必要を感じます。オーム真理教の信者たちが、教祖によってすっかり心を支配されて、まるで自分の意思では行動できなくなっているように見える、というあの問題です。

教祖に対するこのような緊密な関係は、実は、宗教の領分以外でもよく経験されるものです。たとえば、経済界でも政治の世界でも、あるいは学者の世界でも、卓抜した能力を示す人にむやみに引きつけられたことがある、という経験を持つ人は、決して少なくありません。そして、その際に、その引きつけられた原因を分析してみる時、ただ単にその人の専門的な能力の優秀さに限定されていたわけではないことに思い当たることが多いものです。

魅了するものは、単に仕事上の能力といった限定的なものではなく、これといって言葉では言い表せないような、その人の個性とでもいうような、何か全的なものであるということに気付くのです。私たちは、その全的なものがその人から発しているのを感じとって、こちらも全身がそれに縛られていたのだと分かります。こうした人間の関係における魅了する力は、古来、いみじくも、宗教の言葉を用いて、「カリスマ」と呼ばれてきました。この頃では、あの人は「オーラ」を持っている、ということが言われます。これも、今の魅了する力に近いものを表現しているかもしれません。

もしも、宗教固有の領域でも、宗教ではないその他の人間関係においても、このような全的なつながりを経験したことがないという場合、それに次ぐ類似性を持っているのは、男女の恋愛関係だと言えるかもしれません。

男女の恋愛感情も、よく見てみると、大変理屈に合わないことがあります。ひとたび強くこの感情を抱いてしまうと、これから抜けることができないのです。周囲の者の目からは、どうしてあのような人物に恋愛したのか、理解できないこともあります。それは、その相手の経済的な条件や社会的な立場や、外見的な見栄えまでが、当人以外の他の人の目からは、ネガティヴなものでしかないように見える時に、一層際立って感じられることでしょう。しかし、周囲の者の目がどうであれ、二人の個性が結び付くと、その結び付きは異常なまでの強さを発揮します。そして、時として、たとえ相手が犯罪者となり果てても、消滅することがないのです。

宗教における教祖と信者の関係を想像してみるに、それは、こうした男女の恋愛感情を限りなく強くした状態で想像すれば、大体当たっているかもしれません。

何故、限りなく強いものと考えるかというと、それが、恋愛以上に、全面的に信者を拘束するからです。男女の恋愛は、もし失われても、他のもので補完することも可能です。忘れるために仕事に熱中したり、社会への貢献に理想の生活を求めることもできます。時が経てば、別の相手を求める気持ちすら沸くかもしれません。しかし、宗教の場合、その関係が、信者の生活のすべてを支配することがあります。それを離れては、最早生命さえもないのです。

いくら敬愛する教祖の命令だとはいえ、命令されたことが善いことであるか、悪いことであるかぐらいの判断は、信者一人一人が判断して然るべきことではないのか。教祖でも信者でもない私たちには、どうしてもそのような疑問がぬぐえません。

しかし、教祖がいて、その教祖の言動に対する絶対的な信頼の上に成り立っている宗教にあっては、この盲目的とも思われる関係が、普遍的に見られる姿なのです。

オーム真理教ばかりでなく、歴史的な大宗教においても、このありさまに変わりがありません。

我が国仏教の一大宗派である浄土真宗は、親鸞によって開かれました。この親鸞の敬愛する師匠は法然でした。この法然と親鸞の関係に起こった、次のようなエピソードを聞いたことがあります。

ある時親鸞の心に、もしかして自分は法然によってすっかり騙されているのではないか、という疑念が沸いたそうです。この上もなく善良な様子に見える法然が、もしかしたら、極悪非道な人物であるかもしれない。彼が教える理想の境地も浄土も、実際には存在していないものかもしれない。そのような疑いが、次から次と頭を駆け巡りました。そのたびに、そんなはずはあるわけがないと、打ち消そうとします。しかし、打ち消そうとすればするほど、疑念がますます強まるのです。どう思い巡らしても、そうではないと、断固打ち消す根拠が見当たりませんでした。

悩みに悩んだ挙句、親鸞が行き着いた結論は何だったでしょうか。それは、法然の善良さを確信することでは全然なかったのです。そうではなくて、親鸞は、次のように覚悟を決めたのだと言います。たとえ法然に騙されてもすかされても、絶対に後悔することはない、と。

親鸞ほどの人です。この覚悟が、生半可なものであったと考えることはできません。そして、もしそうだとすると、親鸞は、こうして法然に絶対の信頼を置く限り、もしその成り行きで犯罪者となり、獄に繋がれることになっても、後悔はしないと決心したのです。いや、それどころか、極悪非道の者と成り果て、地獄に落ちる運命となっても、恨むものではないと断言したのです。

キリスト教においても、他の者が介入すべくもない、このような絶対的な関係があることは言うまでもありません。詳しくは記しませんが、聖アウグスティヌスと神との関係、また、宗教改革者マルチン・ルターと神との関係にも、同じことが指摘されています。

仏教やキリスト教のような、れっきとした宗教ばかりではなく、世界中にある民族や部族の宗教も、この目で見たいものです。

歴史的経過から専ら西洋人たちがこれら世界中の宗教の研究にあたることになったとはいえ、彼らにばかりませておくわけにもいかない。と、このように考え、筆者も、まだ若かった時に、レイモンド・ファースが探求した南太平洋ソロモン群島にある、あのティコピア島（第11章参照）に行ってみようと決心しました。たとえ短期であっても、この目で実際の姿を見たいものだと考えたのです。全然無益ということにもならないだろう、と。海外旅行には、まだ障害も少なくはなかった一九七〇年代半ばのことでした。

ところが、出かける準備を進めるうちに、ティコピア島は、最早ファースが報告したような状況にないということを知りました。本文でも触れたように、戦後まもなくの一九五〇年代に、部族の長がカトリックに改宗して、伝統の宗教行事を一切禁止したのです。ショックでした。しかし、せっかく出かける準備をしたのです。ここは行き先を変えて、ボルネオ島のダイヤック人の村を訪ねることにしました。「首狩り族」として有名で、研究者の間では特異な宗教的習慣を保持していることで知られている部族です。

ホコリを舞い上げる古いベンツに乗り込み、華僑の子孫とおぼしき人のガイドに伴なわれて、数時間走り続けました。ある河のほとりに着くと、そこからさらに、ガイドの人が英語でロングボートと説明した長いボートに乗り込みました。ダイヤック人の男たちが舟を進めます。

言ってみれば観光目的にすぎない私のようなよそ者を、秘境の民と言われてきた彼らがいったい何故受け入れてくれるのでしょうか。その答えの一つは、どうやらこのロングボートの後部に取り付けたヤマハの船外機が物語ってくれているようでした。ろくな現金収入の道がない彼らにとって、この驚異の文明の利器は、それこそ天文学的な数字の、高値の機械でしょう。ですから、他の何よりもそれを大切にしている様子です。浅瀬が隠れているらしい個所に来ると、数人の男たちがザンブと川に飛び込み、何よりも先ず、その船外機を舟の上に引き上げるのです。それほど高価で貴重なものです。それを手に入れるには、本当は受け入れたくないよそ者でも、我慢しなければならない。どうやら、そういう事情があるらしいと、推測しました。

行く道すがら、このガイドの人が、いろいろと話を聞かせてくれました。その中に、首狩りの話がありました。ボルネオ島がイギリスの統治領になって以来、この習慣は禁止されていたのです。ところが、日本との戦争が勃発すると、イギリス政府は、日本の軍人の首に限っては狩り取ってもよい、というおふれを出したそうです。古い習慣の復活です。ダイヤック人の男たちは我先にと日本人の首を狩りに奔走し、今日でも、あちこちの村に、干からびてミイラ化したその頭部が保存されているというのです。

「これから行く村の長は」、とガイドが話を進めます。「大変親切な人なので、狩り取った日本人のメガネを、毎朝磨いてあげているんです」と。

ゾッとしました。同行者が、他にフランス人三人で、しかも私の方はシンガポールのスーパーマーケットで買い込んだ現地の服装一式です。どうやら、日本人には見えなかったようです。到着したダイヤック人の村で、滞在中、何となく生きた心地がしなかったのは、ご推察いただけるでしょう。

気分晴らしに、近くの川で泳ぎました。熱帯の川といっても、幼い頃に読んだ雑誌の『少年ケニヤ』に出てくるような、濁り水ばかりではありません。流れの急な上流では、大変澄んだ水が流れています。気分が爽快になりました。ところが後で、あの辺はワニの巣窟だと人に聞かされました。ゾッとしました。もしかして、それは嘘で、ただ、かつがれただけなのかもしれません。しかし、事前に調べて確かな知識を持っていなかったことも、隠しようもない事実です。

なんとも、危なっかしいことです。もしも、長期に滞在することができて、現地の人たちが時折、こちらがよそ者であることを失念するというほどまでに、そこの生活に溶け込むことができるのならば、あるいは、何かが見えてくるのかもしれません。が、休暇を利用した程度の短期の旅行では、特別なことは何も分かりません。

ですから、もしも、冒険心を満たすことが目的でないとしたら、こんな危険なことは止めにするよう、お勧めします。

日本人の宗教意識の根底に自然を見るというテーマは、筆者の大学院における指導教授だった、故、仁戸田六三郎博士に負うものです。深くご冥福をお祈りします。

また、この場をお借りして、筆者の小学校以来の友人で、常に真摯の援助を惜しまないでいてくれる、小学館の編集長、高橋浩太郎君、また、人生の先輩でもある、小学館の元編集者、奇才、藤野邦夫氏、さらに、講談社の鈴木理氏に深い感謝の意を述べさせていただきたいと思います。

最後に本書の出版に関しては新評論の若き情熱の編集者、山田洋氏に、感謝の言葉を申し述べたいと思います。

本書を書くにあたっての主要参考文献

(1) Raymond Firth, *The Work of the Gods in Tikopia,* Percy Lund, Humpries & co.LTD., London, 1940.

(2) F. Max Müller, *Introduction to the Science of Religion,* Longman, Green, and Co., London, 1893.

(3) Edward Burnett Tylor, *Primitive Culture,* Jhon Murray, London, 1893.

(4) Jane Ellen Harrison, *Prolegomena to the Study of Greek Religion,* Arno Press, New York, 1975.

(5) Fustel de Coulanges, *La Cité Antique,* Frammarion, Paris, 1984.

(6) Lucien Lévi–Bruhl, *La Mentalité Primitive,* Librairie Félix Alcan, Paris, 1925.

(7) Lucien Lévi–Bruhl, *La Mythologie Primitive,* Librairie Felix Alcan, Paris, 1935.

(8) Alfred Reginold Rdcliff–Brown, *Structure and Function in Primitive Society,* The Free Press, Illinois , 1952.

(9) Bronislaw Kasper Malinowski, *The Family among the Australian Aboliginies,* University of London Press, London, 1913.

(10) Edmund Ronald Leach, *The Kula ; New Perspectives on Massim Exchange,* Cambridge University Press, Cambridge, 1983.

(11) Edmund Ronald Leach, *Pul Eliya, a Village in Ceylon,* Cambridge University Press, Cambridge, 1961.

(12) E.O. James, *Primitive Ritual and Belief,* Methuen & Co. LTD., London, 1913.

(13) Émile Durkheim, *Les Formes Élementaires de la Vie Religieuse,* Librairie Félix Alcan, Paris, 1917.

(14) Franz Boas, *The Mind of Primitive Man,* The Macmillan Company, Toronto, 1924.

(15) Thor Heyerdahl, *American Indians in the Pacific,* George Allen & Unwin LTD, London, 1952.

本書の理解を助けるための参考文献

（一）『宗教学入門』ギュンター・ランツコフスキー著、三小田敏雄他訳（東海大学出版会、一九八三年）

宗教学が現代世界にとって何故重要であるかを解説し、併せて現在の世界における様々な宗教の現状を解説している。また、宗教研究に携わる諸学科の原理と、その研究範囲を可能な限り明確にし、さらに、宗教学とキリスト教神学や、宗教と哲学との間に生ずる問題を分かりやすく説いている。宗教学の現状と、今後の課題、方向を知るのに適した入門書と言える。

（二）『宗教、原始形態と理論』W・R・コムストック著、柳川啓一監訳（東京大学出版会、一九七六年）

西洋社会から見た他の原始的な文明の宗教を研究する際に生ずる様々な問題を論じている。最初に宗教研究の方法自体を詳しく検討し、宗教の定義を試みている。また、レイモンド・ファースが報告したティコピアの宗教を取り上げ、その儀礼と神話を、宗教社会学、宗教心理学の方法を用いて詳しく分析する試みを行なっている。さらにディンカ族等の宗教を解釈し、最後に宗教一般の歴史的発展形態を概観している。

（三）『仁戸田六三郎宗教哲学論集』仁戸田六三郎宗教哲学論集刊行会編（早稲田大学出版部、一九八三）

本書は仁戸田六三郎博士の遺稿論文集で、八編の論文からなっている。各論文はテーマが異なるが、そのどの論文にも、西洋キリスト教文明圏の宗教のとらえ方に対し、日本独自の宗教性を追究する姿勢を窺い知ることができる。それゆえ本書は、キリスト教と日本人の宗教の、表面的な比較を突き破るもっと深い理解に通じるものであり、その意味から、タイトルには「宗教学」ではなく、「宗教哲学」という言葉が用いられていると考えられる。

（四）『世界の宗教』村上重良著（岩波ジュニア新書14、岩波書店、一九八〇年）

ジュニア新書の命名からも分かるように、世界の個々の宗教を、青少年にも分かりやすいように平易に解説している。

仏教、儒教、道教、キリスト教、イスラム教の、世界の大きな宗教を取り上げている。特に仏教の歴史の解説がよい。またこの他に、原始宗教や、歴史上世界に存在した過去の宗教にもページ数を割いている。

(五)『世界の宗教と経典・総解説』初版、金岡秀友・船戸英夫・中村廣治郎他著(自由国民社、一九八二年)
宗教の経典に関する事典である。世界の主な宗教が網羅されている。だが、ただ単に経典の内容を解説するのではなく、その経典が出来た時代や地域の背景を解説し、またその宗教が歩んだ歴史も解説している点でも参考になる。世界の大宗教のみに限定しないで、フリーメーソンなどの特殊な宗教や、特に経典が存在しない古代エジプトなどの歴史的な宗教も取り上げている点に特徴がある。

(六)『ギリシャ、ローマ神話事典』高津春繁著(岩波書店、一九六〇年)
古代ギリシャ神話は、様々の歴史的な原因から、その姿が歪められた形で、また大変恣意的な編集によって今日に伝えられてきた。そこで、その実相を知るためには、学問的な検証を経て編纂された事典を傍らに置きながら、様々な文献にあたる必要がある。その意味で、この事典は適切なものである。

(七)『贈与論』マルセル・モース著、有地亨訳(勁草書房、一九六二年)
西洋が世界に向かって進出していった結果、世界から様々な風俗や習慣が報告された。その中でモースは、世界中の諸民族に見られる「贈り物」の習慣に着目し、それが単に社交的な意味合いの習慣ではなく、宗教的な意味合いの強いものであることを説いた。その行為を、社会を成り立たせる全体的構図の中で見たのである。また本書は、個人個人の心理をも、そうした社会全体との関わりで理解すべきだと主張した。

(八)『バロマ——トロブリアンド諸島の呪術と死霊信仰』マリノフスキー著、高橋渉訳(未來社、一九八一年)
西洋の目が南太平洋地域に及んだ時期の優れた研究書。トロブリアンド諸島は、ニューギニア近くにある。文化は、幾つもの要素が有機的に関連して一つの総体をなしているとする、機能主義の立場に立った著作。また、社会を動かす根本的な要因は人間の欲望であると考え、その観点から社会や文化の総体をとらえることができると想定している。

(九)『今日のトーテミズム』レヴィ＝ストロース、仲沢紀雄訳(みすず書房、一九七〇年)
フレイザー、ラドクリフ＝ブラウン、マリノフスキー等、歴代の宗教研究者たちのトーテミズム理論を分析している。

二十世紀の宗教学のあり方を、この観点から概観することができる。ただしレヴィ＝ストロースは、これらのすべての理論が結局は破綻していると結論付け、「象徴学」という用語を用いた新しいとらえ方を提唱する。

（十）『日本神道のすべて』瓜生中・渋谷申博著（日本文芸社、一九七〇年）
　日本の神話や、信仰の対象である神々、祭りと儀礼、さらには建築や美術等を体系的に述べた良書である。曖昧なものであるとしながらも神道の定義を試みている。また、神道の源流を、縄文時代にまで遡って考察している点が新鮮である。明治以降の、国家神道と教派神道についても、簡潔で分かりやすい解説を行なっている。

（十一）『修験道の本』（Books Esoterica 第8号、学習研究社、一九九三年）
　古来、日本人にとって「山」が持っている特別の意味を説き、その山を中心として営まれてきた宗教のあり方を、全般に渡って解説した事典、解説書。古代の役小角《えんのおづぬ》から近世の長谷川角行等に至る、山岳宗教者の解説が優れている。また、修験道の修行のあり方、体得される秘儀や呪術のありさま、仏教との結び付きなども分かりやすく紹介されている。

（十二）『シャーマニズムの人類学』佐々木宏幹著（弘文堂、一九八四年）
　宗教研究におけるシャーマニズム理論の、論理的な構造と問題点を明確にしている。また、日本には各地にシャーマンと見られる宗教的職能者が存在しているとし、それを個別的に考察している。さらには、東南アジア、南アジアにも目を広げ、シャーマニズムという統一的な視点で研究を行なっている。

（十三）『エクスタシーの人類学』I・M・ルイス著、平沼孝之訳（法政大学出版局、一九八五年）
　エクスタシーの状態に陥るシャーマン的な宗教者を、世界的な規模で取り上げた書。シャーマンは、人間の危機的な状況に応じて登場するとする。このため普通の状態では、社会の周縁に多くシャーマンが現れる。また、ある社会全体が危機的な状況に陥ると、自然発生的にシャーマン的な能力を示す人間が出てくるとして、シャーマン個人に注目するのではなく、社会との相関関係でシャーマンを考察している。

（十四）『聖なるもの』ルドルフ・オットー著、山谷省吾訳（岩波書店、一九六八年）
　世界の宗教を、目に見える現象から論ずるのではなく、その内面にある共通の宗教性から論じようとした著作。いずれの宗教も、奥深い「戦慄の非合理的なもの」を共通の土台として成立しているとし、その非合理的なものを、ヌミノーゼと名付けている。また、それを、ユダヤ教とキリスト教の中で検証している。

（十五）『太陽と天空神』エリアーデ著作集1、久米博訳（せりか書房、一九七七年）

エリアーデは、世界中の宗教現象を、個々別々の異なるものではなく、ヒエロファニーという、ある一つの聖なる宗教の本質を顕すものと考える。本書はそれを、世界の「天空の神」の現象で検証する。本書のフランス語の題は『宗教学概論』と訳すことができるもので、数多いエリアーデの著作全体にとって、基本をなす著作であると言える。

ヤ行

ラ行

ナ行

ハ行

マ行

サ行

タ行

総 索 引

（太字頁は詳述箇所。頻出する「仏教」，「キリスト教」の項目は除外した）

ア行

カ行

著者紹介

保坂幸博（ほさか　たかひろ）

1976年、早稲田大学大学院・博士課程を修了、1978年から東海大学の非常勤講師に就任、今日に至る。「宗教学概論」、「哲学概論」を担当。日本宗教学会会員。著書に『ソクラテスは何故裁かれたか』（講談社）、『新ガイジン論』（近代文藝社）、『仮面をとったソクラテス』（廣済堂出版）がある。

日本の自然崇拝、西洋のアニミズム

――宗教と文明／非西洋的な宗教理解への誘い

（検印廃止）

2003年3月31日　初版第1刷発行
2015年2月10日　初版第7刷発行

著　者　保　坂　幸　博
発行者　武　市　一　幸

発行所　株式会社　新　評　論

〒169-0051　東京都新宿区西早稲田3-16-28
http://www.shinhyoron.co.jp

TEL 03（3202）7391
FAX 03（3202）5832
振替 00160-1-113487

定価はカバーに表示してあります
落丁・乱丁本はお取り替えします

装幀　山田英春
印刷　神谷印刷
製本　松岳社

ISBN4-7948-0596-9 C0014

Printed in Japan

歴史・文明

人文ネットワーク発行のニューズレター「**本と社会**」無料配布中。当ネットワークは，歴史・文化文明ジャンルの書物を読み解き，その成果の一部をニューズレターを通して紹介しながら，これと並行して，利便性・拙速性・広範性のみに腐心する我が国の人文書出版の現実を読者・著訳者・編集者，さらにできれば書店・印刷所の方々とともに考え，変革しようという会です。

ジャック・ル・ゴフ／
岡崎敦・森本英夫・堀田郷弘訳
聖王ルイ
A5　1228頁　12600円
ISBN4-7948-0530-6　〔01〕
「記憶」はいかに生産されるか？中世フランスの国民的人物の全体史を通して記憶・歴史，言説・現実，権力の関係を解明し，「伝記」の新しいモデルを構築した歴史学的伝記の金字塔。

A.マルタン＝フュジエ／前田祝一監訳
優雅な生活
A5　612頁　6300円
ISBN4-7948-0472-5　〔01〕
【〈トゥ＝パリ〉，パリ社交集団の成立1815-48】バルザックの世界の，躍動的でエレガントな虚構なき現場報告。ブルジョワ社会への移行期に生成した初期市民の文化空間の全貌。

E.ル・ロワ・ラデュリ／蔵持不三也訳
南仏ロマンの謝肉祭《カルナヴァル》
四六　704頁　5775円
ISBN4-7948-0542-X　〔02〕
【叛乱の想像力】南仏の小都市の祝祭空間の中でくりひろげられた叛乱・反税闘争の連鎖を解析し，16世紀の〈全体的社会事実〉の縮図を描き切るアナール民族歴史学の成果。

E.ル＝ロワ＝ラデュリ／杉山光信訳
〈新装版〉
ジャスミンの魔女
四六　386頁　3360円
ISBN4-7948-0370-2　〔85,97〕
【南フランスの女性と呪術】19世紀の詩人ジャスミンの詩を読み解きながら，農村社会における呪術的世界の意味を歴史の中に探る，アナール派の旗手による魔女研究の新段階。

F.バイルー／幸田礼雅訳
アンリ四世
A5　680頁　7350円
ISBN4-7948-0486-5　〔00〕
【自由を求めた王】16世紀のフランスを駆け抜けたブルボン朝の創始者の政治的人間像に光を当て，宗教的原理にもとづいて回転していた時代の対立状況を見事に描き出す。

G.ルノートル／幸田礼雅訳
ナントの虐殺
四六　320頁　3150円
ISBN4-7948-0374-5　〔97〕
【フランス革命裏面史】200年前，フランスで何があったのか？「友愛の革命」として世界史に刻まれたフランス革命を負の面から照射する。「人民の代表が人民の殺戮者となる……」

J.ドリュモー＆D.ロッシュ監修／磯見辰典（代表）・白石嘉治・大嶋誠・東丸恭子・相野理子訳
父親の歴史、父性の歴史
A5　予600頁　予5700円
ISBN4-7948-0549-7　〔06／近刊〕
古代ローマ以来の父親像の変化から，科学の進歩によって混迷の淵に追いやられた現代の父性までを検証。人口学・精神分析学・法学・図像学等を結集した父親史研究の集大成。

ジャン・ドリュモー／西澤文昭・小野潮訳
地上の楽園
〈楽園の歴史 I〉
A5　392頁　4410円
ISBN4-7948-0505-5　〔00〕
アダムは何語で話したか？アダムとイブの身長は？先人達は，この地上に存続しているはずだと信じた楽園についてのすべてを知ろうと試みた。教会権力が作ったイメージの歴史。

J.ドリュモー／永見文雄・西澤文昭訳
恐怖心の歴史
A5　864頁　8925円
ISBN4-7948-0336-2　〔97〕
海，闇，狼，星，飢餓，租税への非理性的な自然発生的恐怖心。指導的文化と恐れの関係。14－18世紀西洋の壮大な深層の文明史。心性史研究における記念碑的労作！　書評多数。

J.P.クレベール／杉崎泰一郎監訳・金野圭子・北村直昭訳
ミレニアムの歴史
四六　349頁　3360円
ISBN4-7948-0506-3　〔00〕
【ヨーロッパにおける終末のイメージ】千年前の人々が抱いた「世の終わり」の幻影と，新たな千年期（ミレニアム）を生きる現代人の不安を描いた，西洋における終末観の変遷史。

★表示価格はすべて税込み定価・税5%。

思想・哲学

ポール・ヴィリリオ／土屋進訳
情報エネルギー化社会
四六　236頁　2520円
ISBN4-7948-0545-4　〔02〕
【現実空間の解体と速度が作り出す空間】絶対速度が空間と時間を汚染している現代社会（ポスト工業化社会）。そこに立ち現れた仮想現実空間の実相から文明の新局面を開示。

ポール・ヴィリリオ／土屋進訳
瞬間の君臨
四六　220頁　2520円
〔03〕
【世界のスクリーン化と遠近法時空の解体】情報技術によって仮想空間が新たな知覚空間として実体化していく様相を，最新の物理学的根拠や権力の介入の面から全面読解！

桑田禮彰・福井憲彦・山本哲士編
ミシェル・フーコー
1926〜1984〈新装版〉
A5　304頁　3150円
ISBN4-7948-0343-5　〔84,97〕
【権力・知・歴史】“権力”についてのあくなき追及の途，急逝したフーコーの追悼！　未邦訳論文・インタビュー，フーコー論，書評，年譜，文献などでその全貌を明らかにする。

A.クレメール＝マリエッティ／赤羽研三・桑田禮彰・清水　正・渡辺　仁訳
ミシェル・フーコー
考古学と系譜学
A5　350頁　3873円
ISBN4-7948-0094-0　〔92〕
フーコー思想の全容を著作にそって正確に読解し平明に解説する現在唯一の試み！フランスでもフーコー思想への最良の導きとしての地位を獲得している名著。

V.ジャンケレヴィッチ／阿部一智・桑田禮彰訳
〈増補新版〉
アンリ・ベルクソン
A5　488頁　6090円
ISBN4-7948-0339-7　〔88, 97〕
“生の哲学者”ベルクソンの思想の到達点を示し，ジャンケレヴィッチ哲学の独創的出発点をなした名著。初版では割愛された二論文と「最近のベルクソン研究動向」を追補収録。

朝西　柾
サルトル
知の帝王の誕生
四六　232頁　2100円
ISBN4-7948-0428-8　〔98〕
【「世界という魔界」と「全知への野望」】一切を知り，世界を「わがもの」にしようとした巨人サルトルという精神の知の旅程を，新資料を駆使して鮮やかに描き出す。各誌絶賛。

A.ド・リベラ／阿部一智・永野　潤・永野拓哉訳
中世哲学史
A5　650頁　8400円
ISBN4-7948-0441-5　〔99〕
地中海周辺地域に光をあて，無視され，排除され，周辺化されてきた中世哲学史（ユダヤ・イスラム・ビザンツ哲学）の闇の領域を初めて繙く。キリスト教西欧の視点を越える金字塔！

A.ド・リベラ／阿部一智・永野潤訳
中世知識人の肖像
四六　476頁　4725円
ISBN4-7948-0215-3　〔94〕
本書の意図は，思想史を語る視点を語る所にある。闇の中に閉ざされていた中世哲学と知識人像の源流に光を当てた野心的かつ挑戦的な労作。「朝日」書評にて阿部謹也氏賞賛！

P.マシュレ／鈴木一策・桑田禮彰訳
〈新装版〉
ヘーゲルかスピノザか
A5　384頁　4725円
ISBN4-7948-0392-3　〔86, 98〕
《スピノザがヘーゲルを徹底して批判する。逆ではない！》ヘーゲルによって包囲されたスピノザを解放し，両者の活発な対決，確執を浮彫ることで混迷の現代思想に一石を投ず。

工藤　豊
ヘーゲルにおける
自由と近代性
A5　364頁　5670円
ISBN4-7948-0484-9　〔00〕
ヘーゲルの問題意識は「自由とその実現」にあり！ヘーゲルの思想的発展の流れに沿って「自由」の捉え方をめぐる個と全体との関係性を近代という歴史的特徴との関連から究明。

藤原保信・三島憲一・木前利秋編
ハーバーマスと現代
A5　300頁　3675円
ISBN4-7948-4027-6　〔87〕
フランクフルト学派第二世代の旗手であり，ポスト・モダン，非合理主義の思想潮流に対話的理性を対置して壮大な社会理論の構築を試みたハーバーマスの思想的核心を読み解く。

★表示価格はすべて税込み定価・税5%。